中国信息经济学会电子商务专业委员会推荐教材

21世纪高等院校电子商务系列规划教材

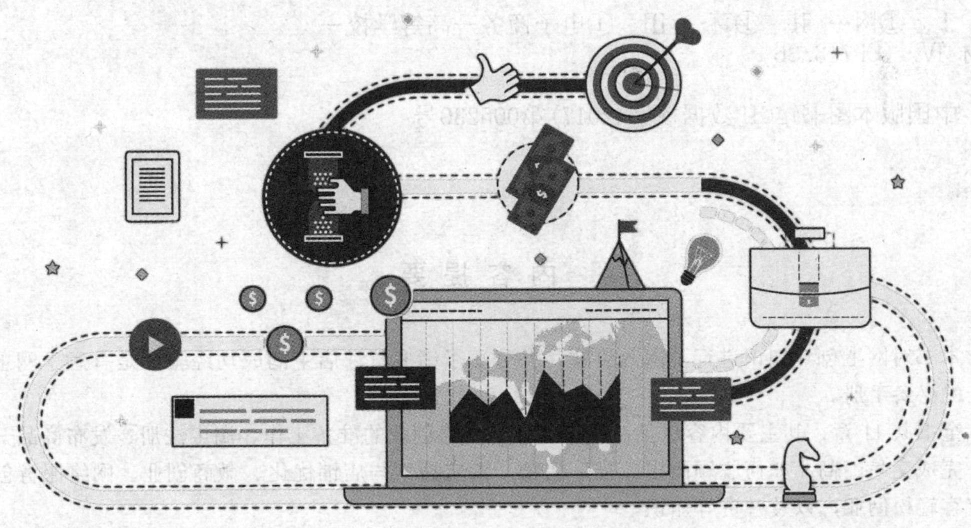

网上创业

商业模式＋操作实战＋案例分析

葛存山／主编

人民邮电出版社

北京

图书在版编目（CIP）数据

网上创业 ：商业模式+操作实战+案例分析 / 葛存山主编. -- 北京 ：人民邮电出版社，2017.3（2019.1重印）
21世纪高等院校电子商务系列规划教材
ISBN 978-7-115-44629-9

Ⅰ. ①网… Ⅱ. ①葛… Ⅲ. ①电子商务－高等学校－教材 Ⅳ. ①F713.36

中国版本图书馆CIP数据核字(2017)第005230号

内 容 提 要

本书对网上创业知识进行了深入讲解，并分享了诸多资深店主的成功经验，是有意于网上创业人士的必备手册。

全书共 11 章，其主要内容包括：认识创业、网络创业的准备工作、淘宝注册、发布商品开设店铺、完成交易、商品如何脱颖而出、推广店铺、淘宝搜索与店铺优化、微商创业、网络服务创业、淘宝客轻松创业，以及融资等知识。

本书既适合作为普通高等院校创业教育教学用书，也适合作为电子商务专业及其相关专业网上创业课程的教材，同时还可供有志于从事网上创业的人员参考阅读。

◆ 主 编 葛存山
责任编辑 孙燕燕
责任印制 杨林杰
◆ 人民邮电出版社出版发行 北京市丰台区成寿寺路 11 号
邮编 100164 电子邮件 315@ptpress.com.cn
网址 http://www.ptpress.com.cn
天津翔远印刷有限公司印刷
◆ 开本：787×1092 1/16
印张：13.75 2017 年 3 月第 1 版
字数：314 千字 2019 年 1 月天津第 4 次印刷

定价：39.80 元

读者服务热线：(010)81055256 印装质量热线：(010)81055316
反盗版热线：(010)81055315

前言

Preface

目前，全球的创业者正处于一个最好的时代，他们将在 2018 年迎来互联网创投高潮。中国将成为新一轮科技革命加速演进中的创新创业新星。创业者数量逐渐壮大，创业者与创新公司数量井喷，“政府推动+市场驱动”双重动力为双创发展营造了良好的外部环境。

目前，许多大学生都选择自己创业，而网络创业越来越受到大学生的喜欢。

本书旨在帮助读者了解互联网环境下的各种创业方法，并通过自身经验，让读者在实际操作中尽量少走弯路。本书编者结合自身的网络创业经历，通过具体的、可操作的实战案例，介绍了网上创业方向和创业项目，读者可以学以致用，轻松创业，且对于想通过网络创业的人有一定的帮助。

本书具有如下特点。

（1）实战宝典。本书不仅介绍了淘宝网开店的一般流程，还介绍了微商创业、开展网络服务、淘宝客、融资的方法等内容，全方位地介绍了网上创业的实用技术。这些技术大都是经过实践检验并且长期有效，能够实实在在地帮助读者成功进行网上创业。

（2）操作性强。本书以图文并茂的轻松形式和众多实例，介绍了网上创业的方法和途径，并通过对相关操作步骤详细、直观的讲解，带领读者轻松入门，举一反三。

（3）内容与时俱进。本书内容都是基于当前网络最新的资源和版本，讲解了大量最新的理念和方法，便于读者把握网络的最新创业动态。

本书由经验丰富的网店老手与网络技术高手编写，同时也得到了众多网站站长的支持，在此表示衷心的感谢。由于编者水平所限，书中可能还存在疏漏和不足之处，欢迎读者朋友不吝赐教。

编　者

目录

Contents

CHAPTER 1

第1章 网络创业你准备好了吗

学习目标

- （1）掌握创业提高成功率的方法
- （2）熟悉网络创业的准备工作
- （3）熟悉网络创业必备的素质
- （4）熟悉导致创业失败的误区

互联网有着无数的创业机会，可以毫不夸张地说，互联网网站可以遍及人类生活的每一个方面。网站并不是什么虚拟的经济，它是现实商业的延伸和补充，是创造神奇经济的载体。人们在互联网上娱乐、交友、获取信息、购物、进行商务活动等，互联网已经真正成为人们生活的一部分。当互联网成为人们生活中必不可少的一部分时，商业机会也就无穷无尽了。

1.1 认识创业

“再不创业就老了!”是当今网络时代深入人心的呼声；“互联网+”则是这个时代最流行的理念。互联网已成为大众创业、万众创新的最新阵地，拓展了整个社会创新创业的版图。

1.1.1 创业的概念

创业是指发现、创造和利用适当的创业机会，借助有效的商业模式组合生产要素，创立新的事业，以获得新的商业成功的过程或活动。

对创业这一概念，我们可以从以下几个方面理解。

（1）创业是一个复杂的创造过程，它创造出某种有价值的新事物。这种新事物必须是有价值的，不仅对创业者本身有价值，而且对社会也要有价值。

（2）要完成整个创业过程，就需要大量的时间，而要获得成功，没有极大的努力是不可能的，而且很多创业活动的创业初期是在非常艰苦的环境下实现的。

（3）创业要承担必然的风险。通常的创业风险主要是人力资源风险、市场风险、财务风险、技术风险、外部环境风险、合同风险、精神方面的风险等几个方面。

（4）创业将给创业者带来回报。它既包括物质的回报，也包括精神的回报。它是创业者进行创业的动机和动力。

1.1.2 创业提高成功率的方法

据不完全统计，创业企业的失败率高达 70%以上，而新手创业成功率只有 5%～20%，远低于一般企业的创业成功率。那么，要想尽可能地提高创业的成功率，应该从以下几个方面入手。

1. 有一份完整的创业计划书

创业必须制订一个完整的、可执行的创业计划书，即可行性报告，主要回答你所选的项目能否赚钱、赚多少钱、何时赚钱、如何赚钱，以及所需条件等。回答这些问题必须建立在现实、有效的市场调查基础上，不能凭空想象、主观判断。同时，还要根据计划书的分析，制订出企业目标并将目标分解成各阶段的分目标，进而制订出详细的工作步骤。

2. 要有周密的资金运作计划

资金如同企业的粮食，要保证企业每天有饭吃而不是饿肚子，就要制订出周密的资金运作计划。在企业刚启动时，企业一定要做好 3 个月以上或到预测盈利期之前的资金准备。

但开业后由于很多情况会发生变化，如销售不畅、人员增加、费用增加等，因此要随时调整资金运作计划。而且，由于企业资金运作中的收入和支出始终处于动态之中，创业者还要懂得一些必要的财务知识。

3. 为自己营造一个好的氛围

初创业者由于缺少社会经验和商业经验，如果把自己独立放到整体商业社会，往往会难以把握。这时，初创业者可以先给自己营造一个小的商业氛围。进入行业协会是比较有效的一条途径，创业者可以借助行业协会了解行业信息，结识行业伙伴，建立广泛合作，促成自己在行业中的地位和影响。同时，创业者可选择一个能提供有效配套服务的创业园区落户，借助其提供的优惠政策、财务管理、营销支持等服务，使企业稳定发展。另外，创业者还可以找一个经验丰富的企业管理咨询师做企业顾问，并学会借助各种资源，学会与各方面的人合作，千方百计给自己营造一个好的商业氛围，这对创业者的起步十分重要。

4. 从亲力亲为到建立团队

创业不是想出来的，而是干出来的。在创业初期，由于受资金限制，在形成运作团队之前，方方面面的事情必须自己去做。只有明确目标不断行动，才能最终实现目标。在做事的过程中，要分清主次，抓住关键，重要的事情先做。每天解决一件关键的事情，比做 10 件次要的事情会更有效。当企业立稳并有了资金后，就应该建立一个团队。创业者应从自己亲力亲为，转变为发挥团队中每一个人的作用，把合适的工作交给合适的人去做。一旦形成了一个高效、稳定的团队，企业就会跨上一个台阶，进入一个相对稳定的发展阶段。

5. 盈利是做企业最终的目标

做企业的最终目的就是盈利。因此，无论是制订可行性报告、工作计划还是活动方案，都应该明确如何去盈利。大学生思维活跃，会有许多好的点子，但这些好的点子要使其有商业价值，必须找到盈利点。企业的盈利来源于找准你的客户，因此，企业要时刻了解自己的最终客户是谁，他们有什么需求和想法，并尽量使之得到满足。

6. 失败是迈向成功的阶梯

在企业的运作过程中失败是难免的，失败了应当不气馁，调整方案，换一个方式和方法继续前进，永远不要停止前进的脚步。

1.2 网络创业的准备工作

与传统的创业模式相比，进行网上创业门槛降低了很多。需要提醒大家注意的是：尽管网络创业商机无限，但还是要做好准备，因为门槛低并非意味着没有门槛。那么，面对汹涌而来的互联网热潮和众多狂热的网上淘金者，在网络创业前我们应该做好哪些准备呢？

1.2.1 网络创业不可缺少的心态

网络创业之初，一个好的开端是非常重要的，而这个开端就是自己在心理上要有充足的准备。这一点不需要花钱就可以做到。

在网上开店初期，最重要的是应该时刻保持冷静的心态，除了学习电子商务知识和一些常用软件的使用方法之外，还要时刻跟随年轻人的步伐，融入他们的群体。

1. 平淡之心

但凡做一件事，心理上准备得好的人，往往会更容易成功，或者说更容易接受不断的失败，再不断地进行新的尝试。怀着这样的一颗心做事，坚持下去，一定会成功。

要网上创业，首先要对网络创业的困难有足够的认识。不要认为在家里轻轻点几下鼠标，就可以赚到钱。网络创业和任何一件谋生工作一样艰辛，甚至有过之而无不及。

网上开店创业的朋友何止有千万？在这么多人里，买家找到你的机会又会有多少？所以，一天、两天甚至是一个月没有生意，这些都应该事先做好心理准备。

2. 不要怕别人知道你是新手

绝大多数人都认为“新手”这个词对经营很不利，其实“新手”也有自己的独特优势。新手很谦虚，因为你是新手，所以有许多买家会向你提出更多意见，如“这款怎么没有红色的呀，别人家的店铺就有的”。这时候你应该很谦虚地说：“谢谢您的建议，如果您需要，我可以马上给您定做一个。”这时，买家会觉得你的态度很好。

3. 勤学苦干之心

网络开店创业之初，最担心的就是自己辛苦进的货放到网上没人看。此时，提高店里的人气是当务之急。在这样的情况下，要先清楚自己所处的环境，花大力气熟悉淘宝的规则和环境，如此才能得心应手。

要常去淘宝论坛，多看一看别的商家是怎么做的，多学一学别人的经验，多找精华帖子看，淘宝的经验畅谈居是很好的去处。看到实用性强的好帖子就收藏起来，如果有条件还可以打印出来，多看多揣摩，自然会有所领悟。只有深入网店经营生活中去的人，才会真正明白其中的奥妙。很多事情，需要自己亲身经历过方知其艰辛。

4. 不要不好意思

很多新手在对自己的店铺做推广时会很不好意思，总是觉得“我是新手，给人家发信息人家会理我吗？”实际上，只有主动出击才会赢，你可以把你的广告词说得婉转一些，要非常有礼貌，所谓“礼多人不怪”，绝大多数人是不会反感的。

5. 感恩的心

所有曾给过我们帮助的朋友，以及所有曾支持过我们的买家朋友，都是我们受之恩惠的人。要感谢买家、感谢卖家、感谢朋友，感谢一切曾给予我们生命快乐的人和事。一颗感恩的心，将是最快乐的心。

6. 戒骄戒躁

其实皇冠也没有什么了不起的，它代表的只不过是成交的数量，付出的努力和劳动更多罢了。皇冠不是炫耀的资本，因为所有的一切都是卖家应该做的。既然选择网店生涯，就应该好好经营，就应该做到四冠、五冠，甚至更高的级别。

做好每一笔生意，走好每一步路，让买家和卖家都满意，自己也从中得到快乐与金钱的回报。

7. 一定要有耐心和信心

开店的前几周很可能会颗粒无收，这时候的卖家是最痛苦的，但无论如何一定要坚持下去，要坚信“道路是坎坷的，前途是光明的”。如果你半途而废将永远没有开始，坚持不懈才能拥有未来。另外，你还可以利用生意的冷淡期抓紧时间学习，这也是不错的进步机会。

在网上开店，每天重复的事情有很多，如店铺管理、推广宝贝、在论坛发帖回帖等。在与顾客交流时一定要有耐心。

8. 勇于承担责任的心态

一旦自己的商品有了问题，或者是出现了别的问题，顾客投诉的时候，千万不要找借口推诿，要勇于把责任承担起来，该道歉就道歉，即使自己有委屈，顾客在气头上说了很难听的话也不能和顾客吵架。有了这样的气魄，别人才会信任你，误会才会消除。相互之间有了信任，才可能有生意交往。

经商做生意是一件非常辛苦的工作，并不像大多数未涉商海的人所想象的那样，是一件潇洒而有趣的事情。

1.2.2 寻找合适的创业商机

在做好网上创业的准备之后，接下来就是寻找合适的项目了。无论商机大还是小，从经济意义上讲一定是能够产生利润的机会。商机表现为需求和满足方式在时间、成本、数量、对象上的不平衡状态。归纳起来，大致可以分为以下几种。

1. 短缺商机

物以稀为贵，短缺是赚取利润的第一动因。一切有用的东西都可以是商机，如高科技、真情、真品、知识等。

2. 价格与成本商机

水往低处流，货往高价上卖。能用更低成本满足他人需求时，低价替代物的出现也是商机。

3. 变化就是机会

环境的变化会给各行各业带来良机，人们透过这些变化，就会发现新的前景。变化可以包括：① 产业结构的变化；② 科技进步；③ 通信革新；④ 政府放松管制；⑤ 经济信息化、服务化；⑥ 价值观与生活形态变化；⑦ 人口结构变化。

4. 方便性商机

江山易改，惰性难移。很多人愿意花钱买方便，因此才会出现“网上店铺”与“传统店铺”并存的现象。

5. 通用需求商机

吃、穿、住、行这些人们必需的东西，每天都在消费着，并且周而复始。有人的地方，都会有这种商机。

6. 集中盯住某些顾客的需要

创业机会不能从全部顾客身上去找，因为有共同需要的顾客容易寻找，基本上已很难再找到突破口。而实际上每个人的需求都是有差异的，如果我们时常关注某些人的日常生活和工作，就会从中发现某些创业机会。因此，在寻找机会时，创业者应把顾客进行分类，如分为政府职员、农民、教师、杂志编辑、学生、时尚白领、退休职工等，认真研究各类人员的需求特点，创业机会就会出现。

7. 基础性商机

基础性商机指的是引起所有商机的商机，如社会制度、基础建设、商业规则等。对长期的投资者来说，这是很重要的。

8. 战略商机

战略商机指未来一段时间必然出现的重大商机。20 年前的中国人就面临了这种商机，这就是“下岗”和“下海”的天壤之别，主动“下岗”就有可能致富。

9. 关联性商机

关联性商机指的是由需求的互补性、继承性、选择性所决定的商机，就是地区间、行业间、商品间的关联商机，也就是“一荣俱荣，一损俱损”的情况。

10. 系统性商机

系统性商机源于某一独立价值链上的纵向商机，如电信繁荣—IT 需求旺盛—IT 厂商盈利—众多配套商增加—增值服务商出现—电信消费大众化等。

1.2.3 现代创业赚钱的几个方向

决定将你创业的资金投入哪个项目、哪种商品，是一种投资决策。通过各种途径和方式筹到的资金只有投向最能盈利的地方，才能达到资金利润最大化。有关业内人士还给出了如下建议。

1. 大型不如小型

大型项目运行后，单位成本低、技术基础强，容易形成支柱产业，但资金需求量大，管理经营的难度也大。而一般的投资者，哪怕你已经是百万富翁，只要是做民间性质的投资，就宜选择投资小、见效快、技术难度系数低的投资方向。近年来，发展最快的民间投资项目种类千差万别，经营方式无奇不有，但上千万的大项目却是寥寥无几。

2. 重工不如轻工

重工业是国民经济发展的基石，轻工业却是发展的龙头。重工业投资周期长、回收慢，一般不是民间资本角逐的领域，而由国有企业一统天下。无论是生产加工还是流通贸易，经营轻工产品尤其消费品，风险小、投资强度和难度小，容易在短期内见效，因此特别适合于民间资本。

3. 用品不如食品

“民以食为天”，中国人不仅有闻名世界的饮食文化，而且每家每户每日需三餐，可见食品市场是十分庞大而持久不衰的；而且，政府除了技术监督、卫生管理外，对食品的规模、品种、布局、结构，一般不予干涉。食品业投资可大可小，切入容易，选择余地大。

4. “做”男不如“做”女

全社会购买力 70%以上掌握在女人手中。女人不但执掌着大部分中国家庭的“财政大权”，而且相当一部分商品是由女人直接消费的。高档时装、鞋帽、名贵首饰、化妆品等无不是女人的世界。所以，你若在消费品领域投资，无论是生产还是销售，把你的客户定向于女人，你就会发现更多的机会。

5. 大人不如孩子

小孩代表未来，独生子女在中国已成为一种独特的文化现象，因此中国的儿童消费品市场很有特色。在零售食品、用品方面，很大一部分是儿童消费品的市场。儿童消费品市场弹性大，随机购买力强，加上容易受广告、情绪、环境的影响，向这种市场投资，是一种富有生命力的选择。尤其在我国，满足了小孩的需求，在很大程度上就是满足了他们父母的需求。

6. 综合不如专业

品种丰富、大众买卖，这已经是一般投资者的思维定势。大而全、小而全的经营，是计划经济中上下认同的模式。市场经济是综合化发展的，不过这更多的是一种宏观的态势和整体格局，微观领域往往要靠专业化取胜。专业化生产和流通容易形成技术和批量经营的市场特色，厂商有竞争的环境，用户有较大的选择余地。

1.3 网络创业建议

在互联网领域创业的人越来越多，但究竟怎样才能成功创业？很多人对此一直存在着理解的误区，它也困扰着很多创业者。

1. 先别辞职

网上创业是需要时间的，建立一个网站并从中赚取利润，不是一件简单的事情。从编者的自身经验来看，如果不走歪门邪道的话，至少也得花几个月的时间。你需要做市场调查、建网站、写内容、推广，这些都不是几天能做成的。

最好的方式就是白天有其他正式的工作，业余时间开始在网上创业。当你从网站上赚的钱足够你生活上的花费时候，再考虑辞职。

2. 从自己的兴趣出发

千万别看什么热门就干什么。热门行业门槛都高，要花的时间、精力和金钱都很多，并不适合创业者，除非你有几千万元可以投资。

开始网上创业时，需要做研究、调查市场，读大量的资料，开发产品，回复客户的询问，提供售后支持，写大量的文章。如果你选择的行业不是你喜欢的，这些日常操作将会是一件多么痛苦的事情。

如果你对自己每天做的事情乐此不疲，又能赚钱，这才是网上创业的最大快乐。

3. 先找准目标市场再谈其他

不要觉得自己某天灵感一来想出的主意特别棒，更不要觉得自己开发出来的产品或服务肯定会受到欢迎，任何没有经过目标市场验证的东西都是不确实的。

所以，你应该先找准目标市场，研究目标市场需要什么，有什么问题，而你的爱好和特长是否能帮助这个目标市场解决他们的问题和烦恼。如果你能，那么一个能赚钱的服务或产品的点子才真正诞生了。

4. 不要期望过高

也许是网上的骗局太多，也许是网上创业门槛很低，或者故事听得太多，总之很多人以为网上赚钱是一件简单的事情。很多人想网上创业的原因竟然是线下创业太难，也即认为线上创业很简单。

不知道这种想法是从哪里来的。其实，网上做生意并不比网下做生意容易，虽然需要投入的硬性资金和设备可能比较少，但你要花费的时间和精力可一点也不少，而且同样是有风险的，也不一定会达到你所希望的结果。

5. 花时间学习最基本的技术

网上创业是一个需要不断学习和探索的工作，在初期准备中除了投入必要的硬件外，还需要有相应的软件。掌握基本的网上操作技术并学习一些相关的软件操作知识，将会更加有利于开展网络创业，其中包括网站设计、简单的编程、网络营销推广，以及提供售后支援。

1.4 网络创业必备的素质

成功并非偶然，失败却带着必然。下面是成功网络创业者的必备素质。

1. 欲望

将“欲望”列在创业者必备素质的第一位，你可能多少会感到意外。“欲”，实际就是一种生活目标，一种人生理想。创业者的欲望与普通人欲望的不同之处在于，他们的欲望往往超出他们的现实，需要突破他们现在的立足点才能够实现。所以，创业者的欲望往往伴随着行动力和牺牲精神。这不是普通人能够做得到的。

一个真正的创业者一定是怀有强烈的欲望者。他们想拥有财富，想出人头地，想获得社会地位，想得到别人的尊重。

2. 有专业的行业技能

创业者在工作中不需要事事具备、面面俱到，但是熟练的专业知识、精湛的专业技能却是保证自己在业内游刃有余的必备条件。尤其对于从零开始的创业者来说更加重要。

3. 忍耐

“艰难困苦，玉汝于成”这句话很贴切地说明创业的不易。不易体现在哪里呢？要忍受肉体上和精神上的折磨。肉体上的折磨挺一挺就过去了，但要忍耐精神上的折磨，却不是一件容易的事情。

对创业来说，肉体上的折磨算不得什么，精神上的折磨才是致命的。如果有心自己创业，一定要先在心里问一问自己，面对从肉体到精神上的全面折磨，你有没有那种宠辱不惊的“定力”与“精神”。如果没有，那么一定要谨慎行事。对有些人来说，给别人打工是一个更合适的选择。对一般人来说，忍耐是一种美德，对创业者来说，忍耐是必须具备的品格。

4. 要有敏锐的眼光

创业者是要带领一个团队打天下的人；是一个事事冲在最前线的人；是一个与形形色色的人打交道的人；是一个能审时度势、透过现象看本质的人。这就需要你具有敏锐的目光去区别是非、辨别真伪、洞察秋毫、预算未来。

广博的见识、开阔的眼界，可以很有效地拉近自己与成功的距离，使创业活动少走弯路。如果你是一个创业者，那么开阔的眼界意味着你不但在创业伊始可以有比别人更好的起步，有时候它甚至可以挽救你和企业的命运。

5. 要有独到的管理能力

说到管理，大家可能都拍着胸脯说：“管理，那还不容易，不就是管管人，动口不动手的事吗？谁不会？”其实没那么简单，小到经营一个家庭、大到经营一个国家，都需要有科学的管理。如何能将内部的资源利用最大化，如何使一个企业的办事效率最大化，这都与科学管理有直接的关系，对于一个企业来说就更重要了。良好、严格的管理体制，能使企业散发活力、充满生命力，这就形成了企业文化，能带领企业进行团队作战，其作用可想而知；相反，一个没有科学管理能力的创业者带领的企业就如一帮团伙，四处救火，忙于堵漏，谈何战斗力？哪来生命力？

6. 创业者要具备宽大的胸怀

海之宽博，令人敬畏，让人敬仰，因为它有容乃大；山之壮观、巍峨，令人感叹，让人喜爱，因为它躯体高大；领袖之风采，让人敬佩，令人仰慕，因其胸怀宽广，知识广博，为人和蔼，处事冷静。人非圣贤，孰能无过？面对下属的过错、面对别人的差错斤斤计较，又怎么能够让别人信任你、服从你呢？创业之道乃聚集体之力量，统一发挥，方能克难制胜。然而，聚众人之力量者必是能容纳众人的所有优点和缺点的人。

7. 要诚实守信

有一位商业老前辈说得好，关系就是人脉，人脉就是钱脉，有了钱脉何忧创业不成？然而，如何建立牢固和庞大的人脉呢？回想三国之刘备，内严外宽，外直内奸，以义得人心，以善博天下，以信立世间，方才领导众多大才，成就一番伟业。商场如战场，其道理一样。和员工交流需要诚实守信，否则谁能相信你，又怎么能为你卖命？和客户交流需要诚实守信，否则他们又怎么能相信你能办好事情，怎么敢和你从事商业交往呢？诚实守信是立身之根本，创业之基础。失去诚实和守信，便是诈骗之徒。

8. 要踏实稳重

人生应有梦，但筑梦应踏实。创业的艰辛，没有亲身经历过的人，是完全无法体会出来的。尤其创业绝非儿戏，必须负担资本回收与提高营运绩效等责任。所以，创业前三思而后行是必要的。从个人人格特质的评估、资金的筹措、人力问题、经验的累积，到市场调查、选择适当的行业与时机投入等，都是在创业前需仔细衡量的要素，如此，才能踏出成功创业的第一步。

9. 自我反省的能力

反省其实是一种学习能力。创业既然是一个不断摸索的过程，创业者就难免在此过程中不断地犯错误。反省，正是认识错误、改正错误的前提。对创业者来说，反省的过程就是学习的过程。有没有自我反省的能力，是否具备自我反省的精神，决定了创业者是否能认识到自己所犯的错误，是否能改正所犯的错误，是否能不断地学到新东西。

作为一个创业者，遭遇挫折是常有的事，在这种时候，反省能力和自我反省精神能够很好地帮助你渡过难关。

1.5 导致创业失败的误区

目前，许多人对于创业的理解存在着一定的误区，一些意识上的误区不可小视，它们可能直接导致创业失败。

1. 从众心理

从众心理即指个人受到外界人群行为的影响，而在自己的知觉、判断、认识上表现出附和于公众舆论或多数人的行为方式。对于大多数人而言，都没有自主创业的实践和经验。创业者常常不知道选择什么项目、怎么创业，对项目的选择不是从社会需求和自己的资源出发，而是看别的创业者在做什么，也跟随着别人做什么，其创业的目的就是跟随别人，什么热门做什么。结果，人家创业成功，自己创业却失败。任何一个创业者，选择任何一种创业项目，首先要有自己的优势。这种“优势”就是组合生产要素的优势。

2. 创业如同赌博

有些创业者认为创业就是一种赌博，凭的就是运气。投资项目不是进行周密的市场调查和预测，达到科学决策，而是凭一时胆大。事实上，创业家比任何人都必须具备风险意识，他们愿意冒险，但冒的是经过严谨计算并可以有效控制的风险，毕竟创业一旦失败便会令他们付出沉重的代价。

3. 拥有足够资金，创业一定不会失败

创业缺乏资金，有资金就不愁发大财，这是很多创业者的认识。其实，对于有些行业而言，资金只是创业资源的其中组成部分，还应考虑其他一系列资源，如客户基础、供应商支持、有能力的员工和团队支撑、品牌和声誉、技术和服务支持体系以及生产工艺流程等。如果企业创业初期资金过于充分，常常会造成安乐感和类似被宠坏的孩子的症状。随意的、缺乏约束和冲动的花费通常导致严重的问题和失败。

4. 自利思维

一个创业企业的创业者往往把所有的成功都归功于自己身上，产品好是自己有判断力，团队好是自己领导有方，业绩好是自己销售能力强。能成功都是因为自己的原因而忽略了团队的功劳。在所有的地方都只是想着自己的好处，这样，整个团队便会离心离德，形成不了凝聚力。

5. 创业的目标是一夜致富

一夜发家致富的故事不断地被流传，但许多人却不知道现在的成功人士在成功以前经历了多少艰辛和波折，更不知道导致他们成功的关键点是什么。创业不是所有人都适合选择的道路。创业是一个艰辛的历程，初创阶段的企业所面对的困难往往令创业者的个人和家庭生活都受到影响，承受着巨大压力。

6. 想一口吃成胖子

有些创业者一两年就指望企业做大做强。大凡创业者，谁都想在短期内创成大业，谁都想自己的企业快速发展。每个创业者都认为自己会成为下一个腾讯或者阿里巴巴的创始者。但是只要仔细算算，能够成功或者能够做到上市的公司的概率还不如买彩票中大奖的概率大。而忽视概率论思维，一味地去放大公司的理想，反而有很大的概率会导致公司夭折。

案例分析——辞去公务员工作淘宝创业

郭娜一开始很反对这种见不着面的网上购物方式，觉得钱都给人家了，也见不到商品，这样不安全。后来，她在网上购买了几次商品后，经过一番比较，发现产品的质量很好，而且价格比商场便宜了很多，郭娜就对网络购物打消了一些疑虑。随着频繁的网购，她注册了支付宝，开了自己的淘宝店铺。

创业初期最难的是货源，如何找到自己的经营方向，相信也是摆在诸多淘宝网商面前的第一道难题。郭娜卖过玩具、家具、服装，都因为找不到适合自己的经营方向，没有坚持下去。正在苦苦寻找新的销售品以便重整旗鼓时，经老公提醒，才想起一个远方亲戚开了一个工厂，做螺旋藻保健品，还没有打开销路。和家人一商议，她决定把亲戚家的保健品试着挂在网上销售看看。

挂了没有几天，一个买家要买螺旋藻，旺旺向郭娜咨询，问的都是产品的功能特性等。郭娜和他耐心地介绍了一个下午，买家犹豫后却下线消失了。第二天他又来了，这次是来砍价的，第一桩生意虽然没有赚到钱，但却让郭娜看到了保健品市场在网上销售的潜力。

做网店靠的就是推广。没有流量、没有人气，郭娜常到淘宝社区发帖子、发链接，然后总结哪些网站适合宣传，列出表格，统计好，然后有重点、有计划地在这些网站保持活跃者的态势，慢慢完成原始的店铺人气积累。

淘宝直通车是为淘宝卖家量身定制的、按点击付费的效果营销工具，以实现商品的精准推广。卖家可以针对每个竞价词自由定价，可以看到在淘宝网上的排名位置，并按实际被点击次数付费给淘宝。

郭娜介绍说，为了降低成本费用，她一开始只是选择了5款有代表性的商品进行推广。具体做法是，设置“×款螺旋藻”等关键词，只要买家来淘宝任何地方搜索了“螺旋藻”，她的店铺就会优先出现在第一页或者前几页。而一旦买家点了店铺，系统就会根据设定的点击价格来扣费，每次点击最低0.05元。如果没有买家点击，是不收费的。

一开始，郭娜用来开通直通车的费用，每天大概30元到50元，渐渐地招来一些买家之后，她在推广上面花了更多的钱，生意也越做越大。为了让自己的商品得到更好的展示，郭娜一有时间就研究摄影技术，并把自己的商品一件件拿出来，给它们拍照、修图。为此，她基本上很少出门，每天都在家里盯着自己的网店，目前年收入可达50万元。

后来购买的人越来越多，自己一个人身兼店主、打包工、配货员、摄影师、客服等职位，忙得不可开交，发货出错率也越来越高。郭娜开始考虑引入专业的客服等人员，一个人发展终究比不上团队的发展来得快，要做大做强，必须依靠团队。

回想如果当初不做淘宝，郭娜将会是一个吃着公家饭的普通公务员，没有激情地等着养老。青春的激情燃烧在创业的岁月，靠自己的不断努力奋斗，拥有的这一片天地才是她真正想要的生活方式。

【分析】

网上开店最重要的是网店的精准定位，明确自己的目标客户群。一般来说，在网上销售一些在网下不容易买到的东西是最好的。其次是产品价格。在网上开店省去了很多租金之类的费用，价格优势是网店的最主要的优势。所以找到好货源后，对产品进行合理的定价、优惠和促销措施，相信你的顾客不会只买一件就走的。

课后习题

1. 简述导致创业失败的误区。
2. 网络创业不可缺少的心态有哪些？
3. 创业提高成功率有哪些方法？
4. 现代创业赚钱的几个方向是什么？
5. 网络创业必备哪些素质？
6. 怎样寻找合适的创业商机？

第2章 注册淘宝开启淘宝创业

学习目标

- (1)掌握淘宝网会员的注册方法
- (2)掌握网上银行的开通方法
- (3)掌握支付宝的提现和查询方法
- (4)掌握千牛软件的使用方法

网络经商首先要选择一个网站作为交易平台，有了这个交易平台，你就可以在这个平台上进行各种交易了。本章以淘宝网开店为例，介绍如何成为淘宝会员、开通支付宝账户、使用支付宝等。

2.1 注册会员和修改密码

随着互联网技术的发展，越来越多的人喜欢上了网上购物。网上购物不仅快捷、方便而且物美价廉，注册会员后就可以在淘宝开店或买东西了。

2.1.1 在淘宝网注册会员

注册淘宝会员非常简单，不用花一分钱，只需要根据提示操作即可注册成功。下面就讲解怎样在淘宝网注册会员，具体操作步骤如下。

（1）打开浏览器窗口，在地址栏中输入 http://www.taobao.com，打开淘宝网，单击左上角的“免费注册”超链接，或者单击右侧的“注册”按钮，如图 2-1 所示。

图 2-1 单击“免费注册”按钮

（2）进入图 2-2 所示的注册协议页面，阅读内容后，单击“同意协议”按钮。

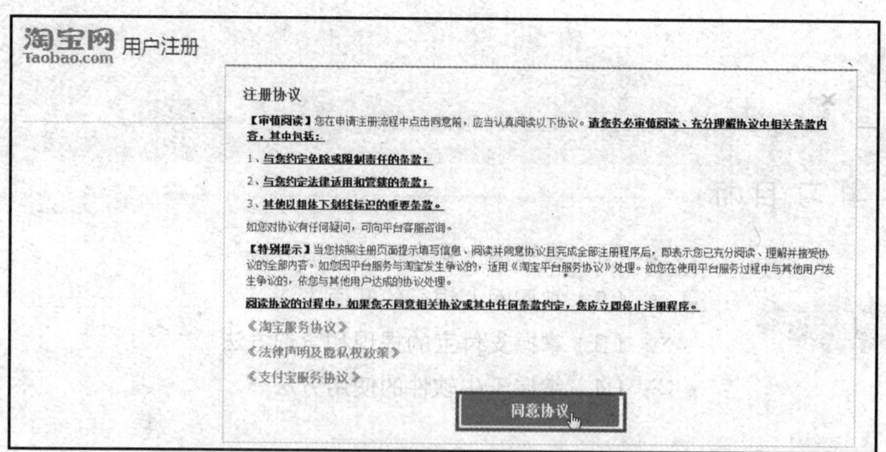

图 2-2 阅读注册协议

（3）输入“手机号码”，拖动“验证”后面的滑块，单击“下一步”按钮，如图 2-3 所示。

图 2-3 输入手机号码

（4）此时手机会收到淘宝网发来的验证码，输入“验证码”，单击“确认”按钮，如图 2-4 所示。

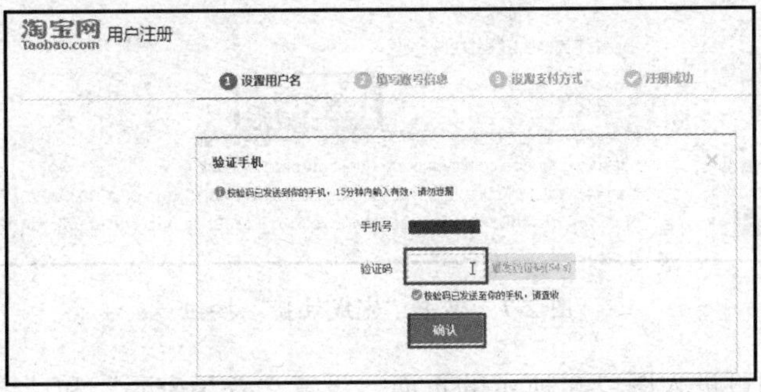

图 2-4 输入验证码

（5）输入电子邮箱地址，单击“立即查收邮件”按钮，如图 2-5 所示。

图 2-5 输入电子邮箱地址

（6）提示验证邮件已经发送到指定邮箱，单击“请查收邮件”按钮，如图 2-6 所示。

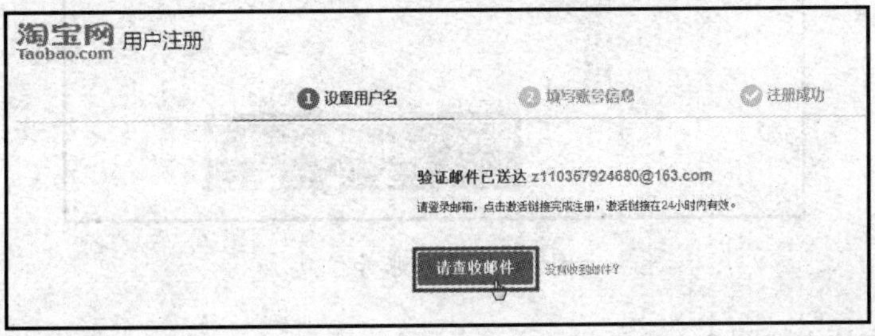

图 2-6 验证邮件

（7）进入所注册的邮箱查看淘宝发来的邮件，单击“完成注册”按钮，或者单击下面的链接来完成注册，如图 2-7 所示。

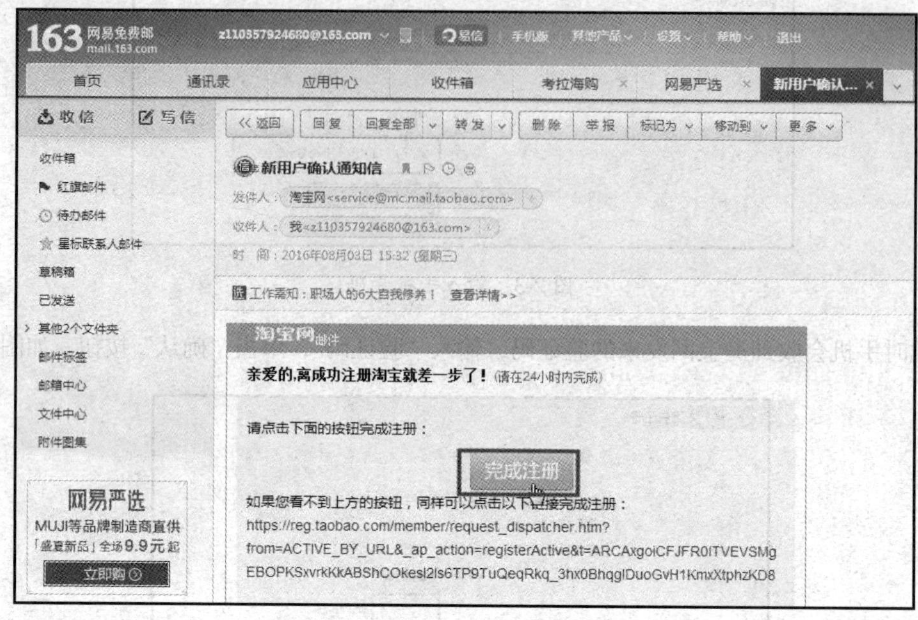

图 2-7　单击“完成注册”按钮

（8）单击链接后即可进入图 2-8 所示的页面，设置“登录密码”和“会员名”，单击“提交”按钮。

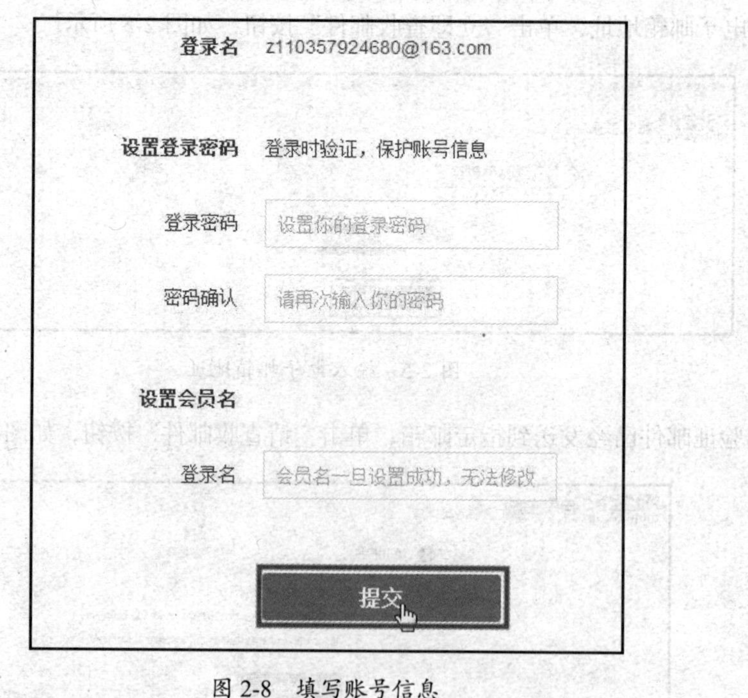

图 2-8　填写账号信息

（9）提示注册成功，如图 2-9 所示。

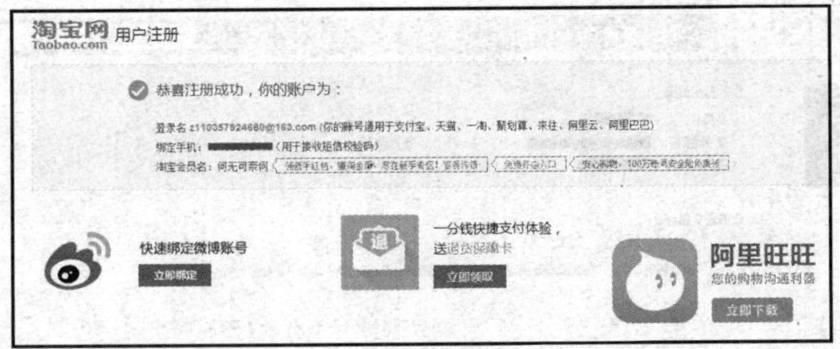

图 2-9 提示注册成功

开店技巧

为了能顺利地完成注册，在填写会员注册表时，应注意以下各项要求。

① 登录名：5～20 个字符（包括小写字母、数字、下划线、中文），一个汉字为两个字符，推荐使用中文会员名。如果不能确认注册的会员名是否已有人使用，可以单击“检查会员名是否可用”查看。

② 登录密码：密码由 6～16 个字符组成，使用英文字母加数字或符号的组合密码，不能单独使用英文字母、数字或符号作为密码。建议不要使用自己的生日、手机号码、姓名作为密码，以防被盗取。

③ 确认密码：需要与上面填写的密码完全一致。

2.1.2 修改密码保护

安全保护问题可用于找回登录密码、找回支付密码、申请证书等。淘宝网的密保问题是找回登录密码的方法之一，修改密码保护问题具体操作步骤如下。

（1）登录到淘宝网，进入“卖家中心”，单击左侧的“店铺管理”下面的“店铺基本设置”选项，如图 2-10 所示。

（2）单击“账号管理”按钮，如图 2-11 所示。

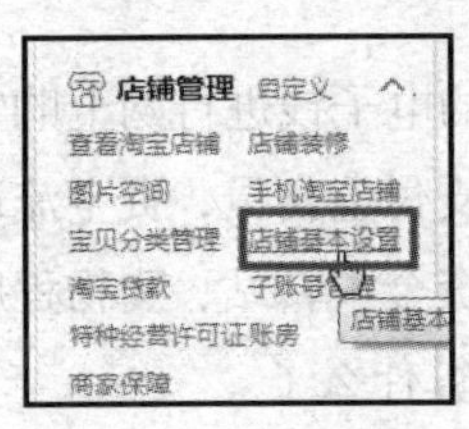

图 2-10 卖家中心

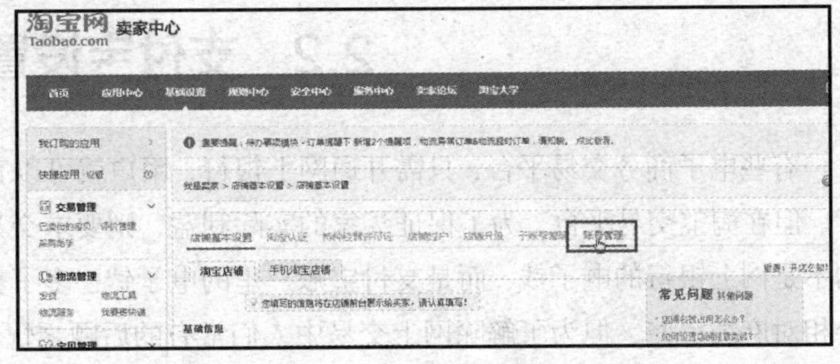

图 2-11 单击“账号管理”按钮

（3）单击“密保问题”后面的“维护”按钮，如图 2-12 所示。

（4）进入“密保问题修改”页面，在“问题”右侧的下拉列表中选择相应的问题。设置完毕，单击“确定”按钮，如图 2-13 所示。

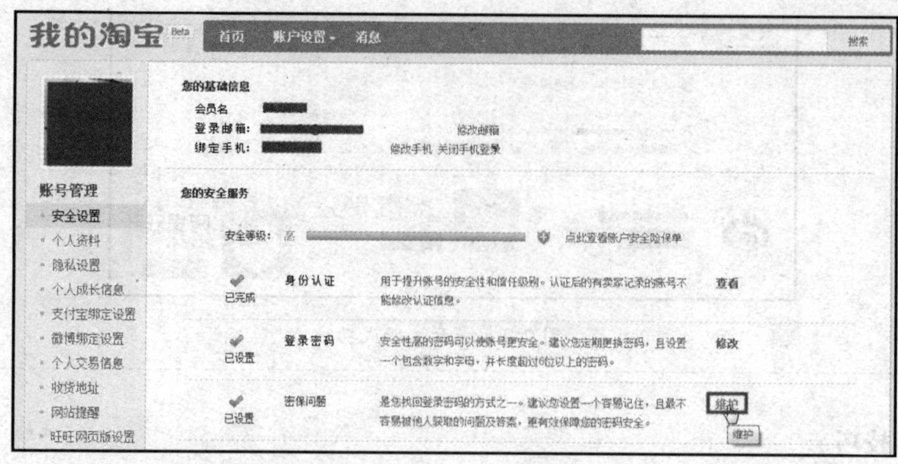

图 2-12　单击“维护”超链接

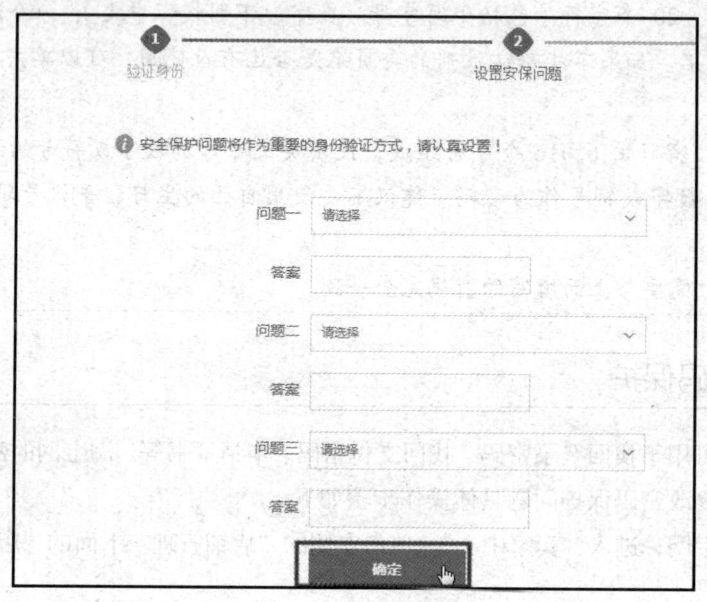

图 2-13　密保问题修改

2.2　支付宝设置

有些电子商务交易平台，只需开通网上银行，用户就可以直接用网上银行的电子钱进行网上购物了。但在淘宝交易平台，为了保证买家的实际利益，则要求交易双方都要成为支付宝会员，资金流通的不是网上银行的电子钱，而是支付宝账户里的电子钱。多了支付宝账户这个资金中转站，购物程序会相对麻烦一些，但为了解除网上交易中人们常有的后顾之忧，这点麻烦就不算什么了。

2.2.1　修改支付宝密码

支付密码是涉及账户信息变动或资金变动、交易确认时需要确认的密码。支付宝系统根据各账户的情况进行判断，各账户找回密码的方式不同。

开店技巧

找回支付密码共有以下 9 种方式。

① 安全保护问题找回：适用于记得安全保护问题答案的情况。

② 证件号码+电子邮箱找回：适用于邮箱可以收到邮件，记得注册和认证时填写的证件号码的情况。

③ 手机校验码+证件号码找回：适用于手机号码可以使用，记得注册和认证时填写的证件号码的情况。

④ 安全保护问题+电子邮箱找回：适用于邮箱可以收到邮件，记得安全保护问题答案的情况。

⑤ 手机校验码+银行卡信息找回：适用于手机号码可以使用，记得银行卡信息的情况。

⑥ 证书+电子邮箱找回：适用于计算机已经安装证书，邮箱可以收到邮件的情况。

⑦ 证书+安全保护问题找回：适用于计算机已经安装证书，记得安全保护问题答案的情况。

⑧ 手机校验码+安全保护问题找回：适用于手机号码可以使用，记得安全保护问题答案的情况。

⑨ 人工服务找回：会向支付宝账户邮箱发送一封邮件，需要根据邮箱提示填写相关身份信息，提交后待客服在 48 小时内进行核实处理。

修改支付宝密码具体操作步骤如下。

（1）在浏览器中登录到支付宝首页，如图 2-14 所示。

图 2-14 支付宝首页

（2）单击“忘记登录密码”超链接，输入您需要找回登录密码的账户名，如图 2-15 所示。

支付宝 | 重置登录密码

请输入您需要重置登录密码的账户名

账户名 电子邮箱或手机号码 忘记账户名?

验证码 看不清？换一张

下一步

图 2-15 输入需要找回登录密码的账户名

（3）单击“下一步”按钮，进入“支付宝找回登录密码”页面，在页面中可以任意选择一种方式来找回密码，单击“立即重置”按钮，如图 2-16 所示。

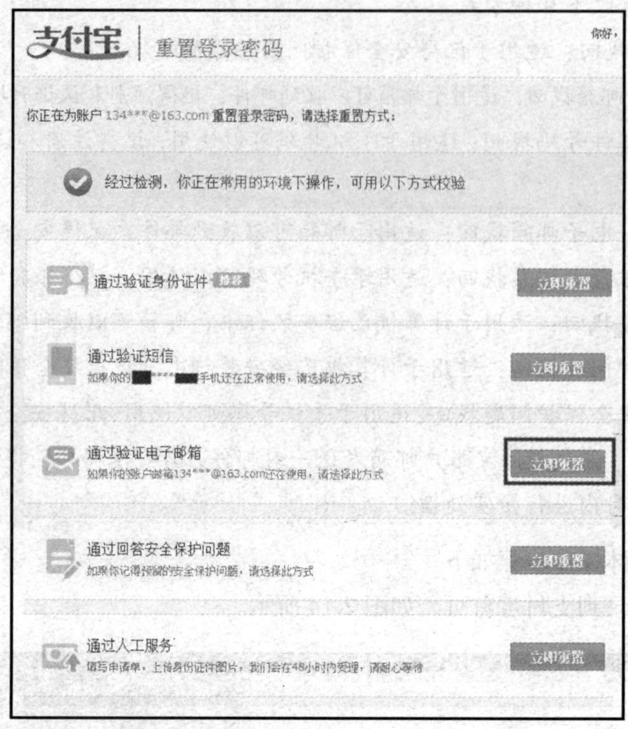

图 2-16　“支付宝重置登录密码”页面

（4）单击“立即查收邮件”按钮，如图 2-17 所示。

图 2-17　获取验证码

（5）单击“立即修改登录密码”超链接，如图 2-18 所示。

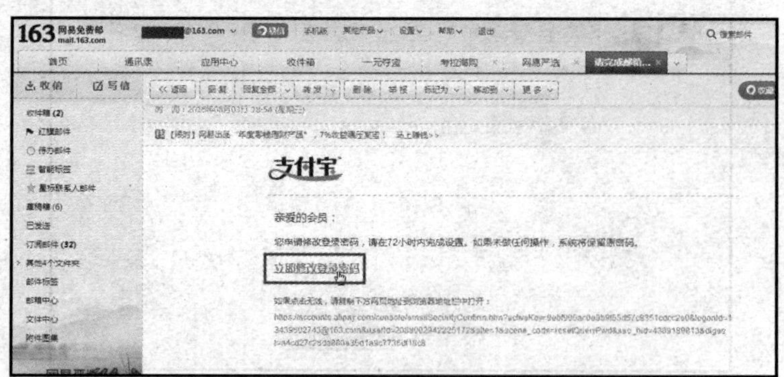

图 2-18　单击“立即修改登录密码”超链接

（6）提示“邮箱验证成功”，单击“继续重置登录密码”超链接，如图 2-19 所示。

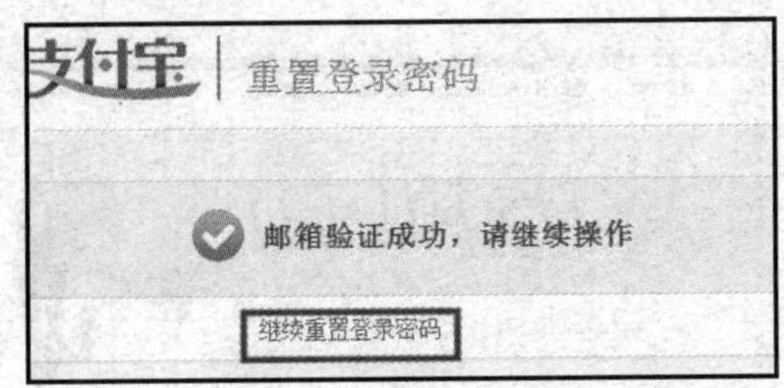

图 2-19　邮箱验证成功

（7）输入新的登录密码，如图 2-20 所示。单击“确定”按钮，提示设置成功。

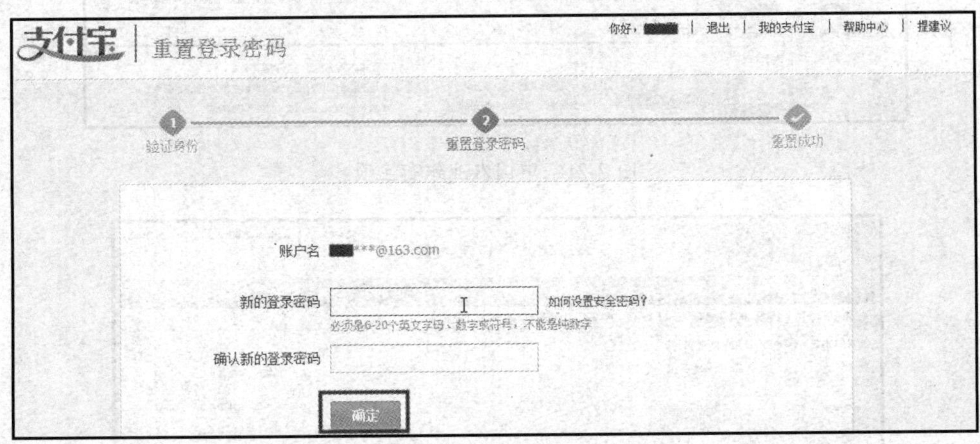

图 2-20　设置登录密码

开店技巧

我们为什么要使用支付宝？使用支付宝有哪些好处呢？其好处如下。

① 货款先由支付宝保管，收货满意后才付钱给卖家，安全放心。

② 不必跑银行汇款，可网上在线支付，方便简单。

③ 付款成功后，卖家可立刻发货，快速高效。

④ 交易手续费全免，经济实惠。

2.2.2　开通网上银行

网上银行是指银行在网上为客户提供开户、销户、查询、信贷和投资理财等服务的业务处理系统。它是一种全新的银行服务平台，可以使人们随时随地享受银行服务，所以它也是网上淘金时必不可少的工具。下面以中国农业银行为例，讲述申请网上银行的步骤，具体操作步骤如下。

（1）打开中国农业银行主页，单击页面左侧的“电子商务登录”超链接，如图 2-21 所示。

（2）打开图 2-22 所示的电子商务登录页面，单击右侧的“动态口令卡”。

（3）进入动态口令卡介绍页面，单击右侧的“登录个人网上银行”超链接，如图 2-23 所示。

图 2-21 中国农业银行主页

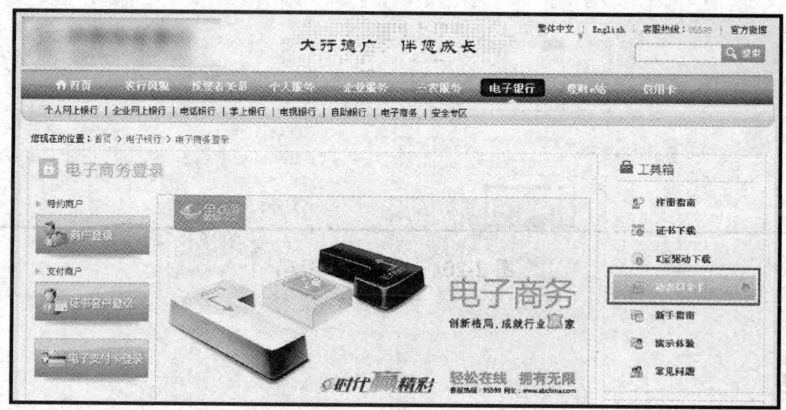

图 2-22 电子商务登录页面

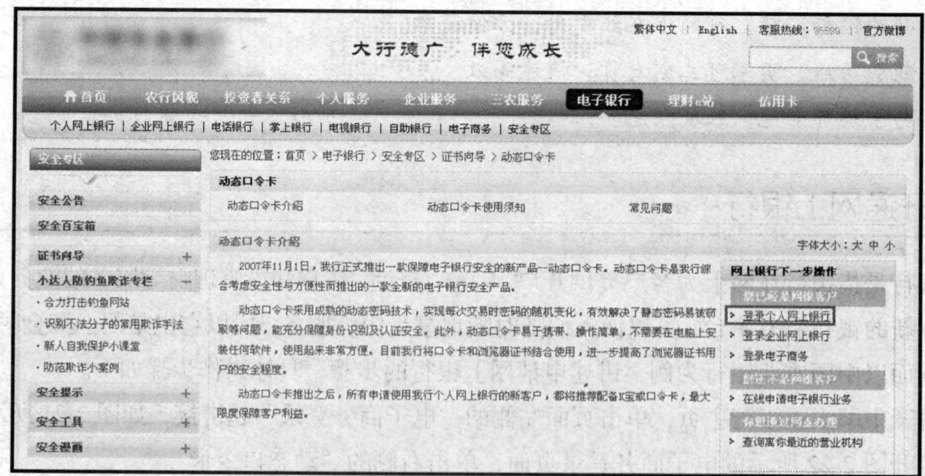

图 2-23 个人网银登录

（4）单击个人网银“用户名登录”按钮，如图 2-24 所示。

个人网银登录
重要公告：
证书登录
请您插入K宝 | 首次登录
用户名登录
新用户注册>>
卡号登录
180㎡

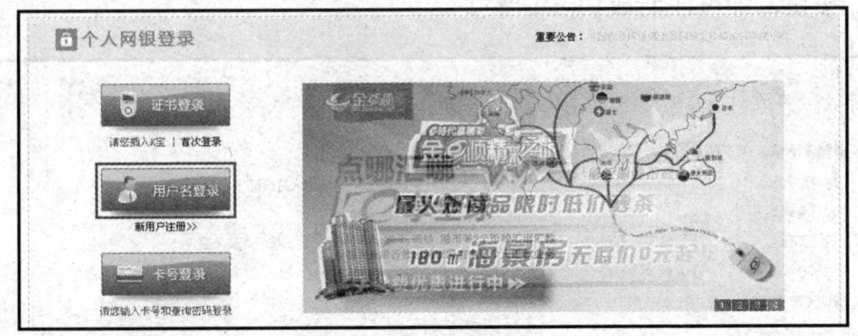

图 2-24　用户名登录

（5）进入“用户名登录”页面，如果还没有注册用户名，单击“新用户注册”按钮，如图 2-25 所示。

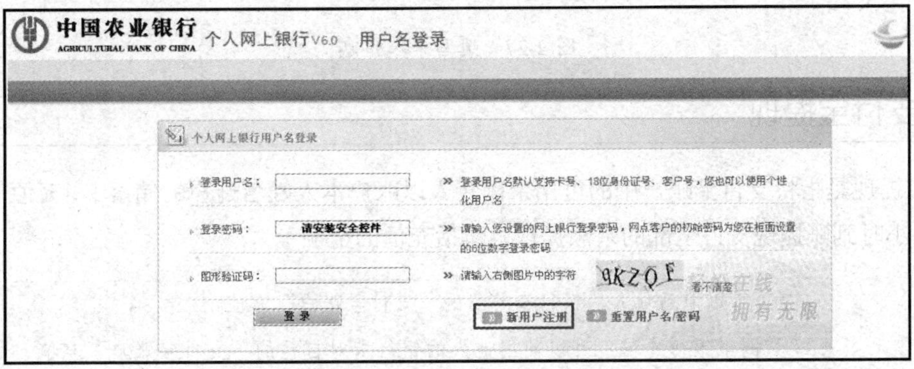
中国农业银行
AGRICULTURAL BANK OF CHINA
个人网上银行V6.0　用户名登录
个人网上银行用户名登录
登录用户名：
» 登录用户名默认支持卡号、18位身份证号、客户号，您也可以使用个性化用户名
登录密码：
请安装安全控件
» 请输入您设置的网上银行登录密码，网点客户的初始密码为您在柜面设置的6位数字登录密码
图形验证码：
» 请输入右侧图片中的字符
9KZQF
看不清楚
登 录
新用户注册
重置用户名/密码
拥有无限

图 2-25　单击“新用户注册”按钮

（6）打开图 2-26 所示的“电子银行个人客户服务协议”页面。

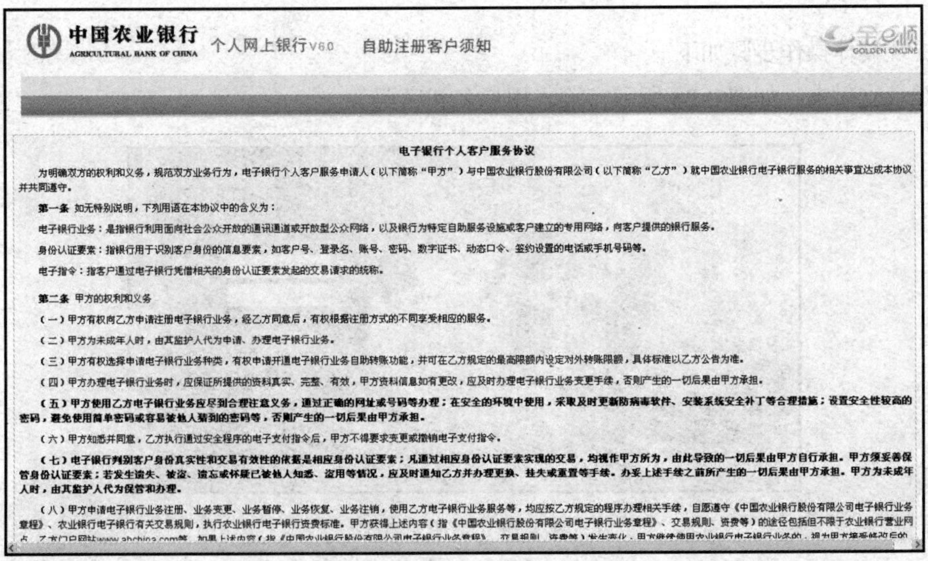
中国农业银行
AGRICULTURAL BANK OF CHINA
个人网上银行V6.0　自助注册客户须知
GOLDEN ONLINE
电子银行个人客户服务协议
为明确双方的权利和义务，规范双方业务行为，电子银行个人客户服务申请人（以下简称“甲方”）与中国农业银行股份有限公司（以下简称“乙方”）就中国农业银行电子银行服务的相关事宜达成本协议并共同遵守。
第一条 如无特别说明，下列用语在本协议中的含义为：
电子银行业务：是指银行利用面向社会公众开放的通讯通道或开放型公众网络，以及银行为特定自助服务设施或客户建立的专用网络，向客户提供的银行服务。
身份认证要素：指银行用于识别客户身份的信息要素，如客户号、登录名、账号、密码、数字证书、动态口令、签约设置的电话或手机号码等。
电子指令：指客户通过电子银行凭借相关的身份认证要素发起的交易请求的统称。
第二条 甲方的权利和义务
（一）甲方有权向乙方申请注册电子银行业务，经乙方同意后，有权根据注册方式的不同享受相应的服务。
（二）甲方为未成年人时，由其监护人代为申请、办理电子银行业务。
（三）甲方有权选择申请电子银行业务种类，有权申请开通电子银行业务自助转账功能，并可在乙方规定的最高限额内设定对外转账限额，具体标准以乙方公告为准。
（四）甲方办理电子银行业务时，应保证所提供的资料真实、完整、有效，甲方资料信息如有更改，应及时办理电子银行业务变更手续，否则产生的一切后果由甲方承担。
（五）甲方使用乙方电子银行业务应尽到合理注意义务，通过正确的网址或号码等办理；在安全的环境中使用，采取及时更新防病毒软件、安装系统安全补丁等合理措施；设置安全性较高的密码，避免使用简单密码或容易被他人猜到的密码等，否则产生的一切后果由甲方承担。
（六）甲方知悉并同意，乙方执行通过安全程序的电子支付指令后，甲方不得要求变更或撤销电子支付指令。
（七）电子银行判别客户身份真实性和交易有效性的依据是相应身份认证要素；凡通过相应身份认证要素实现的交易，均视作甲方所为，由此导致的一切后果由甲方自行承担。甲方须妥善保管身份认证要素；若发生遗失、被盗、遗忘或怀疑已被他人知悉、盗用等情况，应及时通知乙方并办理更换、挂失或重置等手续。办妥上述手续之前所产生的一切后果由甲方承担。甲方为未成年人时，由其监护人代为保管和办理。
（八）甲方申请电子银行业务注册、业务变更、业务暂停、业务恢复、业务注销，使用乙方电子银行业务服务等，均应按乙方规定的程序办理相关手续，自愿遵守《中国农业银行股份有限公司电子银行业务章程》、农业银行电子银行有关交易规则，执行农业银行电子银行资费标准。甲方获得上述内容（指《中国农业银行股份有限公司电子银行业务章程》、交易规则、资费等）的途径包括但不限于农业银行营业网

图 2-26　“电子银行个人客户服务协议”页面

（7）单击“同意”按钮，打开“个人网上银行用户名注册”页面，如图 2-27 所示。填写完信息后，单击“提交”按钮，即可注册成功。

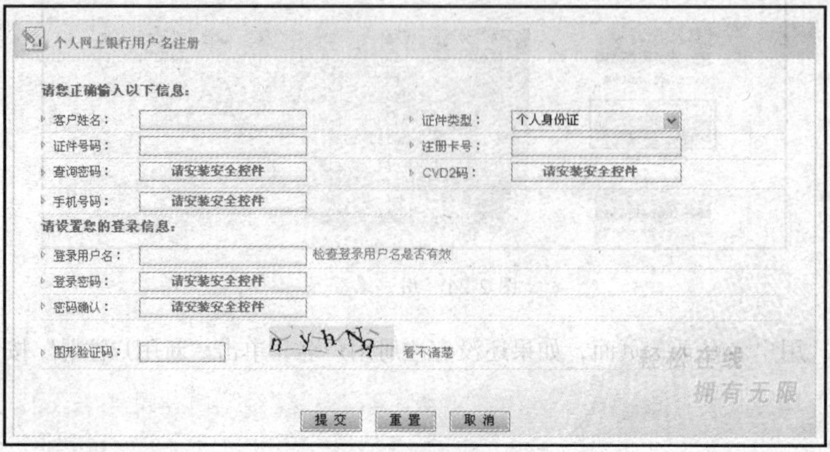

个人网上银行用户名注册

请您正确输入以下信息：

客户姓名：　证件类型：个人身份证

证件号码：　注册卡号：

查询密码：请安装安全控件　CVD2码：请安装安全控件

手机号码：请安装安全控件

请设置您的登录信息：

登录用户名：　检查登录用户名是否有效

登录密码：请安装安全控件

密码确认：请安装安全控件

图形验证码：　n y h N q　看不清楚

提交　重置　取消

图 2-27　填写个人信息

2.2.3　支付宝提现

支付宝提现是指将支付宝账户中的可用余额转入以账户本人姓名开户的储蓄卡，充值的款项不支持提现（2 小时到账提现支持全部的余额提现，包括充值的金额）。

小提示

是否可以使用他人的银行卡给我的“支付宝账户”充值？

① 网上银行充值：可以使用他人的银行卡对自己的“支付宝账户”充值，这对你充值是没有影响。

② 支付宝卡通充值：限于使用与需要充值的支付宝账户签约绑定的开通卡通功能的银行卡进行充值。

申请提现具体操作步骤如下。

（1）登录支付宝，如图 2-28 所示，输入用户名和密码。

图 2-28　登录支付宝

（2）单击“登录”按钮即可登录到支付宝，单击“提现”按钮，如图 2-29 所示。

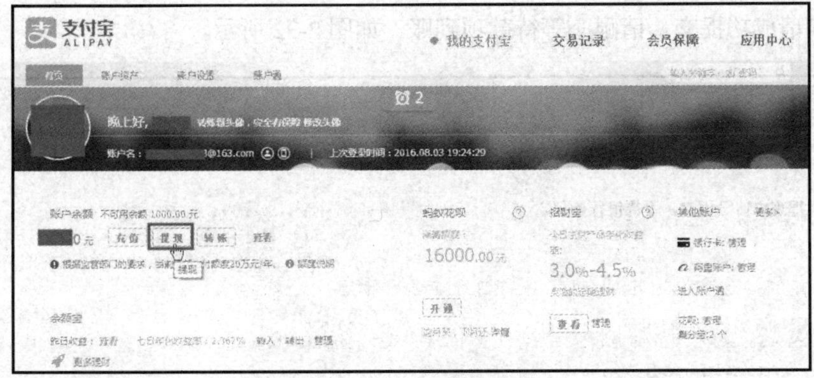

图 2-29 登录到支付宝

（3）进入“支付宝提现”页面，单击“下一步”按钮，如图 2-30 所示。

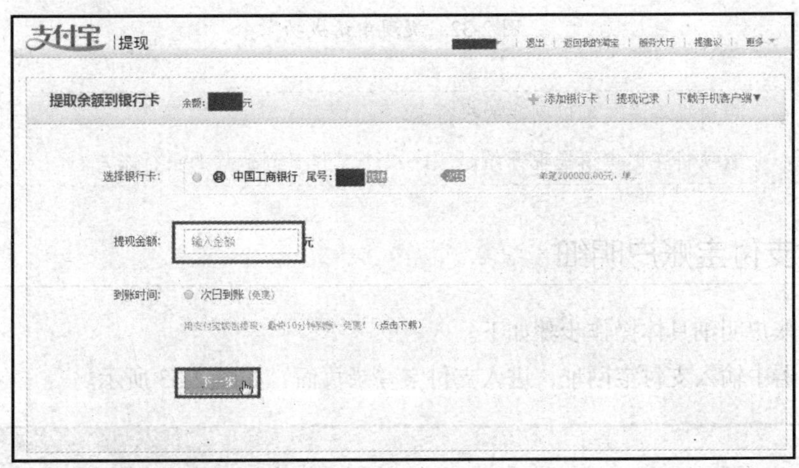

图 2-30 支付宝提现

（4）输入“支付密码”，单击“确认提现”按钮，如图 2-31 所示。

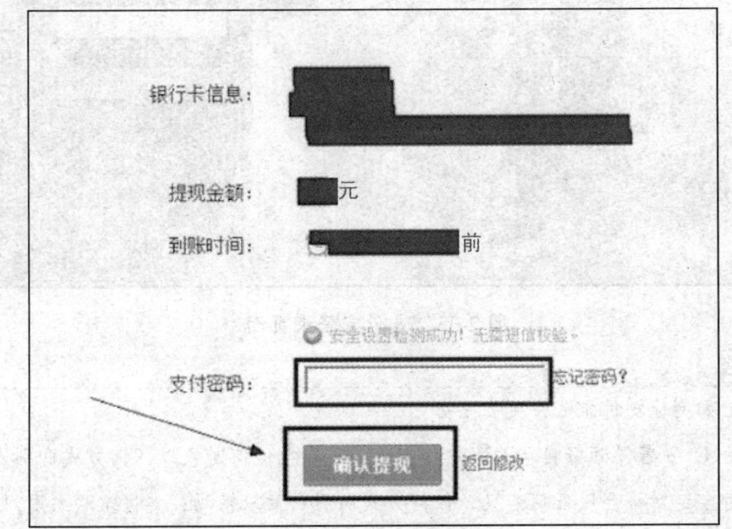

图 2-31 确认提现

（5）提现申请成功提交，请耐心等待款项到账，如图 2-32 所示。

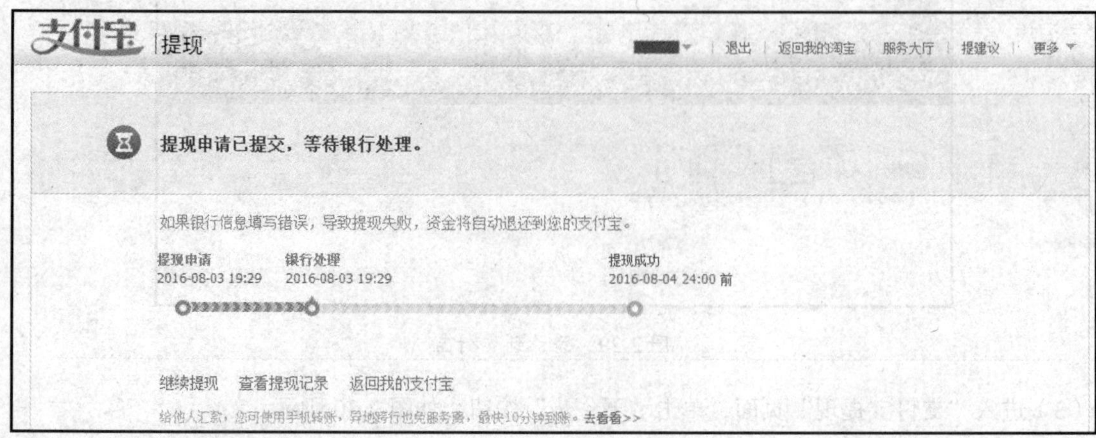

图 2-32　提现申请成功

小提示

申请提现多久可以到我的银行卡？

款项将在你申请提现开始起，1～2 个工作日到达你的银行账户。

2.2.4　查询支付宝账户明细

查询支付宝账户明细具体操作步骤如下。

（1）在浏览器中输入支付宝网址，进入支付宝登录页面，如图 2-33 所示。

图 2-33　支付宝登录页面

小提示

如何让支付宝账户更安全？

① 妥善保管好自己的账户和密码：不要在任何时候以任何方式向别人泄露自己的密码，支付宝绝对不会以任何名义、任何方式向用户索取密码；支付宝联系用户一律使用公司固定电话，对外电话显示区号为 0571，任何时候都不会使用手机联系用户，并且工作人员都会主

动向用户报上花名。

② 创建一个安全密码：支付宝的登录密码和支付密码一定要分别设置，不能为了方便设置成同样一个密码。密码最好是数字加上字母以及符号的组合，尽量避免选择用您的生日和昵称作为登录密码或支付密码。不要使用其他的在线服务一样的密码。在多个网站中使用一样的密码会增加其他人获取你的密码并访问您的账户的可能性。

③ 认真核实支付宝的网址：每次登录尽量直接输入正确网址，不要从来历不明的超级链接访问网站。

④ 开通专业版网银进行付款：如果经常进行网上消费，建议前往银行柜台办理网上银行专业版开通手续，在自己的上网终端上安装网上银行数字证书，确保银行账户安全。

（2）输入用户名和密码，单击“登录”按钮，即可登录到支付宝，显示账户余额，如图 2-34 所示。

图 2-34 支付宝

2.3 使用千牛

众所周知，大家上网聊天一般都会使用 QQ 和微信，淘宝购物买卖双方交流要用专门的沟通工具千牛。千牛工作台是在卖家版旺旺的基础上升级而来的，具有强大的功能，更能为卖家提高工作效率。千牛工作台是每个卖家必须掌握的一款软件。

2.3.1 下载与安装千牛软件

千牛-卖家工作台为阿里巴巴集团官方出品，淘宝卖家、天猫商家均可使用，包含卖家工作台、消息中心、阿里旺旺、量子恒道、订单管理、商品管理等主要功能，目前有两个版本：计算机版和手机版。

下载计算机版的千牛并安装，具体操作步骤如下。

（1）打开淘宝网首页，单击顶部右侧的“网站导航”下面的“旺信”超链接，如图 2-35 所示。

消息 1 手机逛淘宝 我的淘宝 购物车0 收藏夹 商品分类 卖家中心 联系客服 网站导航

主题市场				特色市场			阿里APP			精彩推荐集	
女装	男装	内衣	鞋靴	iFashion	爱逛街	美妆秀	淘宝	天猫	支付宝	余额宝	大牌捡宝
箱包	婴童	家电	数码	全球购	腔调	淘女郎	聚划算	去啊	蚂蚁聚宝	淘公仔	浏览器
手机	美妆	珠宝	眼镜	星店	汇吃	格调	旺信	闲鱼	阿里钱盾	淘宝香港	淘宝台湾
手表	运动	户外	乐器	运动派	极有家	特色中国	钉钉	高德地图	点点虫	淘宝全球	淘宝东南亚
游戏	动漫	影视	美食	潮电街	拍卖会	淘宝众筹	虾米音乐	淘宝电影	菜鸟裹裹	闺蜜淘货	淘宝视频
鲜花	宠物	农资	房产	中国质造	质+	阿里旅行	爱逛街	拍卖会	阿里云	大众评审	淘工作
装修	建材	家居	百货	亲宝贝	闲鱼	桃花源	网商银行	阿里邮箱	阿里众包		
汽车	二手车	办公	五金	农资	天天特价	清仓					
定制	教育	卡券	本地	個人购	聚名品	淘抢购					
				生活汇	全球精选	非常大牌					
				试用	星师团						

图 2-35　淘宝网首页

（2）进入图 2-36 所示的页面，单击我是卖家下面的“千牛”按钮。

图 2-36　单击“千牛”按钮

（3）进入图 2-37 所示的页面，单击“立即下载”按钮，即可下载千牛软件。

图 2-37　单击“立即下载”按钮

（4）下载完毕，单击千牛安装包，弹出“千牛-卖家工作台安装向导”对话框，勾选“已阅读并同意阿里巴巴软件许可协议”复选框，单击“快速安装”按钮，如图2-38所示。

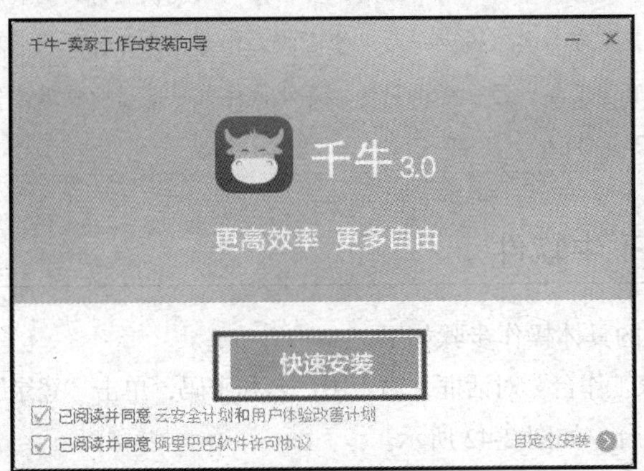

图2-38 “千牛-卖家工作台安装向导”对话框

（5）弹出“正在安装”对话框，如图2-39所示。

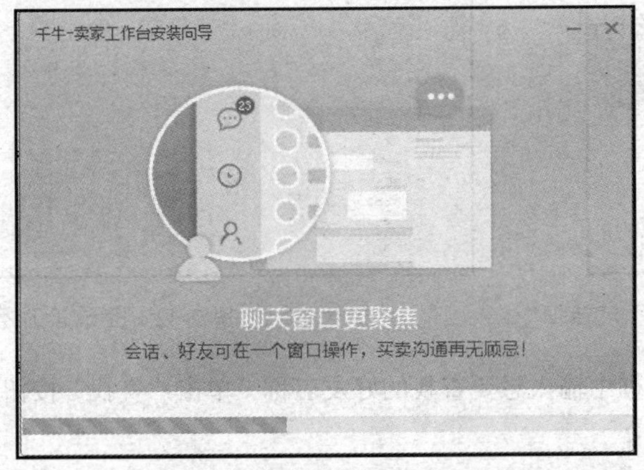

图2-39 “正在安装”对话框

（6）安装完毕，如图2-40所示，单击“完成”按钮即可。

图2-40 “安装完成”对话框

小提示

千牛和旺信有什么区别？

旺信，是定位于买家端的应用，旨在为买家提供更好的购物体验。

千牛，是专为卖家提供一站式管店的工作台，分为计算机版和手机版。其核心是为卖家整合店铺管理工具、经营资讯消息、商业伙伴关系，借此提升卖家的经营效率，促进彼此间的合作共赢。

2.3.2 登录并使用千牛软件

登录并使用千牛软件的具体操作步骤如下。

（1）打开“千牛-卖家工作台”对话框，输入用户名和密码，单击“登录”按钮，如图 2-41 所示。

（2）登录到千牛工作台，如图 2-42 所示。

图 2-41 “千牛-卖家工作台”对话框

图 2-42 登录工作台

（3）在左上角的文本框中输入想要查找的好友名称，单击“查找”按钮，下面即可出现好友名称的列表，如图 2-43 所示。

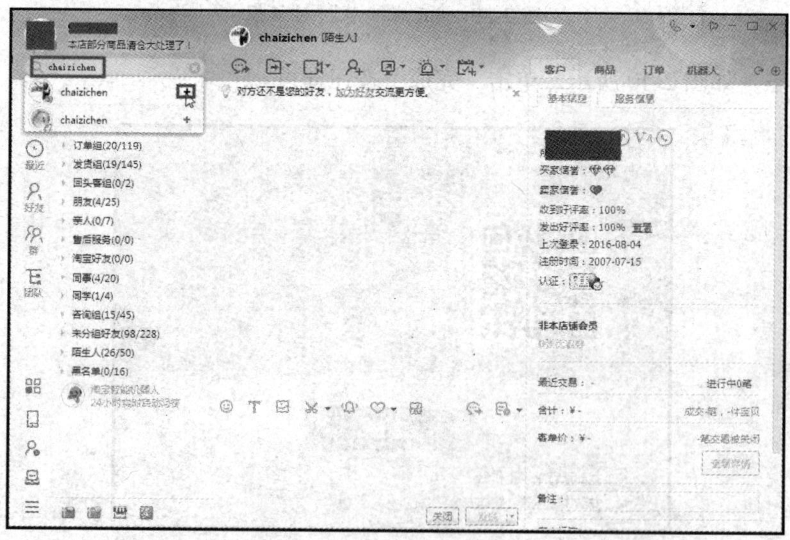

图 2-43 查找好友

（4）弹出“阿里旺旺—安全验证”对话框，输入“验证字符”，单击“确定”按钮，如图 2-44 所示。

（5）弹出“添加好友成功”对话框，选择组，单击“完成”按钮，即可添加好友成功，如图 2-45 所示。

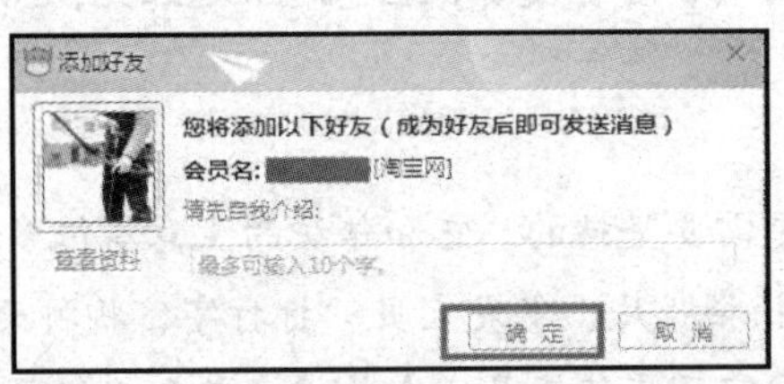

图 2-44 “阿里旺旺—安全验证”对话框

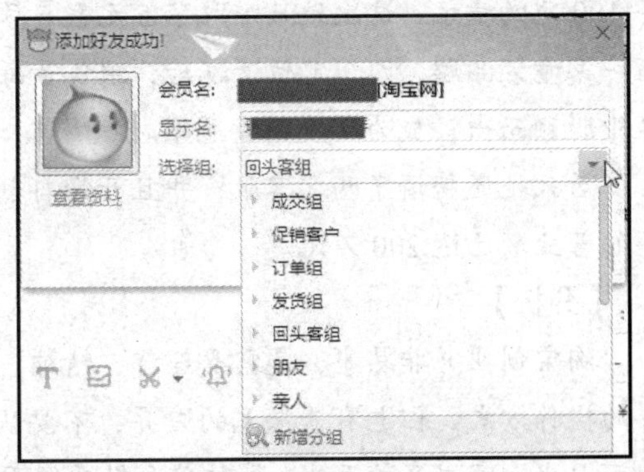

图 2-45 添加好友成功

（6）添加好友成功后随即弹出千牛工作台，这时即可跟刚添加的好友聊天，如图 2-46 所示。

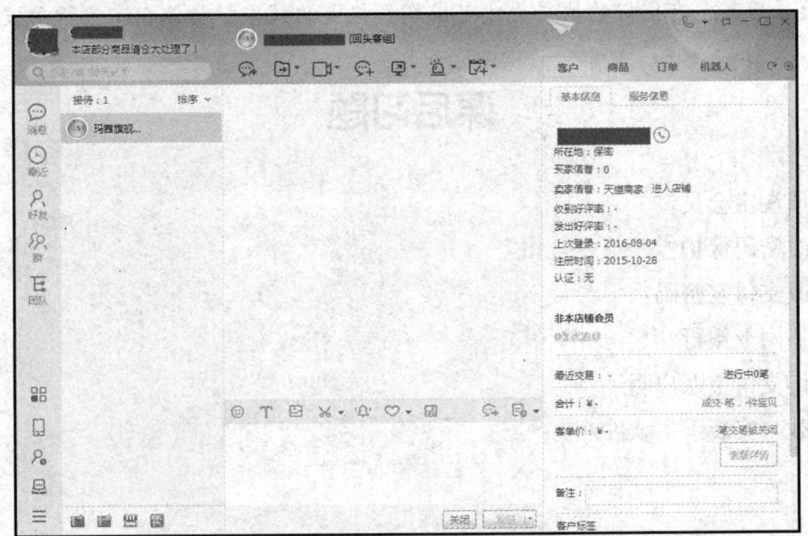

图 2-46 千牛工作台与好友聊天

案例分析——残疾人自强不息淘宝开店创业

王子涵是个命运坎坷的人，小时候出过车祸，造成右腿截肢，生活、学习、工作都多有不便。但王子涵又是个倔强而不轻易服输的人，从未向命运和困难低过头。正是出于对生活的乐观态度，王子涵迎来了自己的爱情、组建了自己的家庭，也迎来了女儿的诞生。孩子是父母生命的延续，是父母的希望寄托，为此王子涵必须尽可能地为她创造条件，但以目前的微薄收入，显然是不现实的，所以她想到了创业，想到了淘宝。

坚定了创业的决心之后，王子涵决定从童装开始做起，开了自己的第一家淘宝店。之所以选择童装，是因为当时她家生活并不宽裕，无力给予宝宝太多，但至少要把宝宝打扮得漂漂亮亮的，开童装店自然会有这方面的便利。

王子涵的淘宝店开通后，一直到第 20 多天，才来了一位顾客，聊了整整一小时，终于卖出了一件 100 元的童装，这次她只赚取了 5 元钱。尽管很少，但这笔生意给了王子涵极大的鼓舞。她专门代理一家童装品牌，网店定位清晰后，销售量每天都在极速上升。半年后，她从同一品牌的 500 多家代理中脱颖而出，成为年度销量冠军。

后来她还聘请了两名客服，并且开始自创品牌，向工厂订货，备货发货，生意越来越红火，2015 年的营业额已达 200 万元。

【分析】

淘宝创业并非易事，是需要理智、精神、努力、执行，更需要坚持的。它和传统的生意有很多同样的操作方式，但也有着很大的差异，不要认为注册一下，拍拍照片、发发宝贝、打打字、聊聊天，就可以坐在家里高枕无忧，等订单和钞票像雪片一样飞来。淘宝开店其实是一个异常辛苦和不堪忍受的艰难过程，开业初期的低迷期似乎任何一个新卖家都无法避免。

淘宝就是一个平台，它能提供给你一个创业或就业的机会，但是不能保证你一定能成功。不要今天等明天、明天等后天，有良好的执行力才可以发挥极大的效率，助你在淘宝所向披靡，直到成功。

课后习题

1. 如何注册淘宝会员？
2. 怎样修改密码保护？
3. 怎样修改支付宝密码？
4. 如何开通网上银行？
5. 如何查询支付宝账户明细？
6. 如何下载与安装千牛软件？

第3章 发布商品开设店铺

学习目标

- (1)掌握常见进货渠道
- (2)掌握店铺的申请方法
- (3)掌握店铺的简单装修设置
- (4)掌握橱窗推荐位的设置

在淘宝免费注册成功，并拿到网络交易的身份证——支付宝之后，就有了在淘宝开网店的基本资格，可以发布商品卖东西了。在发布商品前首先要寻找合适的货源。在淘宝中，卖家可以根据自己的宝贝类型和爱好选择店铺的风格，而且还可以将重点宝贝陈列在橱窗中进行推荐。

3.1 货源的选择

网上开店，进货是一个很重要的环节，不管是通过何种渠道寻找货源，低廉的价格是关键因素，找到了物美价廉的货源，你的网上商店就有了成功的基础。

3.1.1 适合网上销售的货品

确定要在网上开店后，“卖什么”就成为最主要的问题了。在决定卖什么之前，要综合自身财力、商品属性，以及物流运输的便捷性，对所卖商品加以定位。目前，网上交易量比较大的商品包括服装服饰、化妆品、珠宝饰品、数码产品、家居饰品等。在这方面，网上开店与传统的店铺并无太大区别，寻找好的市场和有竞争力的产品，是成功的重要因素。

1. 适合网络销售产品的特点

通过对网上出售产品的统计发现，适合网络销售的商品一般具备以下特点。

（1）体积较小。主要是方便运输，降低了运输成本。

（2）附加值较高。价值低于运费的单件商品是不适合网上销售的。

（3）具备独特性或时尚性。网店销售不错的商品往往都是独具特色或者十分时尚的物品。

（4）价格优惠。如果在网下可以用相同的价格买到商品，就不会有人在网上购买了。

（5）通过网站了解就可以激起消费者的购买欲。如果必须要亲自见到这件商品才可以达到购买所需要的信任度，那么此商品就不适合在网上销售。

（6）网下没有，只有网上才能买到。例如，外贸订单产品或者直接从国外带回来的产品。

（7）能被普遍接受的标准化产品。这类产品的特点在于产品质量、性能易于鉴别，具有较高的可靠性。即使发生产品质量纠纷，也易于解决。而且，此类产品的售后服务工作也易于开展，对厂家和消费者都较为有利。

2. 网上开店不可销售的产品

网上开店也要注意遵守国家法律法规，不要销售以下商品。

（1）法律法规禁止或限制销售的商品，如武器弹药、管制刀具、文物、淫秽品、毒品。

（2）假冒伪劣商品。

（3）其他不适合网上销售的商品，如医疗器械、药品、股票、债券和抵押品、偷盗品、走私品或者从其他非法来源获得的物品。

（4）用户不具有所有权或支配权的物品。

3.1.2 依靠大型批发市场

虽然从厂家进货可以掌握一手货源，利润比较大，但是一般的厂家都有一定的大客户，它们通常不会和小卖家合作。批发市场的商品价格一般比较便宜，这也是经营者选择最多的货源地。从批发市场进货一般有以下特点。

（1）批发市场的商品数量多、品种全、挑选余地大且容易“货比三家”。

（2）批发市场很适合兼职卖家，在这里进货时间和进货量都比较自由。

（3）批发市场的价格相对较低，对于网店来说容易实现薄利多销。

相比于其他几种渠道而言，批发市场对于新手卖家的确是不错的选择。如果你刚好生活在大城市，周围有大的批发市场，不妨就去那里看一看吧，保证不会让你失望。多与批发商交往不但可以熟悉行情，还可以拿到很便宜的批发价格。

通过和一些批发商建立良好的供求关系，你能够拿到第一手的流行货品，而且能够保证网上销售的低价位，这不仅有利于商品的销售，而且有利于卖家积累信用。

找到货源后，可先进少量的货，在网上试卖一下，如果销量好再考虑增大进货量。在网上，有些卖家和批发商关系很好，往往是商品卖出后才去进货，这样既不会占用资金又不会造成商品的积压。总之，不管是通过哪种渠道寻找货源，低廉的价格是关键因素。找到了物美价廉的货源，网上开店就有了成功的基础。

3.1.3 怎样选择厂家货源

一件商品从生产厂家到消费者手中，要经过许多环节，其基本流程是：原料供应商→生产厂家→全国批发商→地方批发商→终端批发商→零售商→消费者。

如果是进口商品，还要经过进口商、批发商、零售商等环节，涉及运输、报关、商检、银行和财务结算。经过如此多环节、多层次的流通组织和多次重复运输过程，自然就会产生额外的附加费用。这些费用都会被分摊到每一件商品上，所以，对于一件出厂价格为 2 元的商品，消费者往往需要花 15 元才能买得到。

如果可以直接从厂家进货，有稳定的进货量，无疑可以拿到理想的价格。而且正规的厂家货源充足，信誉度高，如果长期合作的话，一般都能争取产品调换和退货还款。但是，一般能从厂家拿到的货源商品并不多，因为多数厂家不屑与小规模的卖家打交道，但有些网下不算热销的商品是可以从源头进货的。一般来说，厂家要求的起批量非常大。以外贸服装为例，厂家要求的批发量至少要在近百件或上千件，达不到要求是很难争取到合作的机会。

通过下面几种办法，可以辨别厂家的实力，在下单之前就摸清对方底细。

（1）电话验证。通过 114 或电话黄页进行查询，核对对方的电话是否属实。一般正规厂家都很重视业务电话，都希望客户一查就能得知自己的电话号码，所以，往往都会把电话号码予以登记。除了查核电话号码登记外，你还可以通过在不同时段给他们打电话来验证厂家是否正规。

（2）证件查询。你可以要求对方提供《工商营业执照》和《税务登记证》等复印件。如果对方以担心被非法利用为由而拒绝你的这一要求，那么，你就干脆打电话到相关部门去查询。因为正规的工厂都必须正式登记在册，而从税务登记证上就可以看出对方是一般纳税人还是小规模纳税人或者甚至根本未进行税务登记。

（3）价格辨别。你可以通过分析对方的定价模式来辨别其是否正规。正规公司都有稳定的价格体系，而且通常是不会允许新顾客随意讨价还价的。由于公司内部的规章制度比较健全，因而，除了决策层外，任何员工都无权私下更改定价模式。你可以多次地让他们对同一产品进行报价，也可以不断地让他们对各种产品进行报价，以此来分析他们的定价模式，看他们的价格体系是否稳定与完善。

（4）规模辨别。辨别企业实力的要点就在于区别其生产经营规模的大小，评定世界财富 500 强时，其年销售额就是重要的指标之一。生产规模大、经营时间长、综合实力强的正规企业，往往其产品的品种也多，款式也全，生产经验也足。

3.1.4 选择外贸尾单货的技巧

外贸尾单货就是正式外贸订单的多余货品。一般外商在国内工厂下订单时，工厂会按 5%～10%的比例多生产一些，这样做是为了万一在实际生产过程中有次品时，就可以拿多生产的数量来替补，这些多出来的货品就是我们常说的外贸尾单货了。

1. 外贸尾单货的特点

外贸尾单货的优点就是性价比高，通常商家所销售的几十元钱的产品出口后都是几十美元或是更高的价格；但缺点是颜色和尺码不全，不能像内销厂家的货品那样齐码齐色。所以，其价格一般比商场或其他地方更便宜。

外贸尾单货价格通常十分低廉，一般为市场价格的 2～3 折，品质、做工绝对有保证，是一个不错的进货渠道。但一般要求进货者全部吃进，所以进货者要有一定的经济实力。

2. 如何辨别真假外贸尾单货

面对鱼龙混杂的外贸货市场，应该如何判断其真假呢？下面介绍几点经验供大家参考。

（1）看价格：大多数外贸企业不擅长内贸，一旦产生了尾单货，一般都会选择低价脱手。

（2）看质量：真正的外贸尾单货的质量和正品一样，这就需要有相当的经验才能辨别，或者手上有真货可以进行比较。

（3）看包装：真正的外贸尾单货的外包装都是比较简单的，那些包装精美、所有配件都全的商品就值得怀疑了。

（4）看商标：一般尾单货的商标都是最后才贴上去的，有的甚至没有，这并不代表商品不好或者是质量有问题，而恰恰说明了真货的严谨性。越是替知名品牌加工产品的厂家，它的尾单货就越是不可能有商标，因为越是知名的品牌对商品的控制越是严格，包括包装袋也是一样。

（5）看尺码：一般来说，尾单货特别是服装类的尾单货，有断码现象是非常正常的，尺码几乎不可能齐全。

（6）看瑕疵：有些外贸尾单货是有瑕疵的，不过瑕疵并不明显，不容易看出来。

3.1.5 寻找品牌积压库存

品牌商品在网上是备受关注的分类之一，很多买家都通过搜索的方式直接寻找自己心仪的品牌商品。有些品牌商品的库存积压很多，一些商家干脆把库存全部卖给专职网络销售卖家。不少品牌虽然在某一地域属于积压品，但由于网络覆盖面广的特性，我们完全可以使其在其他地域成为畅销品。如果你能经常淘到积压的品牌服饰等货物拿到网上来销售，一定能获得丰厚的利润。这是因为品牌积压库存有其自身优势。

1. 品牌积压库存商品的优点

（1）商品价格低。由于工厂处理库存货几乎都是被动处理，价格方面自然比较好谈，但也取决于个人的谈判能力，谈判能力强的自然可以为自己省下不少钱。另外，人缘比较好的人，能调动场面气氛，说话很容易让人接受，砍价方面自然高人一等。

（2）商品品种多。无论企业属于哪一行业，如果要生存下去，就必须以市场为导向，生产出市场需要的商品。而市场的需求正朝着多元化发展，因此，企业就要不断研发新的商品，以适应市场的需求。这样日积月累，企业库存的商品品种必然越积越多。

2. 寻找积压库存的品牌商品

在寻找积压库存品牌商品的过程中，要注意以下问题，否则收购回他人的库存后商品不好销售，会立即变为自己的库存，让库存压力从厂家那里转移到自己的身上，有可能导致自己从此一蹶不振。

（1）消费者的品位：先从各个渠道详细了解当前大众消费者的品位，看他们是重实用还是重感观、重内涵还是重外形、重本土品牌还是重国外品牌。

（2）销售及市场动态：广泛关注市场动态，并进行分析。

（3）预测市场需求能力：预测市场需求能力及市场需求量。

（4）重视消费需求的不确定性：消费者的消费需求变化很大，因而增强了不确定性。

大部分网店从事的主要业务是零售而不是批发，所以商品的数量要尽量少，以减少压货的风险；商品的品种要尽量多，让消费者多一些选择。

3.1.6 怎样寻找特价商品

在很多情况下，商家因换季等原因需要清仓处理，因为这时他们已经收回成本或是赚够了，剩下的商品能卖多少就卖多少，根本无关紧要。由于商家急于处理这类商品，其价格通常很低，如果你以一个极低的价格买进，再转到网上销售，利用地域或时间差价则可以获得丰厚的利润。因而，要经常去市场上转一转，密切关注市场变化。但在进货时也要小心，像日用品、高科技产品及有效期短的商品，最好不要大量进货。

1. 换季清仓品

每到换季时间，你会发现大大小小的商场各显身手，名目繁多的优惠活动层出不穷，花花绿绿的横幅到处悬挂，直接冲击着过往行人的眼球，这时是有心要开网店的人进货的好时机，但一定要注意以下事项。

（1）有一些特殊的商品要注意有效期或保质期。

（2）要注意查看商品是否为瑕疵品。

（3）要注意查看商品是否合时宜。

（4）注意换季商品的价格。一些商家在牌子上标示的原价格和现折扣价格只是商家的“数字游戏”，目的是让你误认为其确实是亏本大甩卖。其实，原价并非真正的价格，折扣价格也并非是价格的底线，还是有周旋余地的。

2. 节后清仓品

在春节、情人节、劳动节、端午节、儿童节、中秋节、教师节、国庆节、圣诞节、“双十一”等节假日，大家都会尽情地购物，于是形成一股节假日的消费热潮。

商家当然不会放过这些节假日蕴藏的巨大商机。于是，他们在节前购进大量应节的商品，以期在节假日赚个盆满钵盈；节后清盘时手头上还有部分未及时售出的商品，于是就出现了节后清货的活动。

传统店铺的节后清货是网店的重要货源之一，可是，如何把握其中的分寸，才能不至于因“乱花渐欲迷人眼”而导致进错货品呢？这就需要我们进货时注意商品的生命力。凡是节日商品，必然是有其生命周期的，有的商品在节日过后就很少有人购买了，如情人节的玫瑰、中秋节的月饼、圣诞节的松树等。

3. 拆迁清仓品

拆迁清仓品也是网店很好的货源之一，但卖家进货时一定要小心里面是否有陷阱。一般来说，应注意以下几个方面。

（1）先弄清楚商家所谓的拆迁消息是否可靠，如果只是商家的一种促销手段，那肯定有问题，最好不要进货；否则，如果你进来的货物价格过高，在网上就没有竞争优势了。

（2）谨慎挑货：由于商家急需清货，时间紧迫，价格必然很低，这样才能吸引消费者在短时间内决定购买，这时进货就一定要细心挑选了。

4. 转让清仓品

实体店铺转让时所抛售的都是之前正常经营时剩余的商品，所以品质比较可靠，价格又便宜很多，完全可以放到网上店铺的货架上出售。但一般的实体店商品数量和品种都比较多，如果将整个店铺的商品都包揽下来，需要较大的投资，对于小本经营的网店来说，风险实在太大。你可以选择某些合适的品种与商家洽谈买断事宜，商家一向非常注重大批量的购买行为，所以价格可以压得很低。

有些商家利用假转让在商品的品质上大做文章。因为商家既然假转让，商品在价格方面一定要有很大的吸引力才行，在低价的基础上想保持利润，只有牺牲商品品质了。于是，假冒伪劣商品自然充斥其间。其最直接的表现就是：“转让清仓”的标贴长年累月地挂在店里，或者“转让清仓最后三天”的标贴一挂就是几个月。要想淘到好的货源，最好不要到这种店铺去。

3.1.7 网络代销的注意事项

在网上交易中，代销指的是在网上展示商家给的图片、产品介绍等资料，然后向买家收取定金，再给商家一定的资金，让他发货，代销者赚取其中的差额。选择代销一般有两个原因：一是自身缺乏做生意的启动资金；二是尝试做生意，并不准备长期投资。

需要注意的是，网络代销虽然有一定的优越性，但是因为代销商具有“联系商家和买家，但是看不见商品”这个特点，所以使得代销有时候成为一朵带刺的玫瑰。而且，网络代销因为牵扯第三方交易，所以它的利润相对偏低，准备代销的卖家要做好一定的心理准备。

1. 注意批发商提供的地址

一般来说，批发商会有一个固定的地址，如果是个人供应商的话，那进价可能就要贵些了。所以网上还是以公司的批发商居多的，而公司都会有一个固定的地址，可以在百度或其他搜索引擎查询一下，这样可以找到很多的信息，仔细看一下有没有漏洞。

你也可以去各地的工商部门官方网站查询，但是不是所有地区的工商部门官方网站都可以查的，也可以打电话去当地的工商部门查询。

2. 观察网站的营业资格

一般的骗子公司都没有营业执照，可以要求它们出示营业执照等证明。不过需要注意的是，一些比较高明的骗子网站也会用图片处理软件伪造一份营业执照，在观察营业执照时需要仔细辨认，查看是否有涂改痕迹；而正规的注册公司网站则会主动出示它们的营业执照。

3. 注意批发商的电话号码

通过电话号码也可以查询出是否有问题。首先，直接打电话所在城市的114，去查一下这个号码的归属。其次，也可以去网上搜索这个电话号码，看看网上有没有投诉这个电话的，看看这个电话对应的公司名称、公司地址等是否一致。

4. 注意批发商提供的网址

如果供应商有自己的销售网站，那就要仔细地看看了，可以多研究一下网站的商品，然后提出一些专业的问题，通过询问应该也可以了解一二。如果连问题都没有办法好好地回答，那么，其真实性就很值得怀疑了。但是，也是有很多训练有素的骗子，所以问问题的时候，一定要仔细地询问，是骗子总是会有漏洞的。

5. 注意批发商提供的汇款途径

如果从网络进货的话，就一定会存在汇款，那么用什么方式汇款，也是可以查到很多的疑点的。一般来说，实体公司进行网络批发的时候，如果很正规的话，应当提供的是公司账号而不是个人账号。另外，有的供应商也是同意通过支付宝汇款的。还有一种办法，就是利用快递公司货到付款的服务。

6. 网站是否支持上门看货

如果不能支持上门看货，那就要先考虑一下这个商家是不是骗子公司了。当然，有些公司由于代理数量比较多，可能会对上门看货提出一定的要求，如有的公司会要求必须一次性批发 50 件并预交定金之后才支持上门看货，一是为了最大限度地优化客服工作程序，二是最大限度地保证对每一位经销商正常服务，这样的要求也是可以理解的。所以，在是否支持上门看货这一点上，还需要大家更加仔细地辨别、分析，不能一概而论。

7. 要看网站的发货速度

有些网站的发货速度非常慢，可能下了订单之后两三天，甚至五六天才发货，严重影响顾客对卖家的信任，造成客户资源的流失。所以，在选择批发网站时，一定要看网站对发货速度的承诺。发货以后还要看网站是否支持退换货，有些网站以次充好或者在产品发生质量问题时以各种理由搪塞并拒绝退换货。这一点也需要加以注意。

3.1.8 怎样寻找二手闲置商品与跳蚤市场

虽然二手物品具有不合时宜、无法保证品质、价格低廉、不可退换等缺点，但它还是具有许多适合在网上销售的特点的。

（1）二手闲置商品不用担心压货。

（2）有利于改掉浪费的习惯。

（3）物尽其用，为他人提供方便。

（4）货源广，成本低。

闲置物品不会一直增加，卖掉一件就少一件。那么，卖光这些闲置二手货后怎样保持现有的经营特色继续经营下去呢？其实在跳蚤市场就能收集到便宜的二手货。

“跳蚤市场”是欧美国家对旧货地摊市场的别称，它由一个个地摊摊位组成，市场规模大小不等，所售商品多是旧货，如人们家中多余的物品及未曾用过但已过时的衣物等，小到衣服上的小件饰物，大到完整的旧汽车、录像机、电视机、洗衣机，一应俱全，应有尽有，价格低廉，仅为新货价格的10%～30%。

3.1.9 B2B电子商务批发网站进货

全国最大的批发市场主要集中在我国的几个大城市里，而且有很多卖家也没有条件千里迢迢地去这些批发市场。所以，阿里巴巴、生意宝等作为网络贸易批发的平台，充分显示了其优越性，为很多小地方的卖家提供了很大的选择空间。它们不仅查找信息方便，也专门为小卖家提供相应的服务，并且起批量很小。

网上批发是近几年开始兴起的新事物，发展还不成熟，但网络进货相比于传统渠道进货，其优势已经很明显。

（1）成本优势：可以省去来回去批发市场的时间成本、交通成本、住宿费、物流费用等。

（2）选购的紧迫性减少：亲自去批发市场选购由于时间所限，不可能长时间慢慢挑选，有些商品也许并未相中但迫于进货压力不得不赶快选购，而在网上进货则可以慢慢挑选。

（3）批发数量限制优势：一般的网上批发基本上都是10件起批，有的甚至是1件起批，这样在一定程上增大了选择余地。

（4）其他优势：网络进货能减少库存压力，还具有批发价格透明、款式更新等优点。

3.2 开设并装修店铺

当已经通过淘宝网卖家认证后，接下来要做的就是发布自己的商品了，店铺里面有商品，才可以开张。

3.2.1 申请网上店铺

支付宝账户实名认证完成后，就可以申请开淘宝店铺了。申请淘宝店铺完全免费，但一张身份证只能开一家店。要先发布宝贝才可以申请店铺。你可以在淘宝网上直接发布商品，也可以使用“淘宝助理”发布。这里讲述在淘宝网上直接发布商品的方法，具体操作步骤如下。

开店技巧

为什么我不能发布宝贝？

先确认账户是否具备发布商品的条件，且账户是否有因违规被处罚限制发布商品。如都没有问题，根据你的情况单击选择查看。

① 发布商品时提示：你的店铺状态不正常，不能发布、编辑全新商品。

② 超过发布商品数量上限。

③ 上架时提示数量必须大于0。

④ 发布宝贝时提示输入属性错误。

⑤ 发布宝贝时无法选择需要类目。

（1）登录我的淘宝，进入“卖家中心”页面，单击“发布宝贝”超链接，如图3-1所示。

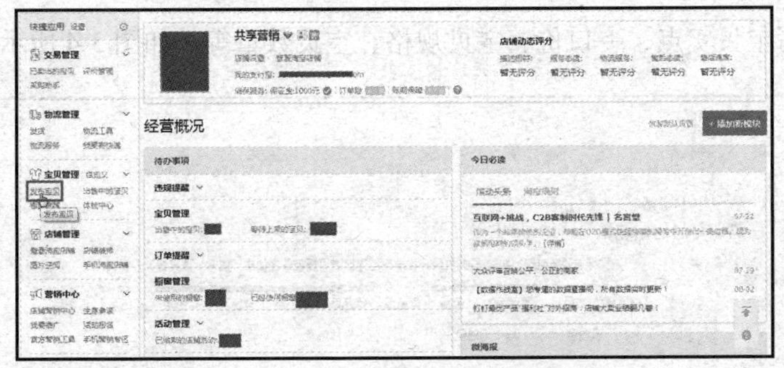

图3-1 单击“发布宝贝”超链接

（2）进入发布商品页面，在“请选择宝贝发布方式：”页面中单击“一口价”按钮，以一口价的方式发布，选择要发布宝贝的类目，然后单击“我已阅读以下规则，现在发布宝贝”按钮，如图3-2所示。

图3-2 选择宝贝发布方式

（3）填写宝贝基本信息，根据提示输入发布宝贝的交易类型、宝贝类目、宝贝类型、宝贝标题等信息，如图 3-3 所示。

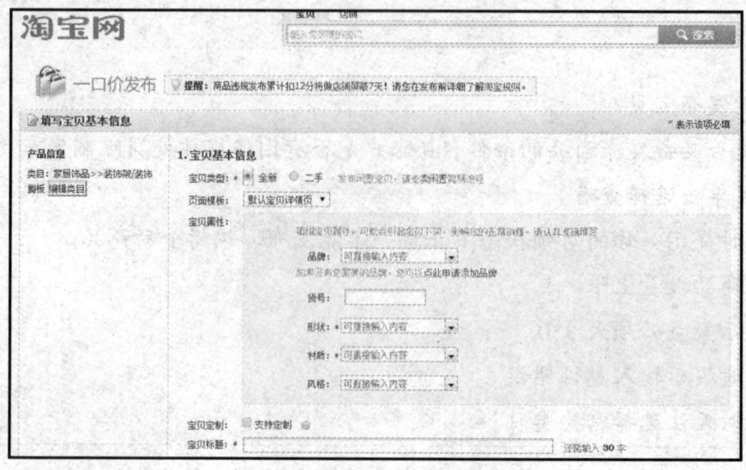

图 3-3　填写宝贝类型信息

（4）接下来填写宝贝卖点、一口价、宝贝规格、宝贝数量等，如图 3-4 所示。

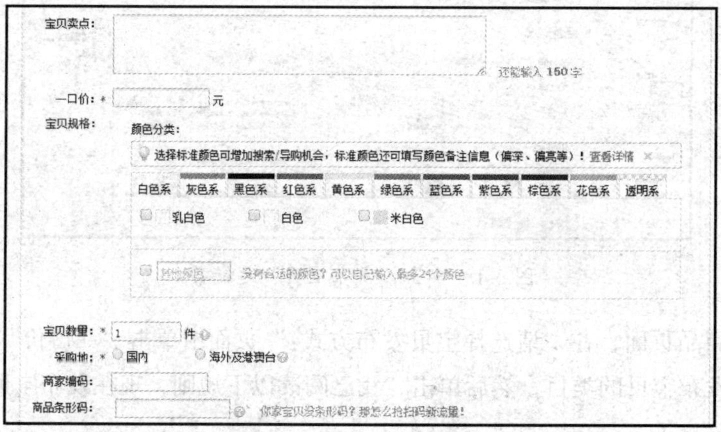

图 3-4　填写宝贝特点信息

（5）单击“上传新图片”按钮，上传宝贝图片，如图 3-5 所示。

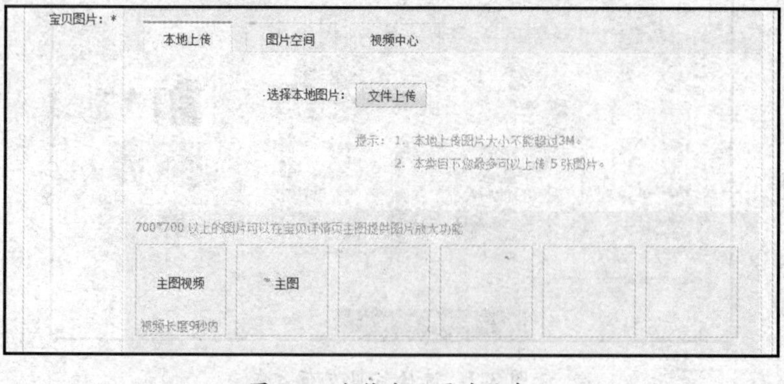

图 3-5　上传宝贝图片信息

（6）填写宝贝详细描述信息，如图 3-6 所示，这里的操作与在 Word 文档中的操作相同，可以设置文本的格式。

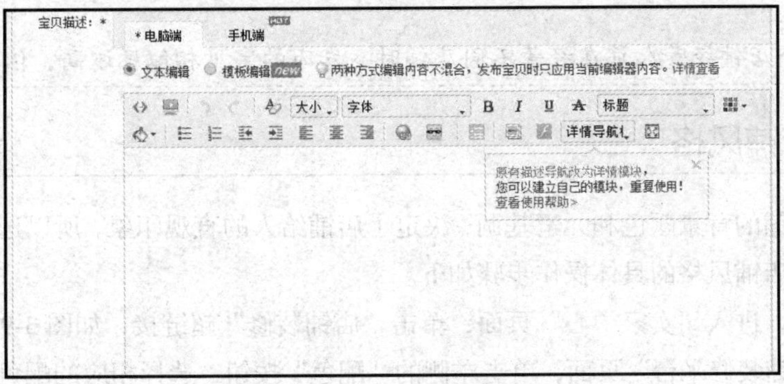

图 3-6 填写宝贝详细描述信息

（7）填写宝贝的物流信息，如图 3-7 所示。

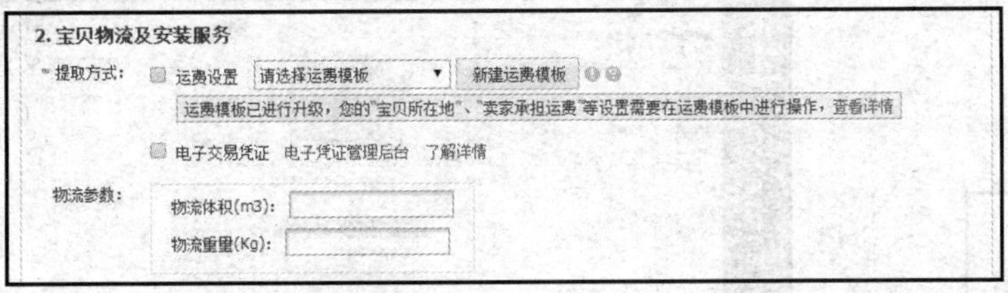

图 3-7 填写宝贝的物流信息

（8）填写宝贝的其他信息，如图 3-8 所示，最后单击“发布”按钮，宝贝发布成功。

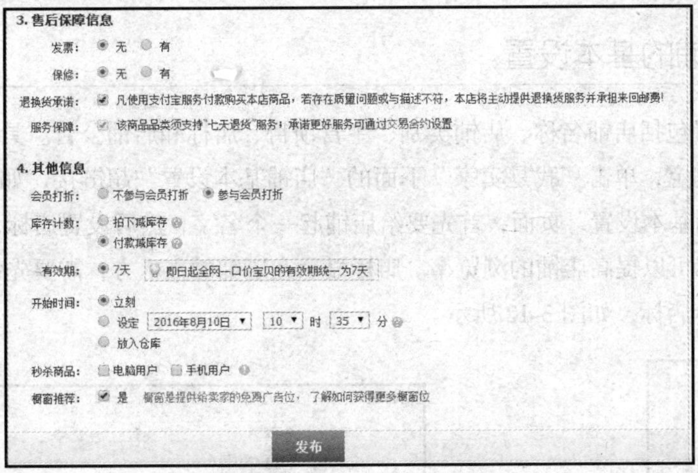

图 3-8 填写宝贝的其他信息

开店技巧

什么是重复铺货？

标题、图片、重要属性、描述等存在较高相似度的商品，只允许使用一种出售方式（从一口价或拍卖中选择一个），发布一次。违反以上规则，即可判定为重复发布，并将受到淘宝的相关处罚。

对于不同的商品，必须在商品的标题、描述、图片等方面体现商品的不同，否则将被判定为重复铺货。

另外，同一个店铺经营人员在经营不同店铺时，发布的宝贝相似度过高，依然属于重复铺货。

3.2.2 选择店铺风格

店铺风格是店铺的背景颜色和元素基调，决定了店铺给人的直观印象，所以选择一个合适的店铺风格很重要。选择店铺风格的具体操作步骤如下。

（1）登录淘宝，进入“卖家中心”页面，单击“店铺装修”超链接，如图 3-9 所示。

（2）进入“店铺装修平台”页面，单击左侧的“配色”按钮，选择相应的配色方案，如在这里选择“粉红色”，在页面的右侧就会有“风格预览”提示，如图 3-10 所示。

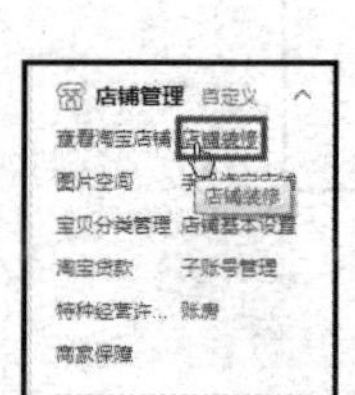

图 3-9 单击“店铺装修”超链接

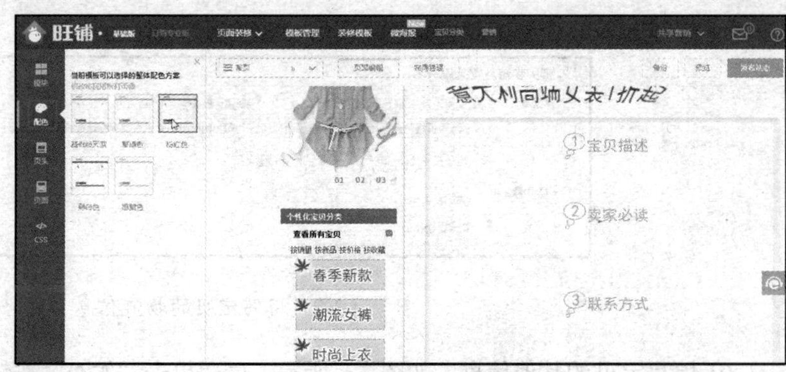

图 3-10 选择店铺风格

3.2.3 修改店铺的基本设置

店铺的基本设置包括店铺名称、店铺类别、主营项目、店标和店铺公告。具体操作步骤如下。

（1）进入我的淘宝，单击“我是卖家”下面的“店铺基本设置”超链接，如图 3-11 所示。

（2）打开“店铺基本设置”页面，首先要给店铺起一个名字，然后设置店标，店标图片是店铺的标示，一个好的店标可以提高店铺的浏览率。店标显示在店铺的左上方，需要先制作好，然后通过单击“浏览”按钮上传店标，如图 3-12 所示。

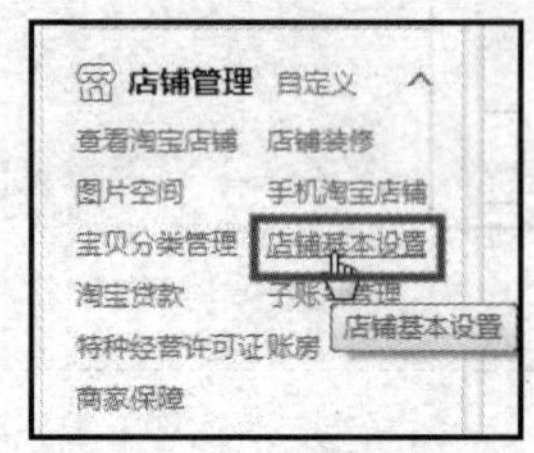

图 3-11 店铺基本设置

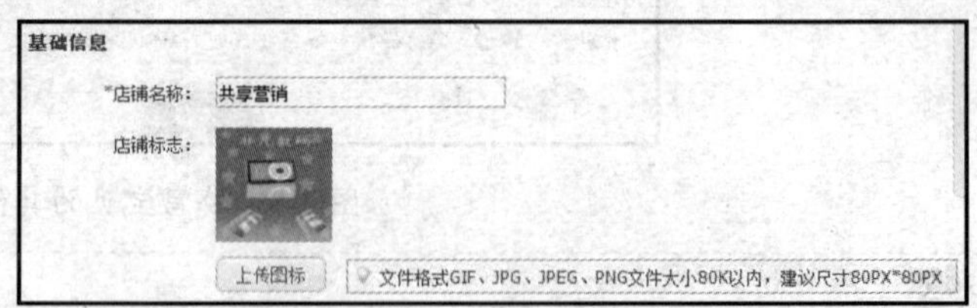

图 3-12 基本设置

（3）在“店铺介绍”下方的文本框中输入店铺的简单介绍，如图 3-13 所示。单击“保存”按钮，将以上设置保存即可。

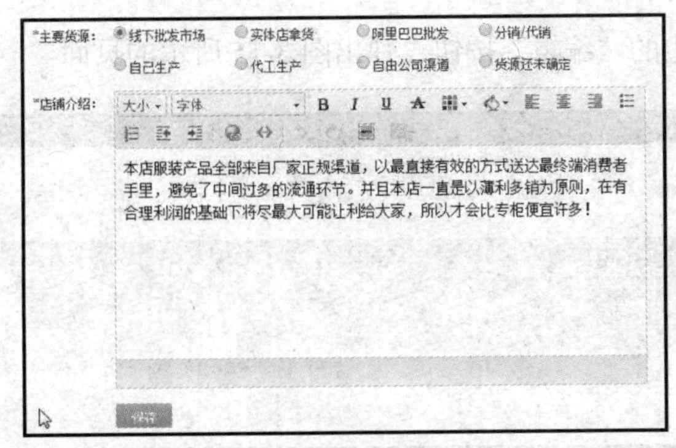

图 3-13　店铺介绍

3.2.4　设置店铺公告

普通店铺的店铺公告位于店铺首页的右上角，占据着很重要的位置，买家进入店铺以后，首先会注意到店铺公告，所以设置一个好的店铺公告至关重要。公告可以包含店铺的促销广告、店铺的服务特色、店主的联系方式，以及最新优惠信息等，这些信息可以在公告处及时更新，以方便进来的买家在第一时间看到。

开店技巧

怎样编写店铺公告文字?

淘宝店铺公告是吸引用户的一个重要的地方，是顾客了解和信任你淘宝店铺的窗口，因而怎么写好你的淘宝店铺公告真的很关键。因为淘宝店铺公告的区域空间有限，所以你的文字一定要言简意赅，最好能一语中的，吸引顾客第一眼。例如："新店开张，欢迎过路的朋友到此歇歇；本店以诚信待客、提供一流的服务为宗旨；以顾客至上、确保质量根本。"

"我店产品全部来自正规的渠道，以最直接有效的方式送达最终端消费者手里，避免了中间过多的流通环节。并且本店一直是以薄利多销为原则，在有合理利润的基础上将尽最大可能让利给大家，所以才会比专柜便宜许多!"

设置店铺公告的具体操作过程如下。

（1）登录到我的淘宝，单击"我是卖家"页面，单击"店铺装修"选项，进入"店铺管理平台"页面，如图 3-14 所示。

图 3-14　"店铺管理平台"页面

（2）单击店铺公告右边的“编辑”按钮，弹出图 3-15 所示的页面。

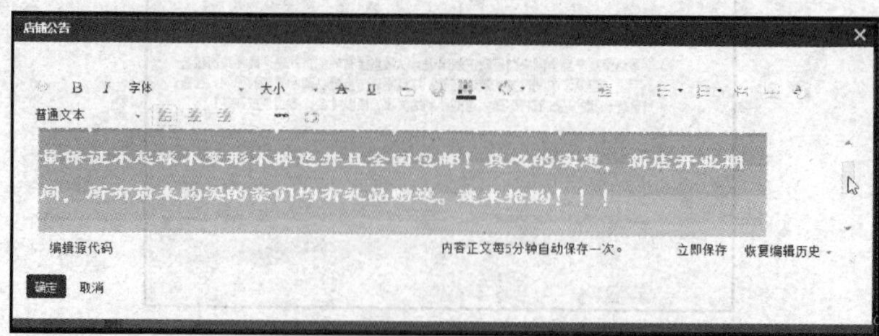

图 3-15　店铺公告设置

（3）使用顶部左侧的一些按钮可以设置字体样式和颜色，如图 3-16 所示。

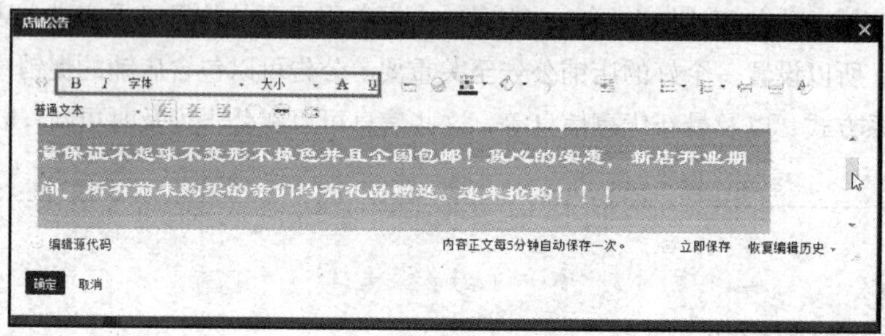

图 3-16　设置字体样式和颜色

（4）使用顶部右侧的一些按钮可以设置段落格式，如图 3-17 所示。

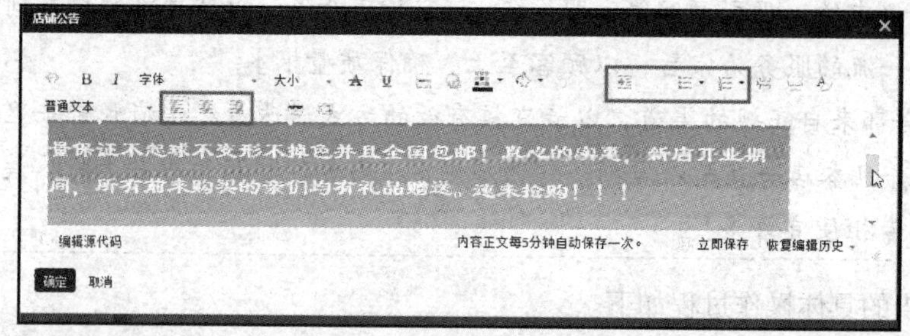

图 3-17　设置段落格式

（5）使用超链接按钮可以设置超链接，如图 3-18 所示。

（6）单击（图片）按钮，弹出“图片设置”对话框，如图 3-19 所示。

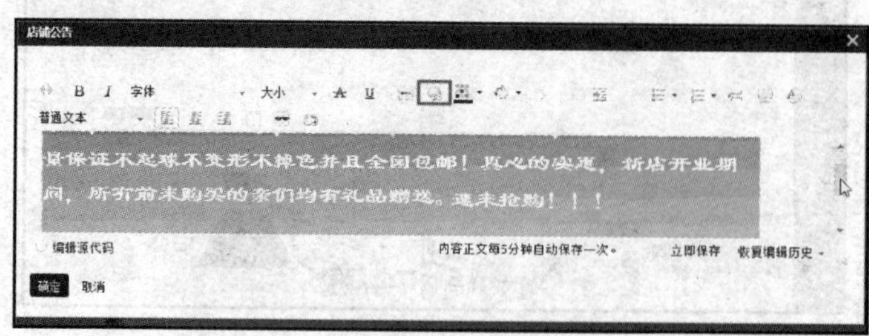

图 3-18　设置超链接

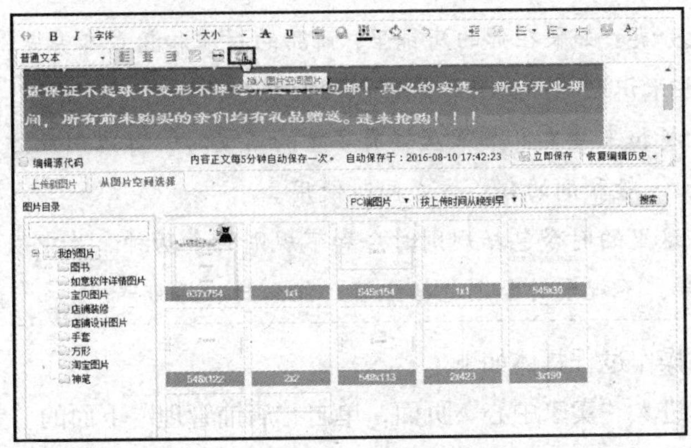

图 3-19 “图片设置”对话框

3.2.5 添加商品分类

实体店中的商品都需要按类别归位，如商场有服装专柜、化妆品专柜、饰品专柜等。商场这样做的好处就是花较少的成本请来了一个不说话的“导购经理”，同时还可以方便商场物管员管理商品。网店也一样，产品分好类既方便客户选购，又方便自己对商品进行管理。淘宝卖家可以针对自己店铺的商品建立对应的分类，如图 3-20 所示的店铺左侧的商品分类。

图 3-20 商品分类

开店技巧

宝贝有哪些分类方式？

① 按照产品种类分类：这种分类方式最为常见，比较适合种类较多的店铺。

② 按照品牌来分类：这种分类方式比较适合多品牌的专营店。

③ 按照产品风格分类：一般用于买家对风格比较敏感的商品分类，比如装修行业。

④ 按照新品分类：当店铺新上大量新品时使用，不过一般与其他分类方式同时使用。

⑤ 按照价格来分类：通常适合同一品类的商品的价格跨度较大时使用。

⑥ 按材质或款式分类：如果在你的店铺里，商品的材质和款式本身是商品最重要的一个卖点，并且顾客多数通过这些来识别商品的话，就可以用此类分法。

⑦ 按照活动或者折扣来分类：如果店铺有多重的活动时，可以用此方法，但多数情况下该分类方法不会独立存在，一般和别的分类方式同时使用。

⑧ 按时令分类：这里的时令包括规则时令和不规则时令两种。其中规则时令指的是春节、圣诞节、春夏秋冬四季等，不规则时令则包括生日、纪念日、婚期等。

对商品进行分类的操作过程具体如下。

（1）登录淘宝网，进入“卖家中心”页面，单击“店铺管理”下面的“宝贝分类管理”超链接，如图 3-21 所示。

（2）在“宝贝分类管理”页面中，单击“添加手工分类”按钮，将在最下面出现一个宝贝分类文本框，如图 3-22 所示。

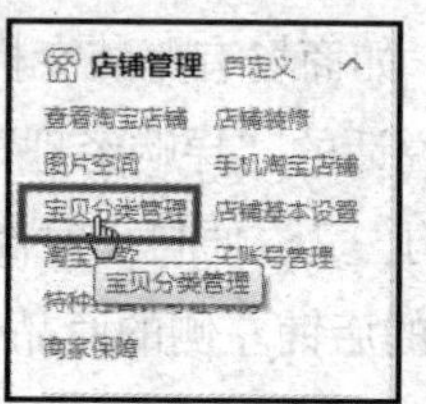

图 3-21 单击“宝贝分类管理”超链接

图 3-22 添加分类

（3）输入分类名称，单击“添加图片”按钮，弹出图 3-23 所示的对话框，单击“插入图片空间图片”按钮。

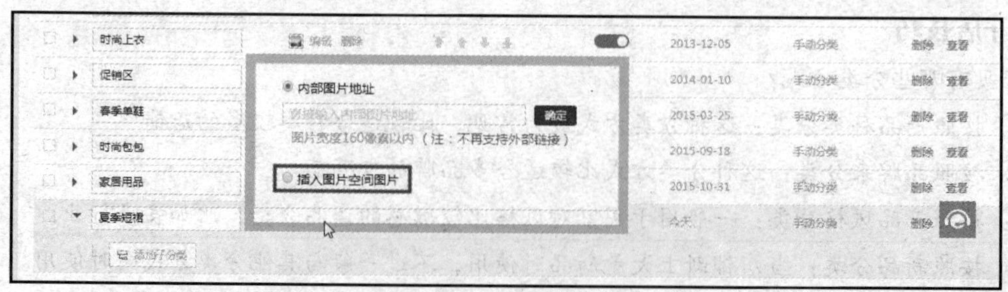

图 3-23 添加图片地址

（4）弹出图 3-24 所示的对话框，选择想要上传的宝贝分类图片。

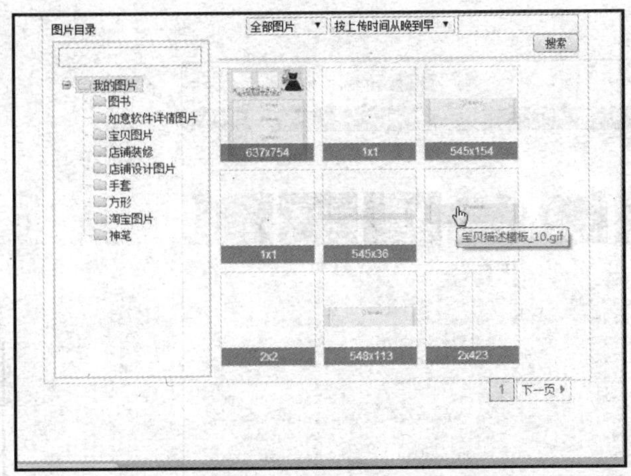

图 3-24　上传宝贝分类图片

（5）如果要添加子分类，则可单击“添加子分类”按钮，添加图片空间图片，单击“确定”按钮，如图 3-25 所示。

（6）单击上箭头和下箭头可以将宝贝分类上移或下移，如图 3-26 所示。

图 3-25　添加子分类

（7）设置完毕，单击“保存”按钮。在页面的右上角，单击“查看我的店铺”超链接，进入图 3-27 所示的预览店铺状态。

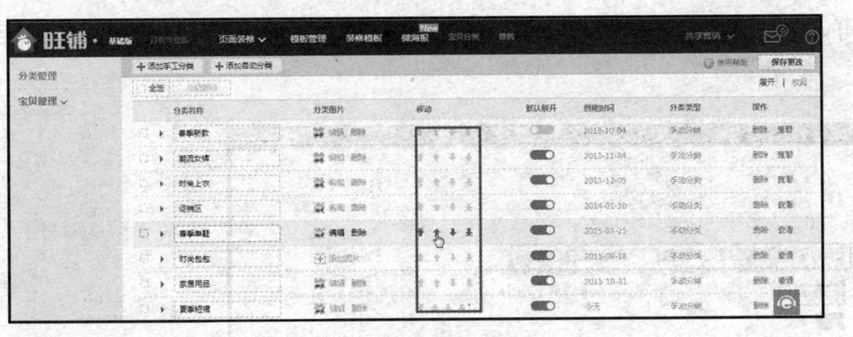

图 3-26　移动宝贝分类

图 3-27　查看宝贝分类

3.2.6　为店铺添加背景音乐

当买家打开店铺时，如果能够听到优美的音乐，可能会增加买家对网店的好感。下面介绍如何为网店添加背景音乐，具体操作步骤如下。

（1）在网上搜索合适的音乐，如图 3-28 所示。

（2）打开“我是卖家”|“管理我的店铺”|“店铺管理平台”页面，单击“店铺装修”超链接，如图 3-29 所示。

图 3-28　复制快捷方式

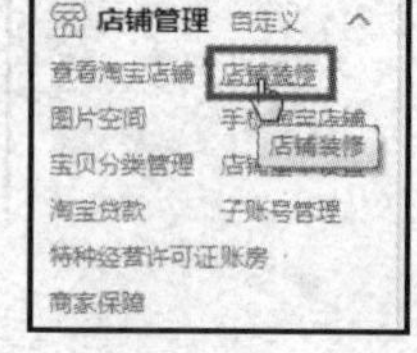

图 3-29　单击“店铺装修”超链接

（3）进入店铺编辑状态，在“店铺公告”设置中单击“编辑”超链接，如图 3-30 所示。

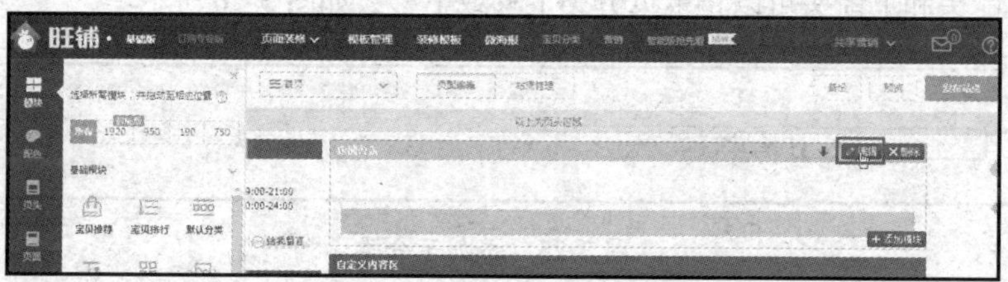

图 3-30　单击“编辑”超链接

（4）在打开的对话框中单击“编辑 HTML 源码”按钮，输入代码“<bgsound src="歌曲地址" loop="-1""></ bgsound >”，如图 3-31 所示。

（5）设置完成后，可以单击预览超链接试听效果。确认无误后，单击“保存”按钮就可以听到背景音乐了。

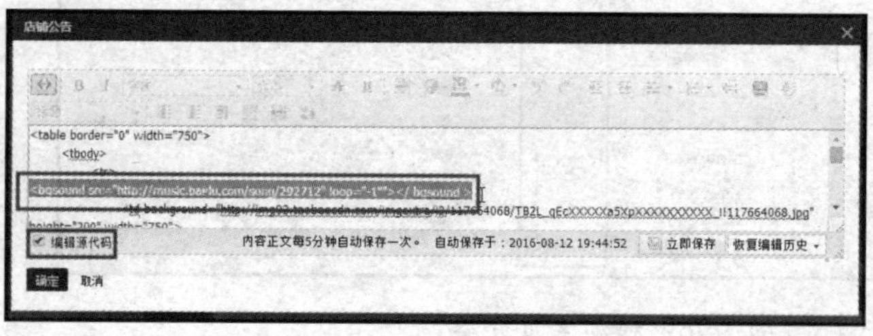

图 3-31　输入代码

3.3　使用橱窗推荐位

橱窗推荐位是淘宝网为卖家设计的特色功能，是淘宝提供给卖家展示和推荐宝贝的功能之一。为了鼓励新卖家成长，对于开店时间少于 3 个月的卖家赠送 10 个推荐位，3 个月后自动取消。卖家可以在这段时间通过买卖取得信用分值，以增加橱窗推荐位的数量。

合理地应用橱窗推荐位，可以增加浏览量，并间接增加交易量，如图 3-32 所示。

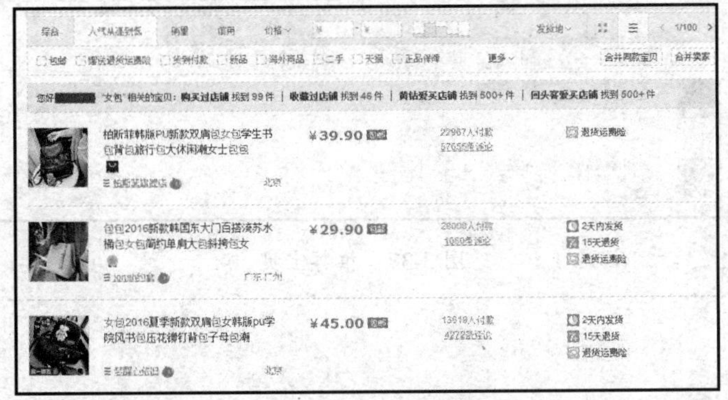

图 3-32　橱窗推荐

橱窗推荐位的数量，可以在“我的淘宝”页面中的“宝贝提醒”区看到，如图 3-33 所示。

淘宝网对于新手使用橱窗推荐位有扶持政策。非新手的橱窗推荐有固定的规则，如图 3-34 所示。

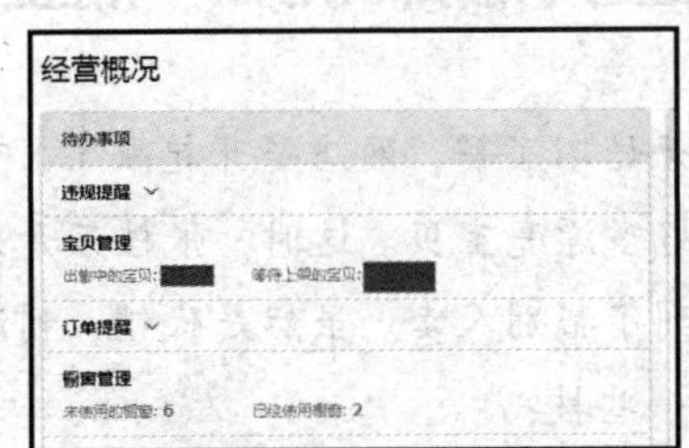

图 3-33　卖家提醒区

1. 非消保卖家橱窗推荐位规则

规则	说明	信用分 卖家信用+(买家信用的一半)	奖励数量	注解
第一条	根据信用评价获得橱窗推荐位	0-3分	5	
		4-10分	10	
		11-40分	15	
		41-90分	20	
		91-150分	25	
		151-250分	30	
		251-1000分	35	
		1001-5000分	40	
		5001-10000分	45	
		10001分及以上	50	
第二条	根据开店时间的扶持	开店时间少于3个月	10	三个月以上不再获得扶持

图 3-34　橱窗推荐的规则

设置橱窗推荐的具体操作步骤如下。

（1）单击“我的淘宝”页面中的“我是卖家”下面的“橱窗推荐”超链接，如图 3-35 所示。

（2）进入橱窗推荐页面，会看到所有出售中的宝贝，在宝贝价格后面，会有“未推荐”提示，勾选“未推荐”宝贝前面的复选框，然后单击下面的“推荐”按钮，如图 3-36 所示。

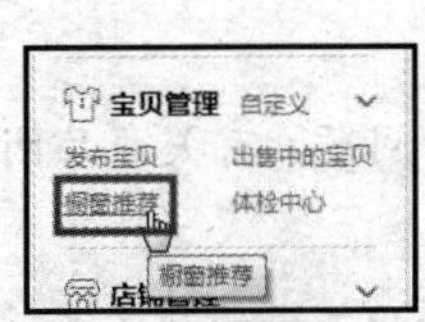

图 3-35　单击“橱窗推荐”超链接

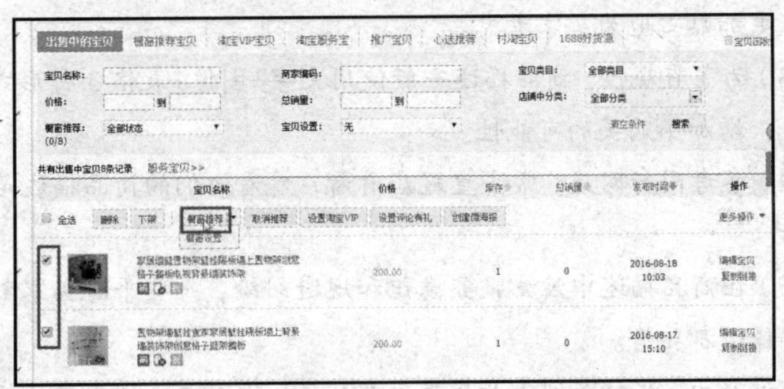

图 3-36　推荐宝贝

（3）在打开的网页中即可看见已推荐的宝贝，如图 3-37 所示。

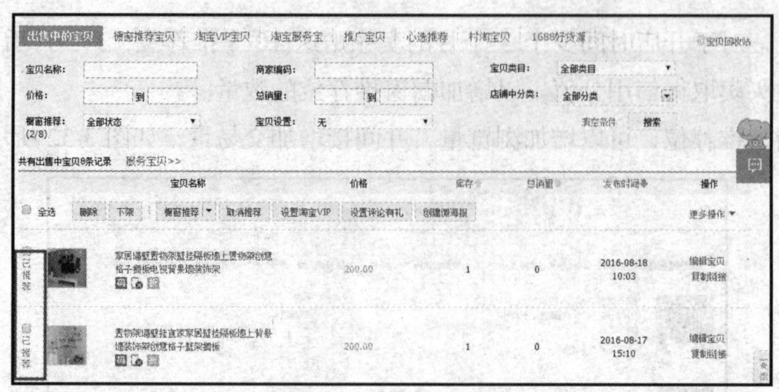

图 3-37 推荐宝贝

开店技巧

橱窗推荐宝贝会集中在宝贝列表页面的橱窗推荐中显示，每个卖家可以根据信用级别与销售情况获得不同数量的橱窗推荐位。合理利用这些橱窗推荐位，将大大提高卖家宝贝的点击率。

案例分析——上课、挣钱两不误，大学生网上开店赚取第一桶金

张桂芳今年上大四了，现在打算做一名淘宝专职卖家。因为刚开始不了解，网店是开起来了，可是烦恼也来了，因为一直好几天都没有人问津。再看看人家店里，好多漂亮宝贝。这时，张桂芳开始积极找货源，因为是学生，没有太多的资金去进货，所以张桂芳想到了帮别人卖。虽然是代销，利润微薄，可是张桂芳感受到了无本创业的乐趣，也积累了一些经验和一些技巧。

在网上做买卖，最重要的是如何把自己的商品信息准确地传递给买家。依靠图片传递给买家的只是商品的形状和颜色信息，对于性能、材料、产地、售后服务等，必须通过文字方面的描述来说明。张桂芳在填写商品描述信息时注意了如下信息。

（1）首先向供货商索要详细的商品信息。商品图片不能反映的信息包括材料、产地、售后服务、生产厂家、商品的性能等。

（2）商品描述要精美，能够全面概括商品的内容、相关属性，最好能够介绍一些使用方法和注意事项，更加贴心地为买家考虑。

（3）为了直观性，商品描述一般使用文字+图像+表格 3 种形式结合来进行，这样买家看起来会更加直观，增加了购买的可能性。

（4）参考同行网店。常去皇冠店看看，看看他们的商品描述是怎么写的。特别重视同行中做得好的网店。

（5）在商品描述中注意服务意识和规避纠纷，一些平时买家都很关心的问题、有关商品问题的介绍和解释等都要有。

通过努力，张桂芳网上开店半年就招了一个帮手，现在她已经有两个要开工资的帮手了。张桂芳表示，她开店的成本很低。现在办公的地点是学校旁边租的一个房间。在网上开店，也是为了节约成本。张桂芳称，原来她在网下也开过店，但是发现收入中有 1/2～2/3 都交了房租，这样做生意不值得。

张桂芳节约成本的目的是回报老顾客。张桂芳说，她不会用价格战的方式来吸引老顾客购买，对于网上各个分类的大卖家而言，价格战不是一个好办法。她一般会给老顾客免掉邮费或者快递费用，这相当于给老顾客长期打了一个折扣。

【分析】

从理论上来说，网上销售的任何产品都可以代销。但是，实际上我们通常会选择网上热销的产品进行代销，如年轻女士、爱美女士们喜欢的日韩版服装、鞋帽、饰品、化妆品等产品；时尚一族喜爱的数码、手机、IT 产品；年轻人喜欢的时尚家居；以及虚拟点卡、充值卡等需求量大、容易刷信用的产品。当然，我们也可以根据自己的情况来选择代销产品。

在发布商品时要尽量做到详尽细致，实物拍摄做到表里如一，描述一定要真实、不虚假。对客户如对上帝，同时应具备专业知识，做到有问必答。宝贝售前和售后服务要细致、服务到位。

课后习题

1. 哪些商品适合网上销售？
2. 怎样选择厂家货源？
3. 选择外贸尾单货有何技巧？
4. 如何寻找品牌积压库存？
5. 怎样寻找特价商品？
6. 网络代销有哪些注意事项？
7. 怎样申请网上店铺？
8. 如何设置店铺公告？
9. 如何给淘宝店铺添加商品分类？

第4章 完成交易赚取创业第一桶金

学习目标

- （1）掌握与买家沟通技巧
- （2）掌握千牛软件沟通技巧
- （3）掌握物流发货的步骤
- （4）掌握评价的确认

店铺已经建好了，商品也都发布了，店铺就可以开张了。网上销售改变了传统的“一手交钱一手交货”的交易方式。在网上销售，首先要和买家进行沟通，让买家详细宝贝的质量、功能和价格等信息，沟通成功后发货完毕、评价完成才能完成交易。

4.1 与买家沟通

沟通是人与人以及群体之间感情和思想的传递、反馈过程。那么，如何与买家沟通呢？下面是与买家进行沟通的几个技巧。

4.1.1 微笑是对买家最好的欢迎

微笑是生命的一种呈现，也是工作成功的象征。所以当迎接买家时，哪怕只是一声轻轻的问候也要送上一个真诚的微笑的表情，虽然说网上与买家交流是看不见对方的，但言语之间是可以感受得到你的诚意与服务热情的。多用些旺旺表情，无论旺旺的哪一种表情都会将自己的情感信号传达给对方。在说“欢迎光临!”“感谢您的惠顾”的同时也要轻轻地送上一个微笑。加与不加微笑表情给人的感受完全是不同的，不要让冰冷的字体语言遮住你的微笑。

礼貌对客，让买家真正感受到“上帝”的尊重。买家进门先来一句“欢迎光临，请多多关照”。或者“欢迎光临，请问有什么可以帮忙吗”，诚心致意，会让人有一种亲切感；并且，可以先培养一下感情，这样买家心理抵抗力就会减弱或消失。有时买家只是随便到店里看看，我们也要诚心地感谢人家，说声：“感谢光临本店。”对于彬彬有礼、礼貌非凡的店主，谁都不会将其拒之门外。诚心致谢是一种心理投资，不需要很大代价，可以收到非常好的效果。

4.1.2 多虚心请教、多听听买家的声音

当买家上门的时候，我们并不能马上判断买家需求什么商品，所以需要先问清楚买家的意图，具体需要什么样的商品，是送人还是自用、是送给什么样的人等。了解清楚买家的情况，才能仔细对买家定位，了解买家属于哪一类消费者，如学生、白领等。尽量了解买家的需求与期待，努力做到向买家推荐商品只介绍对的，不介绍贵的。

当买家表现出犹豫不决或者不明白的时候，我们也应该先问清楚买家困惑的原因是什么，哪个问题不清楚。如果买家也表述不清楚，我们可以把自己的理解告诉买家，问问是不是理解对了，然后针对买家的疑惑给予解答。

4.1.3 要有足够的耐心与热情

常常会遇到一些买家，喜欢打破砂锅问到底。这时候，我们就需要耐心热情地细心回复，以给买家信任感。要知道，爱挑剔的买家才是好买家。有些买家当所有问题都问完了也不一定会立刻购买，但我们不能表现出不耐烦。就算不买也要说声“欢迎下次光临”。如果你服务好，这次不行，下次有可能他还会来购买。砍价的买家也是常遇到的。砍价是买家的天性，可以理解。在彼此能够接受的范围可以适当地让一点利，如果确实不行也应该婉转地回绝。比如说，“真的很抱歉，没能让您满意，

我会争取努力改进"，或者引导买家换个角度来看这件商品，让他感觉货有所值，就不会太在意价格了，也可以建议买家先货比三家。总之，要让买家感觉你是热情而真诚的。千万不要说"我这里不还价"等伤害买家自尊的话语。

4.1.4 做个专业卖家，坦诚介绍商品优点与缺点

不是所有的买家对你的产品都了解和熟悉。当有的买家对你的产品不了解的时候，在咨询过程中，我们就要了解自己产品的专业知识，这样才可以更好地为买家解答。帮助买家找到适合他们的产品。不能买家一问三不知，否则会让买家感觉没有信任感，谁也不会在这样的店里买东西。

我们在介绍商品的时候，必须要针对产品本身的特点。虽然商品缺点本来是应该尽量避免触及的，但如果因此而造成事后买家抱怨，反而会失去信用，得到差评也就在所难免了。在淘宝里也曾看过其他卖家因为商品质量问题得到差评，有些是特价商品造成的。所以，在卖这类商品时首先要坦诚地让买家了解到商品的缺点，努力让买家知道商品的其他优点，先说缺点再说优点，这样会更容易被买家接受。在介绍商品时切莫夸大其词地介绍自己的商品，若介绍与事实不符，最后会失去信用也失去买家。介绍自己产品时，可以强调一下，东西虽然是次了些，但是功能俱全，或者说，这件商品拥有其他产品没有的特色等。这样介绍收到的效果是完全不同的。

4.1.5 怎样消除买家在价格方面的顾虑？

在网络交易中，买卖双方是一对矛盾体，卖家希望以高的价格成交，赚取最多的利润；而买家则希望以最少的费用购买到最好的商品。在沟通过程中，买家一般会对商品的价格提出异议，有所顾虑。事实告诉我们，价格方面的顾虑可能直接影响乃至决定交易的成败。作为一个网店经营者必须掌握一些讨价还价的策略和技巧。

在销售过程中，如何迅速、有效地消除买家的顾虑心理，对卖家来说是十分必要的。因为聪明的卖家都知道，如果不能够从根本上消除买家的顾虑心理，交易就很难成功。那么，怎样消除买家的价格顾虑呢？

1. 证明价格是合理的

无论出于什么原因，任何买家都会对价格产生异议，大都认为商品价格比他想象的要高得多。这时，店主必须证明商品的定价是合理的。证明的办法就是多讲商品在设计、质量、功能等方面的优点。通常，商品的价格与这些优点有相当紧密的关系，正是所谓"一分钱一分货"。店主可以应用说服技巧，透彻地分析并讲解商品的各种优点。

当然，不要以为价格低了买家就一定会买。大幅度降价往往容易使买家对商品产生怀疑，认为它是有缺陷的或是滞销品。只要你能说明定价的理由，买家就会相信购买是值得的。

2. 在小事上要让步

在讨价还价的过程中，买卖双方都要做出一定让步。尤其是作为店主而言，如何让步是关系到整个沟通成败的关键。

就常理而言，虽然每一个人都愿意在讨价还价中得到好处，但并非每个人都是贪得无厌的，多数

人只要得到一点点好处就会感到满足。

因此，店主在沟通中要在小事上做出十分慷慨的样子，使买家感到已得到优惠或让步。例如，免费向买家提供一些廉价的、微不足道的小零件或包装品则可以增进双方的友谊。

3. 比较法

为了消除价格障碍，店主在沟通中可以多采用比较法，它往往能收到良好的效果。

比较法通常是拿所推荐的商品与另外一种商品相比，以说明价格的合理性。在运用这种方法时，如果能找到一个很好的角度来引导买家，效果会非常好，如把商品的价格与日常支付的费用进行比较等。如一位家电店主这样解释商品的价格：这件全自动洗衣机的价格是 3 000 元，但它的使用期是 10 年。这就是说，你每年只花 300 元，每月只花 25 元左右，每天还不到 1 元钱。考虑到它为你节约了那么多的时间，1 元钱算什么呢？

4. 较小单位报价法

较小单位报价法就是将报价的基本单位缩至最小，以隐藏价格的“昂贵”，使买家产生“价格不贵”的错觉。如名牌鞋垫一打是 12 元，那么说每双 1 元会让买家听起来很舒服；每 500 克海参价格达到 5 000 元钱，98 元钱 50 克更容易被人认可，如图 4-1 所示。买家听到这种形式不一样而实质却一样的报价，其心理感受是大不相同的。

图 4-1 较小单位报价法

5. 尾数报价法

店主报价时，保留价格尾数，采用零头标价，如报价为 9.9 元，而不是 10 元，使价格处于较低一级的档次。这样，一方面给人以便宜感，另一方面又因其标价精确给人以信赖感，如图 4-2 所示。

6. 讨价还价要分阶段进行

和买家讨价还价要分阶段一步一步地进行，不能一下子降得太多。有的买家故意用夸大其词甚至威胁的口气，并装出要离开的样子吓唬你，如“价格有点贵，我看看再说吧”，这时你千万不要上当，一下子把价格压得太低。你可以表现出很棘手的样子，使用交流工具打出一个思索的图标，实在没办法就比原来的报价稍微低一点，切忌降得太猛。

7. 讨价还价不是可有可无

首先，讨价还价会让买家相信店主说的都是实在话，他确实买到了便宜货。其次，也让买家相信店主的态度是很认真的，不是商品质量不好才让价，而是被逼得没办法才被迫压价。这样一来，会使买家产生买到货真价实的商品的感觉。

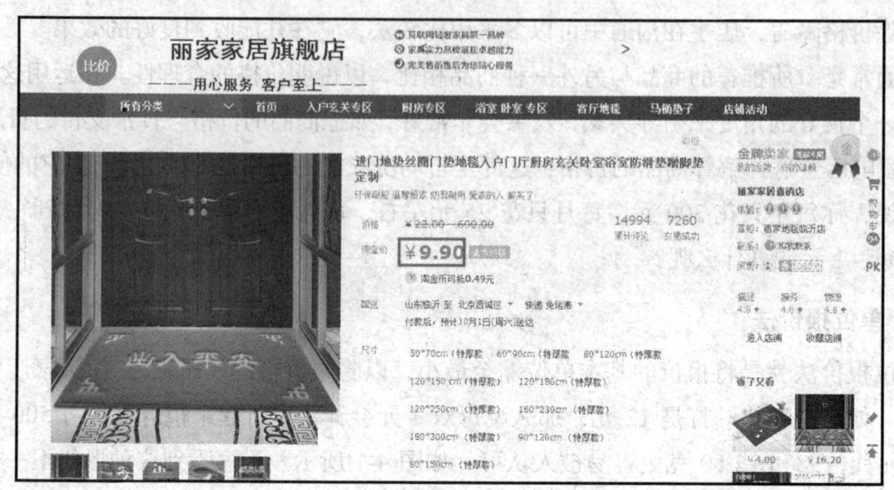

图 4-2　尾数报价法

店主千方百计地与对方讨价还价，不仅仅是尽量卖个好价钱，同时也使对方觉得战胜了对手，获得了便宜，从而产生一种满足感。假使让买家轻而易举地就把价格压了下来，其满足感则很淡薄，而且还会有进一步压价的危险。

8. 不要一开始就亮底牌

有的店主不讲究价格策略，沟通一开始就把底价抛出来。店主的这种做法其成功率是很低的。要知道，在沟通的初始阶段，买家是不会相信店主的最低报价的。

9. 如何应付讨价还价型买家

在买家中，确实有一种人胡搅蛮缠，没完没了地讨价还价。这类买家与其说想占便宜不如说成心捉弄人。即使你告诉了他最低价格，他仍要求降价。对付这类买家，网店主一开始必须狠心把报价抬得高高的，在讨价还价过程中要多花点时间，每次只降一点，而且降一点就说一次“又亏了”。这样降五六次，他也就满足了。

总之，面对买家的砍价，灵活运用以上策略，就能够轻松自如地应付。

4.1.6　怎样消除买家在质量方面的顾虑？

买家表面上是怀疑商品的质量，可实质上是对卖家不信任。所以，处理好这个问题的关键是要取得买家的信任，让买家相信卖家所说的话。卖家可以坦诚地告诉买家商品特价的真正原因，以事实说服买家，同时以特价商品实惠、划算作为引导买家立即购买的催化剂。

在网上购物的过程中，由于买家看不到商品实物，因此最大的疑虑就是商品质量是否有保证，这也是买家与卖家交流时提出问题最多的地方。根据不同类型的商品，买家关于质量方面存在不同的疑问。针对买家的这类疑问，除了商品本身的质量外，你可以从商品品牌、销售业绩以及针对商品所提供的保障服务等几个方面入手来延伸回答，以逐步取得买家对商品的信任。

卖家这时可以采用如下的语言来回应顾客的担心。

方法一：您有这种想法可以理解，毕竟您说的这种情况确实也存在过。不过，我可以负责任地告诉您，虽然我们这些商品是特价品，但都是同一品牌，质量是完全一样的，并且价格比以前还有很大优惠，所以现在购买真的非常划算。

方法二：您有这种想法是可以理解的，不过我可以负责任地告诉您，这些促销的商品都是品牌正品，只是因为这个款式已经断码，所以才变成特价促销品，但质量是一模一样的，您完全可以放心地拍下。这一点请您放心。

方法三：您这个问题问得非常好，以前也有许多老顾客有这种顾虑。不过这一点我可以负责任地告诉您，给您提供的这一款，质量与正品品牌保证都是一样的，而价格却要低很多，所以现在买这些商品真的是非常划算。您完全可以放心地拍下购买。

方法四：您放心，虽然我是个新手，但我更看重信誉度，宝贝质量保证没问题，卖次的、假的不是砸自己的饭碗吗？再说，万一有质量问题，我保证退换，邮费我出。

方法五：看您的买家信誉度，您也是经常在这里淘宝贝的老同志了，淘宝规则都是倾向买家的，我的信誉评价可掌握在你的鼠标上呢，您就考验我的宝贝、我的服务和我本人品质吧。

对心中有疑问的买家，可主动说："感谢您对我这个新人的信任呀，能到我的小店里来，荣幸荣幸。我也是不会辜负您的信任的，宝贝质量和售后服务，我绝对保证。"

4.1.7 怎样消除买家在售后方面的顾虑？

开淘宝店铺，我们卖的不仅仅是高品质的产品，更重要的是超一流的售后服务。每个店铺所卖的东西不一样，但是或多或少都牵扯到售后服务。顾客可能存在对于售后服务的顾虑，这时可以采取有吸引力的售后保证措施，或采取售前告知的方式打消顾客对售后的疑虑。售前将信息告知买家的方式主要有两种。

第一种售前信息告知方式就是在沟通的时候将售后信息直接告知买家。大部分买家在决定购买一件商品前总会有一些疑虑，一般会通过旺旺向卖家咨询。在这个过程中，要向买家传达店铺的售后信息，买家会更容易接受。例如，下面的沟通就比较好。

"亲，您放心好了，您收到货后如果有问题的话，请马上联系我们，本店的宝贝都是包退包换的，如果是质量问题，来回的运费我们出，有任何问题都是可以解决的。如果没有问题呢，就帮忙确认下好评。谢谢了。"

这样的回答看似简单，却传达了很多信息，首先说明了买卖双方应该在什么情况下承担什么样的责任，其次明确地告诉买家并请他放心，任何问题都是可以解决的。

第二种售前信息告知方式就是在商品描述页面中或店铺其他页面将售后信息公布出来，如图 4-3 所示。在店铺中公布售后信息后，不仅可以传达给顾客店铺有健全的售后制度，让顾客产生信任感，而且这些信息也会随着交易的达成而成为一种承诺，让顾客对店铺产生进一步的交易安全感。商品描述页面中公布有关于售后问题的信息，买家看到这样的信息就自然地会打消疑虑。网店用更直观的流程图的形式来告诉顾客店铺的退换货流程，如图 4-4 所示。

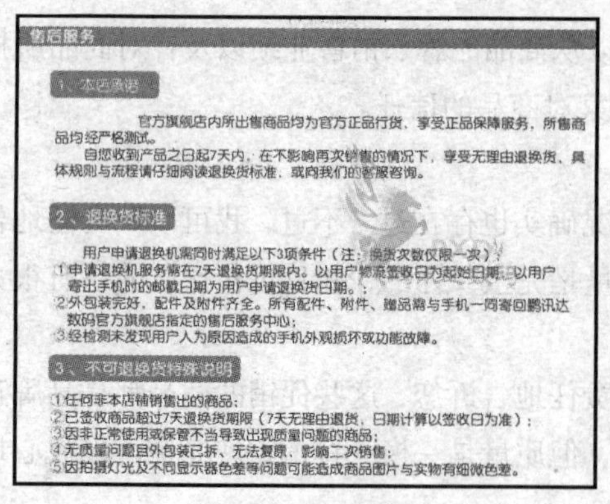

售后服务

1、本店承诺

官方旗舰店内所出售商品均为官方正品行货，享受正品保障服务，所售商品均经严格测试。

自您收到产品之日起7天内，在不影响再次销售的情况下，享受无理由退换货，具体规则与流程请仔细阅读退换货标准，或向我们的客服咨询。

2、退换货标准

用户申请退换机需同时满足以下3项条件（注：换货次数仅限一次）：

①申请退换机服务需在7天退换货期限内。以用户物流签收日为起始日期，以用户寄出手机时的邮戳日期为用户申请退换货日期。；

②外包装完好，配件及附件齐全。所有配件、附件、赠品需与手机一同寄回鹏讯达数码官方旗舰店指定的售后服务中心；

③经检测未发现用户人为原因造成的手机外观损坏或功能故障。

3、不可退换货特殊说明

①任何非本店铺销售出的商品；

②已签收商品超过7天退换货期限（7天无理由退货，日期计算以签收日为准）；

③因非正常使用或保管不当导致出现质量问题的商品；

④无质量问题且外包装已拆、无法复原、影响二次销售；

⑤因拍摄灯光及不同显示器色差等问题可能造成商品图片与实物有细微色差。

图 4-3　售后信息告知

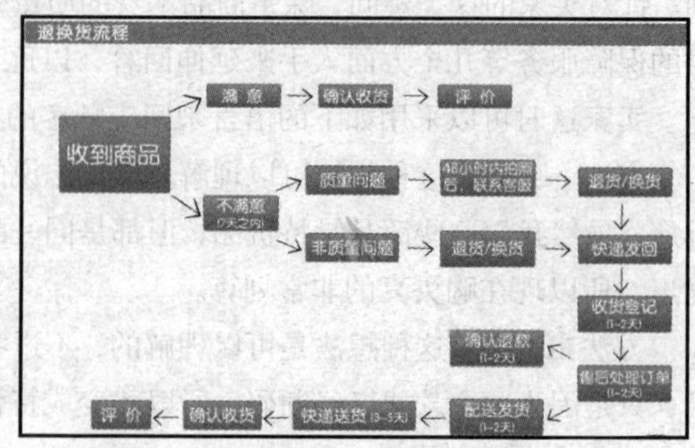

图 4-4　告知退换货流程

4.2　千牛软件沟通技巧

众所周知，大家一般上网聊天都会使用 QQ 和微信，淘宝、天猫购物买卖双方交流要用专门的沟通工具——千牛。本章将介绍千牛工作台的更多实用技巧。

4.2.1　怎样设置自动回复，不让客户久等？

当别人向你咨询时，你要立即给对方一个回复；当你不在时，也要给对方一个合理的回复。这时，你可以设置千牛自动回复，不让客户久等。具体操作步骤如下。

（1）打开千牛客户端，输入用户名和密码，如图 4-5 所示。

（2）单击“登录”按钮，登录千牛卖家工作台。单击右上角的“系统设置”按钮，如图 4-6 所示。

图 4-5　打开千牛客户端

图 4-6　登录千牛卖家工作台

（3）弹出“系统设置”对话框，切换至“客服设置”，单击“自动回复设置”，如图 4-7 所示。

（4）单击勾选需要设置的自动回复，在后面单击“新增”按钮，打开“新增自动回复”对话框，输入自动回复的内容，如图 4-8 所示。

（5）单击“确定”按钮，新增自动回复内容，如图 4-9 所示。

（6）单击勾选需要设置的自动回复，也可以设置其他的自动回复内容，如图 4-10 所示。

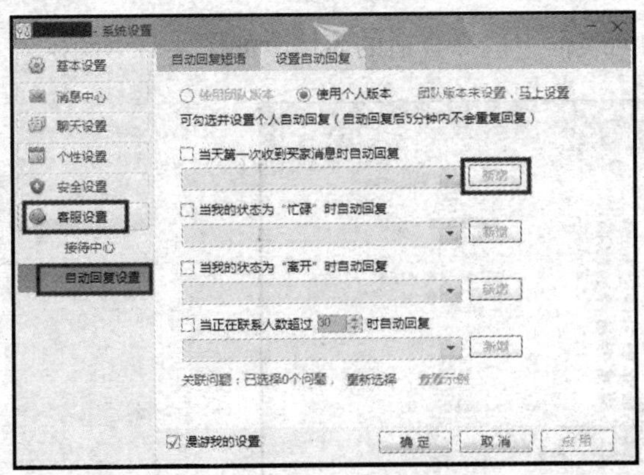

图 4-7 “系统设置”对话框

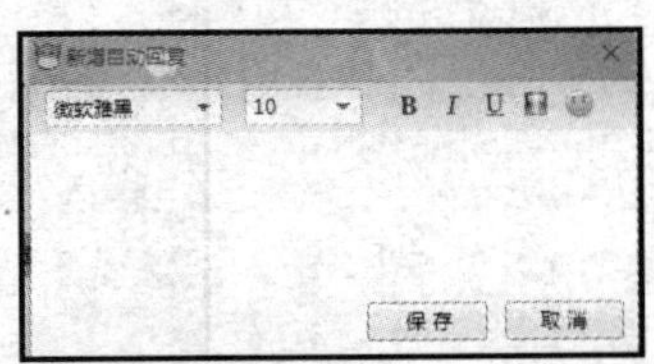

图 4-8 “新增自动回复”对话框

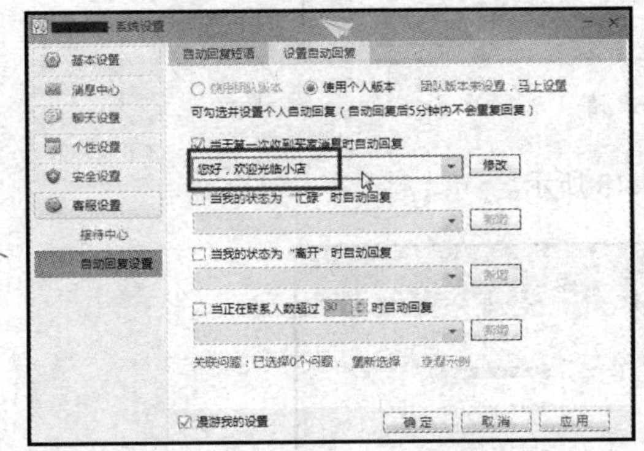

图 4-9 新增自动回复内容

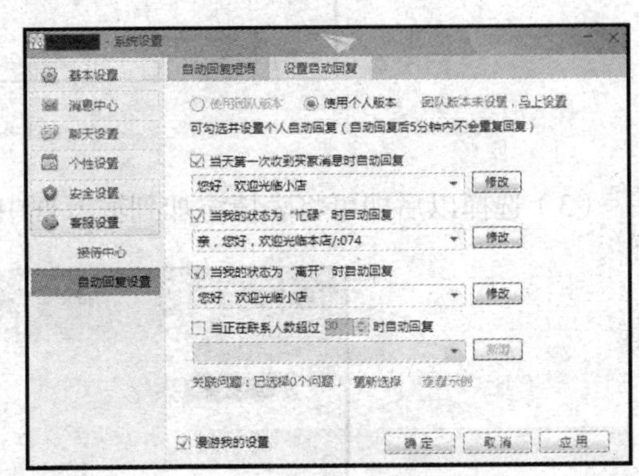

图 4-10 设置自动回复

4.2.2 如何使用千牛表情拉近买家距离？

表情表达是使用千牛的优势，是沟通的润滑剂。沟通时搭配合适的千牛表情，会给亲和力加分，拉近距离有利于促成交易。所以，网络聊天要善用千牛表情，在回应买家的文字后面增加一个微笑或俏皮的笑，能一下拉近客户的距离。具体操作如下。

（1）登录千牛卖家工作台，双击打开要聊天的客户对话框，如图 4-11 所示。

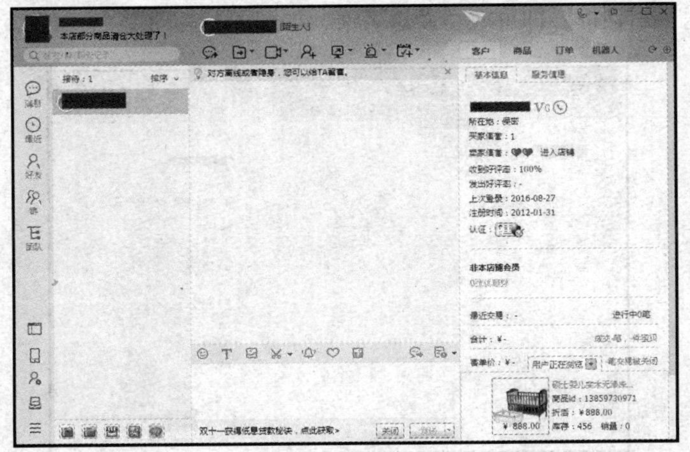

图 4-11 千牛卖家工作台

（2）单击底部的“选择表情”图标，在弹出的列表框中选择合适的表情，如图 4-12 所示。

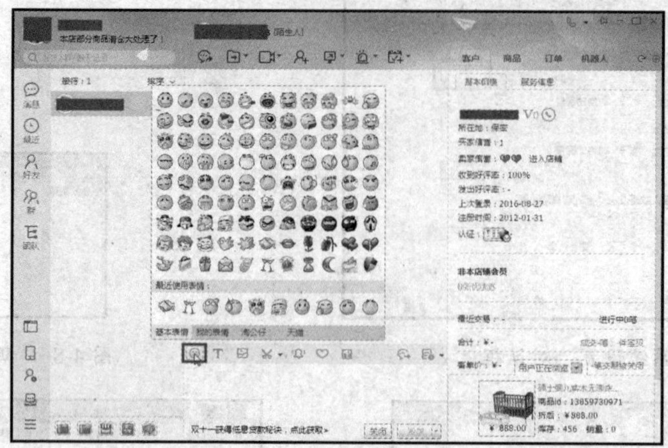

图 4-12　选择表情

（3）选择以后即可将表情添加到输入框中，如图 4-13 所示。

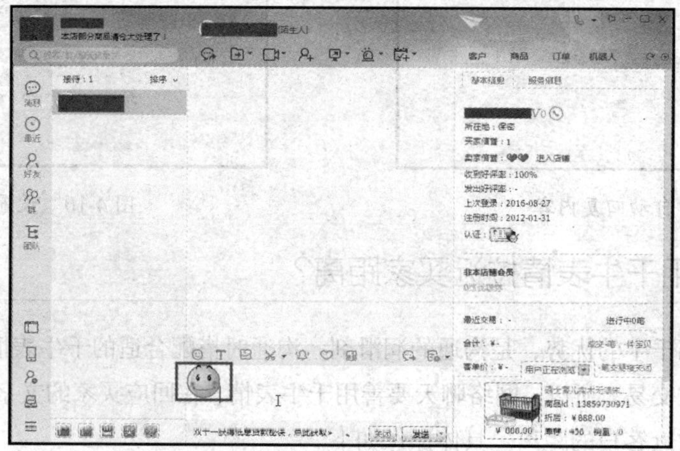

图 4-13　将表情添加到输入框中

（4）单击“发送”对话框，即可成功发送表情，如图 4-14 所示。

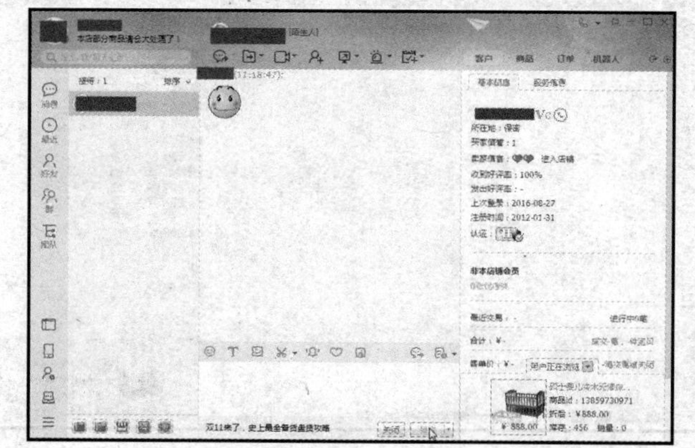

图 4-14　成功发送表情

4.2.3 巧妙利用群推广中的“私聊”推广

“私聊”即在群内逐一点开群成员的对话框，一对一地对话。通过实践证明，这种方法是目前在千牛群推广中最为有效的推广方式。在私聊中，更易控制推广的走向，采用巧妙的语言和流程化的操作方法，可以最大化地提高推广的覆盖面及转化率。

1. 淡化目的性，优先处理高转化率群体

与别人“私聊”时千万别第一句话就是“你好，我为你推荐一个××网店”。先用“你好，在吗”这样简短的招呼语来拉近与对方的距离。别小看这句招呼语，它能替你过滤掉目前正处于忙碌状态的人或者些不和陌生人说话的人，降低推广中可能浪费的时间和精力。

2. 巧设“陷阱”，引导话题走向

发出招呼语后，如果对方有回复，那么你可以先设计一个巧妙的“陷阱”。其实说是巧妙，也无非是一句很普通的话。例如，对于美容护肤类群中的用户可以说：“你加这个群，应该对保养很感兴趣吧？”大多数人会回复“是啊，怎么了”或是“还行吧”。此时话题便开始逐渐被导向目标，接下来可以进一步引导对方，如可以说：“我在网上建了一个美容知识学习网站，群里面已经有不少朋友加入了。”到了这里，得到的回复可分为以下几种：很感兴趣、不怎么感兴趣、没兴趣、无回复待开发类。

3. 分析目标群体特征，设置吸引点

美容护肤这一类群体以女性为主，她们大都对免费试用装很感兴趣。可以用赠送试用装的形式来吸引她们。对于很感兴趣和不怎么感兴趣的人，可以直接将注册地址和活动信息发给她们。对于其他的人，则是先将活动信息发给她们，得到肯定的回复后，再将网址发给她们。

从一开始寻找切入点，到引导话题，再到表明来意，要注意每个阶段的聊天用语，尽可能地淡化广告色彩。这就是细节创造的魅力，如果处理好的话，它能让一个陌生人心甘情愿地走进你设置的“陷阱”，但自己却浑然不知。

总之，在私聊推广中，最重要的便是话题的导向控制，让对方进入你的“领域”里，将话题节奏控制在“领域”之内。要做到这些，需要在实践中发现细节，再整合细节。也许一个不起眼的细节处理就能让你眼前豁然开朗，得到意想不到的效果。

4.2.4 巧设千牛，让别人用关键词找你

目前，在淘宝开店的卖家越来越多，千牛已经不仅仅是作为买卖交易的工具，更多的人已经把它作为生活中不可缺少的聊天工具了。那么，怎样才能在更好地推销自己店铺的同时找到志趣相同的朋友，这让很多店家伤透脑筋。现在就介绍通过关键词让更多的朋友找到你的方法。具体操作如下。

（1）登录千牛卖家工作台，将鼠标放在用户名上，即可弹出用户信息资料，如图 4-15 所示。

（2）单击头像，弹出“我的资料”对话框，找到“备注”栏，设置你所在行业或者你希望哪类朋友可以找到你的关键词，设置好后单击“确定”按钮，如图 4-16 所示。

图 4-15　用户信息资料

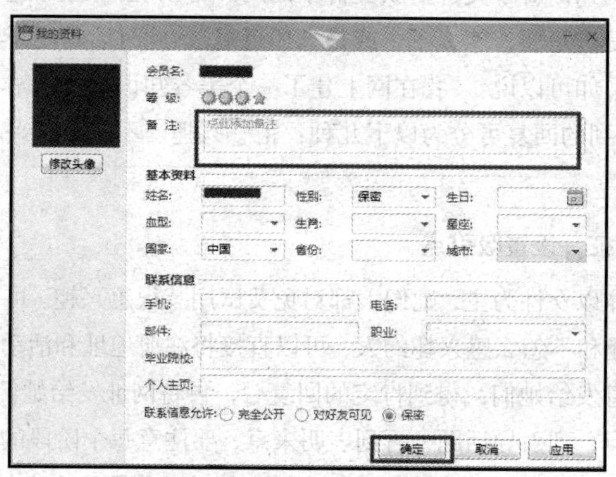

图 4-16　“我的资料”对话框

小提示

怎样选择关键词？

无论是直接从题目中抽取的名词，还是从小标题、正文或摘要里抽取的部分词汇，都要适“度”，都必须标注单一的概念，切忌标注复合概念。因此，我们在选取关键词时，一定要对所选的词或词组进行界定。

4.3　选择物流发货

买家付款后，此时所卖宝贝的交易状态会变成“买家已付款”，此时卖家可以联系物流提供发货服务。具体操作步骤如下。

（1）在“已卖出的宝贝”页面，在要发货的商品后面单击“发货”按钮，如图 4-17 所示。

（2）进入发货页面，确认收货地址及交易信息，如图 4-18 所示。

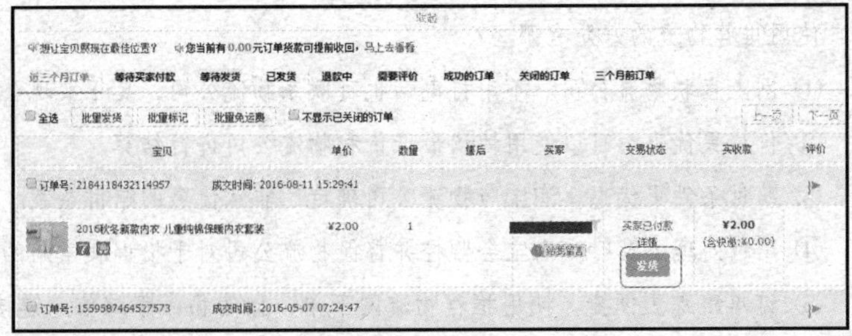

图 4-17 进入发货页面

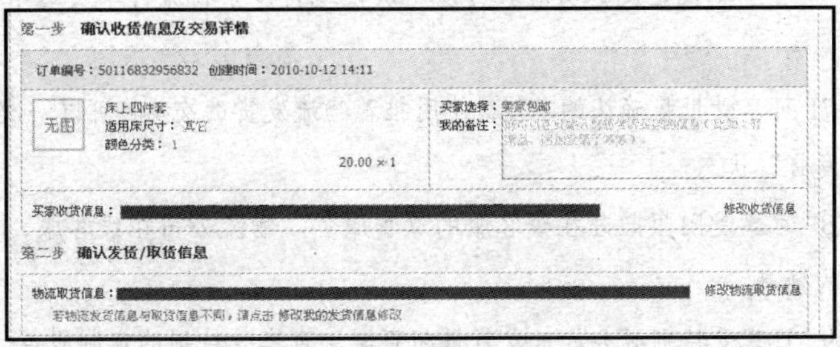

图 4-18 确认信息

（3）选择要使用的快递公司，使用网上下单服务，如图 4-19 所示。

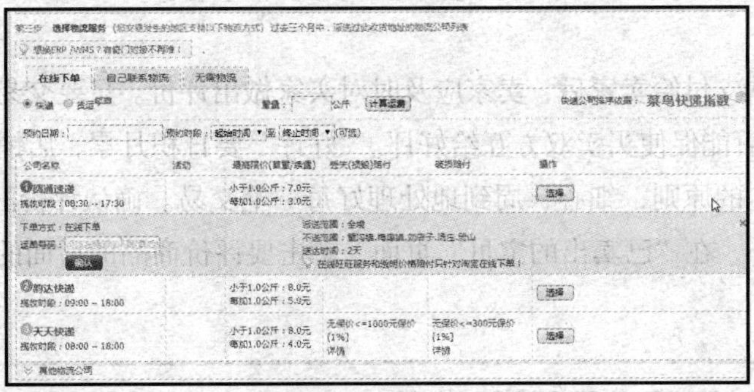

图 4-19 选择物流

（4）选择相应的物流服务，单击“确定”按钮，即可操作成功，如图 4-20 所示。

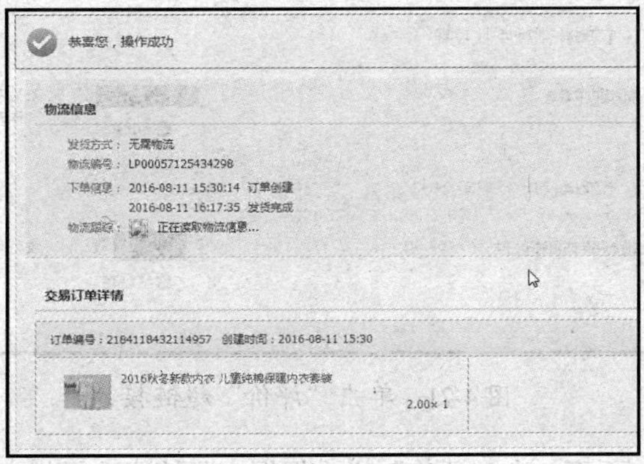

图 4-20 完成物流

小提示

使用推荐物流的好处有哪些？

① 网上直联物流公司。不用打电话也可联系物流公司，真正实现全程网上操作。

② 价格更优惠。可以使用协议最低价和物流公司进行结算。

③ 赔付条件更优惠。淘宝与物流公司确定了非常优惠的赔付条款。

④ 赔付处理更及时。淘宝会监控并督促物流公司对于投诉和索赔的处理。

⑤ 订单跟踪更便捷。使用推荐物流网下单，你的物品跟踪信息链接会放在物流订单详情页面，买卖双方都可以方便地查看。

⑥ 可享受批量发货功能。可以一次性地将多条物流订单发送给物流公司，让你下单更便捷。

⑦ 可享受批量确认的功能。使用推荐物流发货的交易，可以一次性确认多笔交易为“卖家已发货”状态。

⑧ 可享受阿里旺旺在线客服的尊贵服务。物流公司在线客服，即时回复你的咨询，解答你的疑惑。

⑨ 可享受特别服务。日发货量超百票，可享受特别的定制服务。

4.4 卖家确认评价

买家收到货将货款支付给卖家后，卖家应及时对买家做出评价。只要交易顺利，就不妨给买家多做“好评”，这样也有可能促使买卖双方互给好评。“好评”要日积月累，店铺才能越做越大。卖家要遵循“顾客就是上帝”的原则，细心、周到地处理好每一笔交易。确认评价的具体操作如下。

（1）进入卖家中心，在“已卖出的宝贝”页面，单击要评价商品的后面的“评价”超链接，如图 4-21 所示。

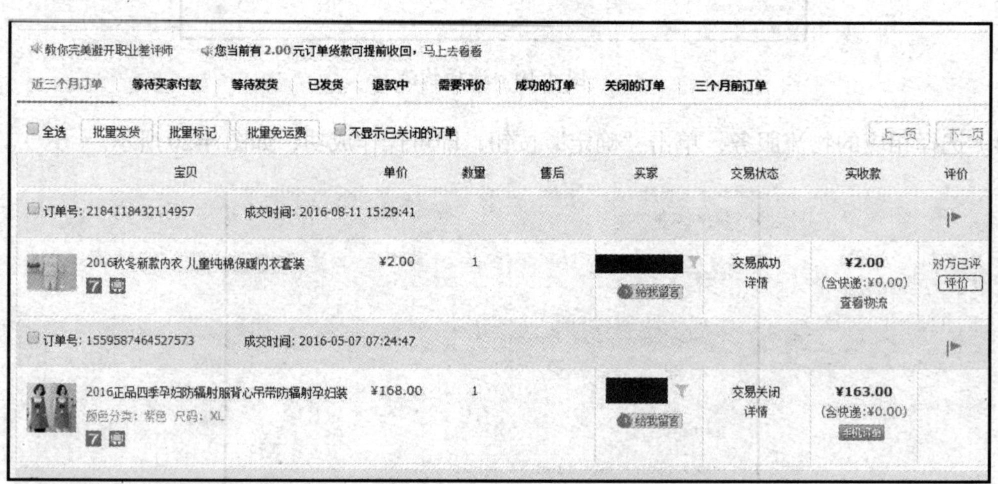

图 4-21 单击“评价”超链接

（2）进入“评价买家”页面，在“评价”栏中根据实际情况选择相应的评价，如图 4-22 所示。

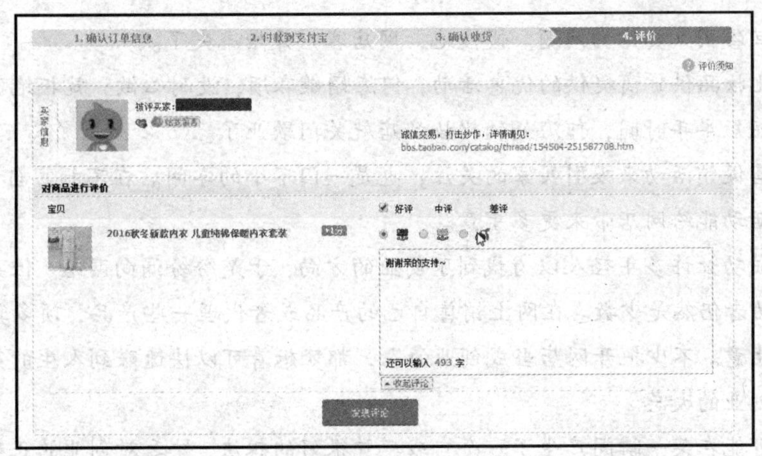

图 4-22 填写评价

小提示

如何修改或删除做出的评价？

① 好评以及好评中的评论内容均无法修改和删除。

② 若评价方做出的评价为中评或差评，在做出评价后的 30 天内可有一次修改或删除评价的机会，逾期则无法再进行修改。需要注意的是，中评或差评只能修改成好评或者删除，且只能由评价方进行操作，客服将不再受理评价修改和申请的申请。

③ 若您作为被评价方收到了中评或差评，与评价方协商后评价方不同意修改，可查看恶意评价投诉介绍，若不符合恶意评价规则，评价将无法删除和处理。

（3）单击“确认提交”按钮，即可成功发表评论，如图 4-23 所示。

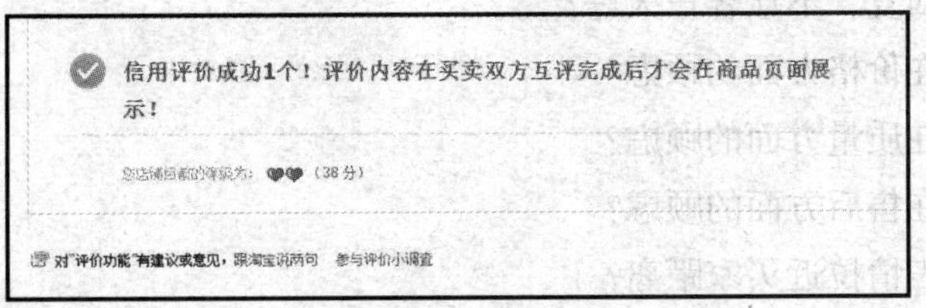

图 4-23 评论成功

案例分析——不注重服务态度，网店客户逐渐流失

如今，开网店正在成为一种潮流。开好一家网店，可以为很多刚毕业的年轻人赚到第一桶金。但是，开网店的过程很艰辛，特别是日趋激烈的竞争压力，也让很多人尝到了开店失败的苦果。

何海娟第一次开化妆品网店是在 2009 年。由于没有海外代购的渠道，很难获得丰厚利润，因而她决定销售普通日化用品，定位低一些，品牌更多，商品门类也更宽。

一开始，只要有买家咨询，何海娟都会很热情、耐心地解答。两个月后，咨询的买家增多，而且问题集中在了产品的真假上。几次三番遇到同样的问题后，何海娟显得有些不耐烦了，她最烦的就是有人问“东西是不是正品”。何海娟把针对货物真假的回答以文本保存下来，再有买家问，就直接粘贴给对方，也不回答买家具体的问题。慢慢地，网店客户开始流失了。

另外，一些化妆品供货商提供的优惠活动，何海娟嫌麻烦，没耐心做，就拒绝了，导致后期对方不再供货。开店短短半年时间，何海娟的化妆品店就关门歇业了。

如何通过网店促销活动来吸引买家的关注，也是一门不小的学问。在不损害自己利益的前提下，大量的促销推广活动能给网店带来更多生意。

一些网店的成功让许多年轻人以为找到了创业的方向，于是纷纷涌向网络。但事实上，和开网店的人数相比，成功者仍然是少数。在网上销售自己的产品或者代理一些产品，顶多算是一种网络兼职或者说是网络小生意。不少把开网店当成创业的人，都梦想着可以快速赚到人生的第一桶金，而“快速赚钱”恰恰是创业的大忌。

许多创业者可能在某一瞬间产生了一个自我感觉很好的想法，缺乏对创业的正确认识，缺乏市场调查，在执行过程中会遇到许多意想不到、无法解决的问题，最终只能宣告创业失败。创业过程很艰辛，但总的来说，如果经营得当，前期经过详细的市场调查，有精准的定位，前途还是比较光明的。

【分析】

网购已进入激烈竞争的阶段，每天都有新竞争者加入，不够耐心注定会被淘汰。网上销售同类商品的店铺非常多，买家可以选择的范围也非常大，在产品相似、质量相同的情况下，就只能靠服务取胜。

课后习题

1. 怎样做个专业卖家，坦诚介绍商品优点与缺点？
2. 怎样设置自动回复，不让客户久等？
3. 怎样消除买家在价格方面的顾虑？
4. 怎样消除买家在质量方面的顾虑？
5. 怎样消除买家在售后方面的顾虑？
6. 如何使用千牛表情拉近买家距离？
7. 如何选择物流发货？

第5章 如何让你的宝贝脱颖而出？

学习目标

- (1) 选择合适的数码相机
- (2) 拍摄场景的布置
- (3) 平铺服装拍摄注意事项
- (4) 图片处理软件
- (5) Photoshop 处理图片技巧

如今，网上开店可谓是热门话题。但为什么有的店铺有着不错的商品，网店浏览量也不在少数，可偏偏不能成交呢？其实开网店，最重要的就是图片。一张漂亮的图片可以让店铺的宝贝脱颖而出，可以为店铺的宝贝带来人气，可以让买家心情愉悦，可以让买家怦然心动。本章介绍如何利用图片处理软件处理出合格的商品照片。

5.1　选择合适的数码相机

摄影器材的选择最主要的就是选好数码相机。在数码时代，器材更新换代越来越快，面对琳琅满目、品种繁多的数码相机产品，究竟选择哪款产品更适合呢？下面大致介绍数码相机的种类。

数码相机的种类众多，大致可分成 3 种：普通数码相机、高档数码相机和专业数码相机。

1. 普通数码相机

普通数码相机的特点是价格低廉，这类相机适合于拍摄家人、朋友、宠物或旅行照的相片。这是数码相机中的主流产品，价格为 1 000 元～10 000 元，用它们照出的图片效果确实相当不错，而且生产这类相机的厂家众多，你有足够的余地进行挑选。对于拍摄网络商品来说，使用普通的数码相机就足够了。

2. 高档数码相机

高档数码相机的价格一般都在万元以上，生产高档数码相机的厂家相对要少一些，比较著名品牌的有 Canon、Nikon 等，通常 Canon 公司的数码相机是以 Canon EOS 的机身为基础，Nikon 公司所生产的数码相机是以 Nikon F4 机身为基础。它们可以更换镜头，使用连闪闪光灯，如果配合上多用途附件便可用在更多的场合。

3. 专业数码相机

专业数码相机的售价高达几十万元，并且需要受过良好训练的专业人员以及一台 SGI 或非常高档的 Mac 图形工作站与之相配合。许多专业数码照相机缺乏图片内部存储能力，必须通过电缆线与计算机相连接。

我结合自己的经验体会，说一些选购数码相机时的注意事项。

（1）品牌。影响相机成像效果的主要因素还是厂家在成像质量方面的整体技术水平。如今我们能经常听闻到的数码相机品牌大概在 10 多种。根据中关村在线网站上提供的最新品牌关注排行榜，佳能、索尼、三星名列前三甲。尼康、松下、富士、奥巴等继之。目前也有国产品牌出现，如爱国者、明基等。

（2）像素。现在主流的数码相机是 1 000 万像素以上。当然像素越高，照片质量会越好。

（3）购买时要在计算机里观看，在选购数码相机时，相信都会随便拍几张，在数码相机的液晶屏上看过后觉得效果可以就确定买了，其实这种方法是不正确的，因为数码相机的液晶屏很小，效果好坏并不能看出来。正确的方法是拍出来后要在计算机显示屏幕上确认一下，并注意看照片里有没有偏色。要尽量到配备有计算机的经销处购买。

（4）外型。数码相机最好便携，大部分人喜欢卡片机，它携带非常方便，而像那些个头较大的机子，就不是太受欢迎了。

（5）防抖。现在的主流机型都配备了光学防抖的功能，而不防抖的机型就不受欢迎了。不过，笔者个人认为，不防抖的机型与防抖的也差不了多少，只要学会最基本的持机方式，都可以拍摄出清晰的照片，而不防抖的相机价格要低不少，所以可以选择不防抖的机型。

5.2 拍摄场景的布置

绝大多数拍拍卖家都知道，拍摄高质量的照片对店铺生意的好坏起着至关重要的影响。如何利用现有器材和资源拍摄好照片，肯定也是大部分卖家头疼的问题。要获得一张成功的商品照片，除了相机本身的功能外，人为地创造辅助拍摄条件也很重要，这就需要掌握场景的布置。

1. 为什么要布置场景

在室内拍摄商品照和在专业摄影棚里拍摄有很大区别。第一，室内拍摄环境既复杂又简单，背景杂乱，需要花费不少力气处理。第二，没有专用工作台，开展工作不方便。第三，缺少必要的专用拍摄工具，需要找到合适的代用品。

布置场景的过程，就是解决拍摄前遇到的困难的过程，为商品创建最佳拍摄环境。只有懂得开动脑筋思考的人，才能达成如期目标。图 5-1 所示为没有布置场景杂乱无章的照片，图 5-2 所示为布置好场景拍摄的图片。

图 5-1 没有布置场景杂乱无章的照片

图 5-2 布置好场景拍摄的图片

2. 使用反光板材布置场景

反光板是我们常用的补光设备。常见的是金银双面可折叠的反光板，携带方便。同时，这种反光板的反光材料的反光率比较高，光线强度大，光质适中，适用于多种主体摄影。不过这种便携性反光板在使用的时候，需要一个人配合。反光板的另一个方面还可以改变主体的色温，如用金色反光板，在某些情况下可以使主体更加突出。如图 5-3 所示，在淘宝上有很多出售反光板的，一般价格为几十元。

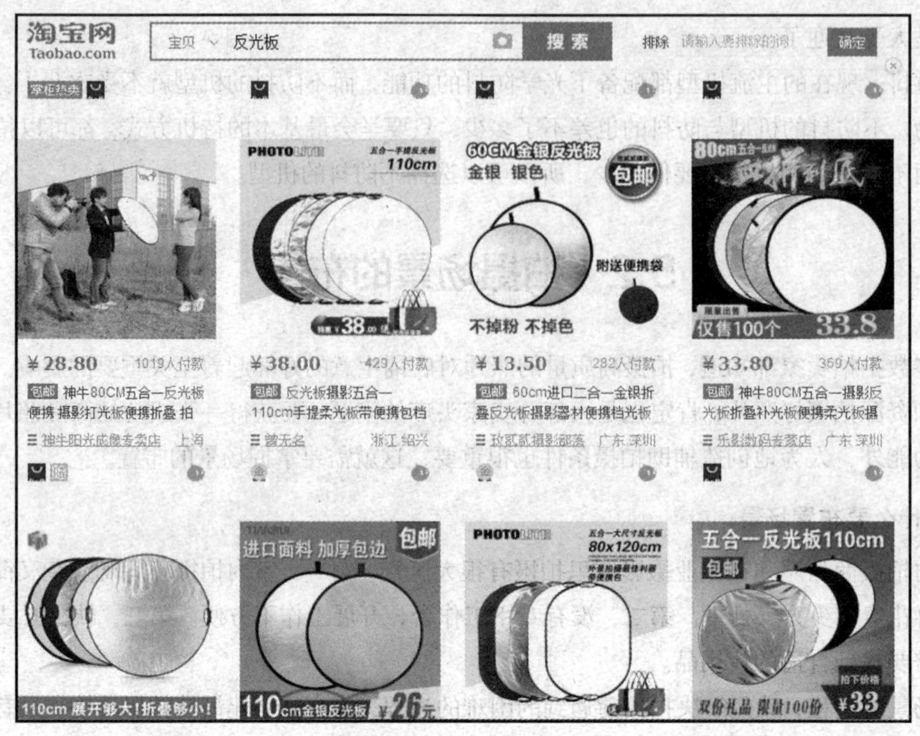

图 5-3 反光板

3. 使用墙纸、背景纸布置场景

生活中能够用于布置场景的材料很多，要开拓思路寻找各种道具。例如，美化家居用的花纹墙纸非常适合用来充当小型商品照片的背景画，通常装饰市场就有大量的墙纸专卖店。图 5-4 所示为用精美墙纸布置场景的效果。

你也可以使用背景布或背景纸，这样拍出的画面让人感觉很干净，也能很明显地突出主体。图 5-5 所示为使用背景布布置场景。

图 5-4 用精美墙纸布置场景的效果

图 5-5 使用背景布布置场景

5.3 平铺服装拍摄注意事项

拍摄服装时，背景要简洁，皱皱巴巴和黯淡的背景会让买家看了不舒服。你可以根据衣服的颜色，采用色彩的高反差来突出衣服的效果。如图 5-6 所示，白色的衣服和黑色的底板就形成了鲜明的对比。

图 5-6 底板拍摄

不是每个店铺都有找模特的条件，也不是每个店主都具备做模特自拍的条件，所以平铺拍摄是大多数实物拍摄的最佳选择。怎样才能把一件平铺的衣服拍得既美观又真实呢？

1. 光线均衡

由于拍摄平铺衣服需要的场地比较大，经常会出现光线不均匀的现象。因而，室内拍摄建议最好有 2～3 盏台灯，这样拍摄时光线会比较均衡。图 5-7 所示为在光线均衡条件下的拍摄效果。

图 5-7 平铺时光线要均衡

在室外拍摄时，可选择天台、空旷的公园等场地，这些地方因周围没有阻挡光源的物体，故被拍摄的衣服可以很均衡地吸收光线，不会产生暗点、阴影。不过，应当注意不要在阳光强烈的时候进行拍摄。

2. 适当点缀

为了避免画面单调、无趣，可以使用一些点缀物，如用帽子、眼镜、包包、饰品、鞋子等进行搭配，或者用假花、杂志等。注意不要将它们都搬出来，选择一两件就可以了，切记不要太复杂，否则会让人产生喧宾夺主的感觉。图 5-8 所示为平铺时适当点缀后的效果。

图 5-8　平铺时适当点缀

3. 平整舒适

首先背景布要平整，你可以选择一些不容易起皱的背景布，如果还是不够平整，拍摄前可以先将背景布烫平。不要在乎这点时间，这会减少你不少的后期工作量的。

准备拍摄的衣服不要急于摆设，先将衣服熨得平整一些。新衣服一般都有折痕，直接摆出来会很影响美观。

4. 细节放大

平铺衣服的整体图一般只能看到款式，料子的质地就要用细节图来表现了。如果看不到细节图，不知道衣服是什么布料的，顾客往往很难下定决心去买。

5.4　拍摄时的其他注意事项

如果没有专业的室内摄影棚，建议还是到外面日光下拍摄。日光是最自然的光线，是再专业的室内灯光也无法比拟的。

（1）拍摄时间。室外拍摄时，上午 9～11 点，下午 3～5 点，是比较适合拍照的时间。应避免中午阳光直射时拍照，否则会在卖品上形成不均匀的光斑，不好看。光线不足的情况下，很多普通的相机拍不出好看的图片，所以大家尽量选择在下午 5 点前拍照。

（2）拍摄角度。采用模特实拍的话可能会碰到一个问题，就是摄影者比模特高。如果是全身照，从上往下拍会显得腿儿短，这是万万不可的。但也不能从下往上拍，这样很容易拍出双下巴，显得脸胖胖的，而且照片也失真了。最好的角度是对着模特腰部左右的高度来拍摄，这样照片很真实，不变形。

（3）拍摄主体要突出。例如，你要拍照的主体背后有个伯伯，站在主体背后显得比主体还大，你觉得比较影响画面，就可以请他离开一下。远处的人可以不必请他们离开，因为只要突出主体就可以了。

（4）抖动问题。如果相机不是防抖动的，那一定要端稳相机，尽量保持静止，拍完再动。

（5）不使用闪光灯。特别是对于傻瓜相机来说，内置闪光灯不怎么好用，会使得脸部生硬而不自然。拍出柔和、自然的照片才是最重要的。

（6）试试看不看镜头。有时候看着窗外或斜着 45 度看地面，配合漂亮的景色，都能拍出有意境的图片。每次拍照尽量多拍些，这样选择余地大，一定能挑选出好照片来。

5.5 图片处理软件

宝贝图片可以利用相机拍下来，但是原图有很多杂色或者想把多余的人或者物体去掉应怎样处理？下面介绍常见的图片处理软件光影魔术手和 Photoshop 给大家。通过图片处理，让网店宝贝图片更加吸引人，为网店宝贝提高曝光率。

5.5.1 光影魔术手软件的使用

光影魔术手能够满足绝大部分照片后期处理的需要，批量处理功能非常强大。它无须改写注册表，如果你对它不满意，可以随时恢复以往的使用习惯。

光影魔术手拥有自动曝光、数码补光、白平衡、亮度对比度、饱和度、色阶、曲线、色彩平衡等一系列非常丰富的调图参数。最新开发的版本，对 UI 界面进行全新设计，拥有更好的视觉享受，且操作更流畅、更简单、易上手。

你可以给照片加上各种精美的边框，轻松制作个性化相册。除了软件精选自带的边框，更可在线即刻下载论坛光影迷们自己制作的优秀边框。

下面讲解使用光影魔术手软件处理图片的方法，具体操作步骤如下。

（1）光影魔术手安装完毕后，会在计算机的桌面上显示快捷方式，如图 5-9 所示。双击该快捷方式，系统会运行光影魔术手软件，如图 5-10 所示。

（2）单击选项栏中的“打开”按钮，弹出“打开”对话框，在弹出的对话框中选择“图片的快速处理.jpg”，如图 5-11 所示。单击“打开”按钮，即可打开图像文件，如图 5-12 所示。

（3）在右侧的导航中调整基本中的“亮度”“对比度”“色相”和“饱和度”效果，如图 5-13 所示。

（4）在右侧的导航中调整曲线效果，如图 5-14 所示。你可以根据需要选择右边的参数设置相应的效果。

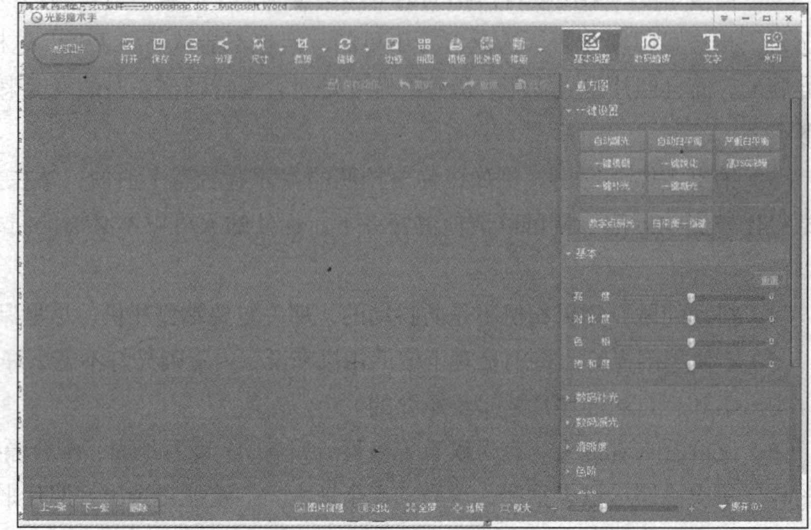

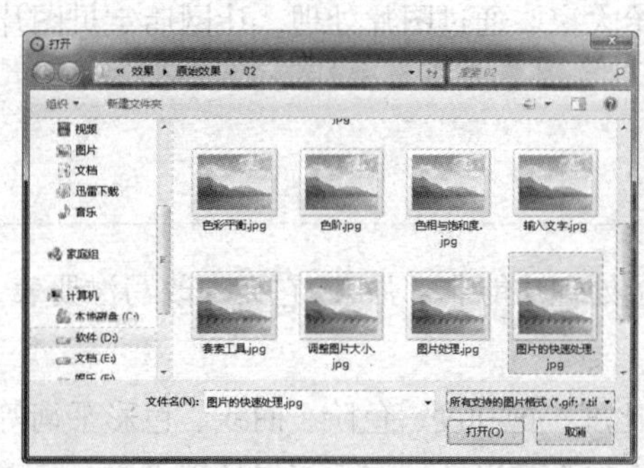

图 5-9　快捷方式

图 5-10　运行光影魔术手软件

图 5-11　“打开”对话框

图 5-12　打开图像文件

图 5-13　设置基本参数

图 5-14　设置曲线效果

5.5.2 Photoshop 软件的使用

Photoshop 是世界顶尖级的图像设计与制作工具软件。图像处理是对已有的图像进行编辑加工处理以及运用一些特殊效果，其重点在于对图像的处理加工。Photoshop 性能卓越，应用广泛，无论你是专业的摄影师、广告创意人员、Web 设计人员，还是非专业的摄影爱好者、办公室文员，或者仅仅想得到一张让人满意的照片，Photoshop 都不会让你失望。

Photoshop 支持几十种文件格式，因此能很好地支持多种应用程序。在 Photoshop 中，常见的格式有 PSD、BMP、PDF、JPEG、GIF、TGA、TIFF 等，因此能够很好地应用于网站的制作和网店图像的设计制作。

下面以制作立体文字效果为例讲述 Photoshop 的应用方法，如图 5-15 所示。具体操作步骤如下。

（1）打开图像文件，选择工具箱中的“横排文字”工具，如图 5-16 所示。

图 5-15 立体字效果

图 5-16 打开图像文件

（2）在选项栏中将字体设置为“黑体”，字体大小设置为 60，字体颜色设置为#ff0000，在画布中输入文字“早上好”，如图 5-17 所示。

图 5-17 输入文字

（3）在“图层”面板中选择文本图层，单击鼠标右键，在弹出的菜单中选择“复制图层”选项，弹出“复制图层”对话框，如图 5-18 所示。

（4）单击“确定”按钮，即可复制图层，效果如图 5-19 所示。

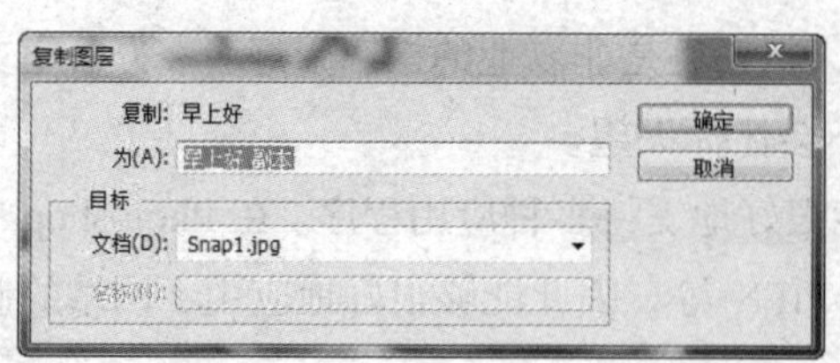

图 5-18 “复制图层”对话框

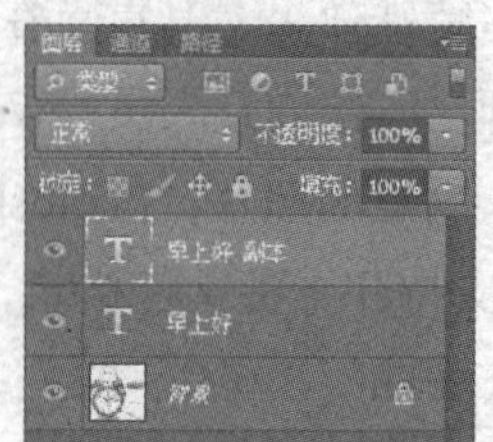

图 5-19 复制图层

（5）选择“图层”|“图层样式”|“渐变叠加”命令，弹出“图层样式”对话框，如图 5-20 所示。

（6）在该对话框中单击“渐变”右边的按钮，在弹出的“渐变编辑器”对话框中选择渐变颜色，如图 5-21 所示。

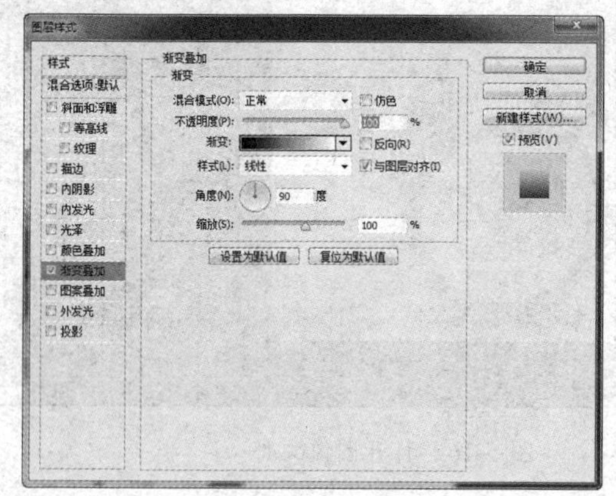

图 5-20 “图层样式”对话框

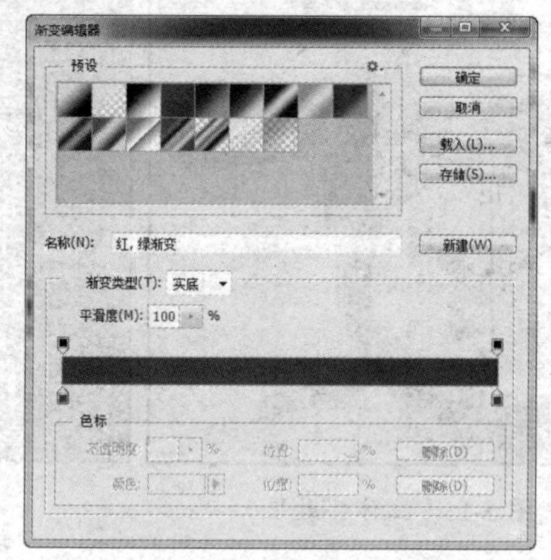

图 5-21 “渐变编辑器”对话框

（7）勾选“内阴影”选项，在弹出的列表框中设置参数，效果如图 5-22 所示。

（8）勾选“投影”选项，在弹出的列表框中设置参数，如图 5-23 所示。

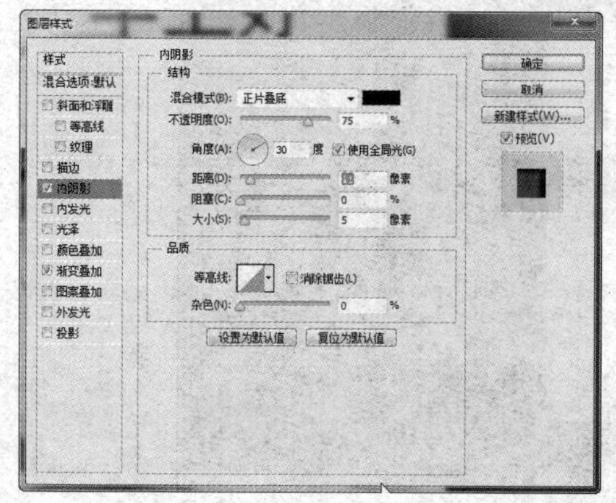

图 5-22 勾选“内阴影”选项

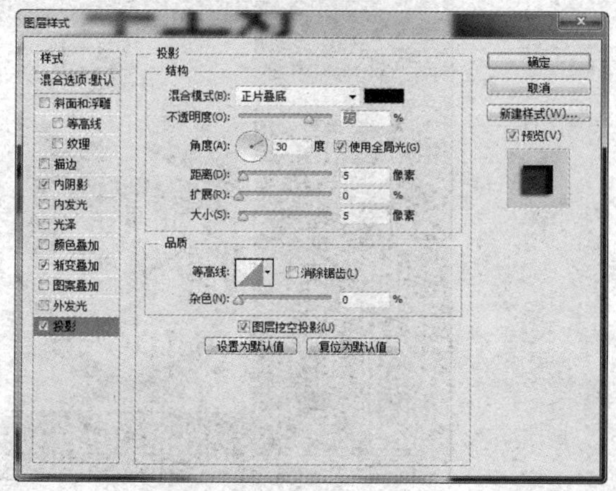

图 5-23 勾选“投影”选项

（9）单击“确定”按钮，设置图层样式，如图 5-24 所示。

图 5-24 设置图层样式

（10）选择工具箱中的“移动”工具，将其向下移动一段距离，使文本具有立体效果，如图 5-25 所示。

图 5-25 移动图层

5.6 Photoshop 处理图片技巧

在淘宝网店进行图片处理，建议大家还是学习 Photoshop 的使用方法，虽然有点难和烦琐，但它仍是功能最强大的图片处理软件。

5.6.1 调整拍歪的照片

在拍摄的过程中，不一定会将每幅图片都拍摄得完美无缺，由于不小心经常会将照片拍歪，这时我们就需要用 Photoshop 将其调整过来。具体操作步骤如下。

（1）打开 Photoshop CS6 软件，选择“文件”|“打开”命令，弹出“打开”对话框，在该对话框中选择图像文件“拍歪.jpg”，如图 5-26 所示。

（2）单击“打开”按钮，即可打开图像文件，如图 5-27 所示。

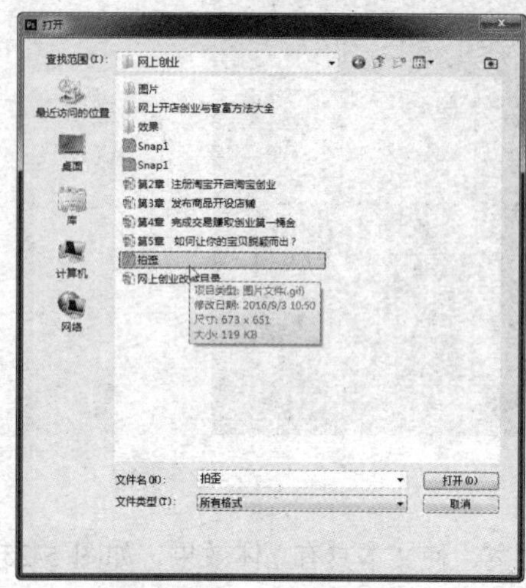

图 5-26 “打开”对话框

图 5-27 打开图像文件

（3）选择“图像”|“图像旋转”|“任意角度”命令，如图 5-28 所示。

（4）弹出“旋转画布”对话框，在该对话框中将“角度”设置为 30，勾选“度（逆时针）”选项，如图 5-29 所示。

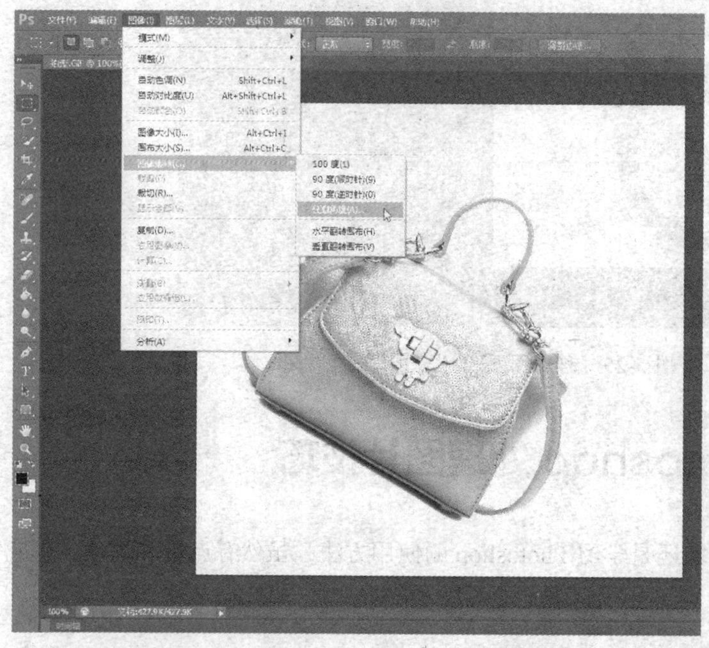

图 5-28 选择“任意角度”命令

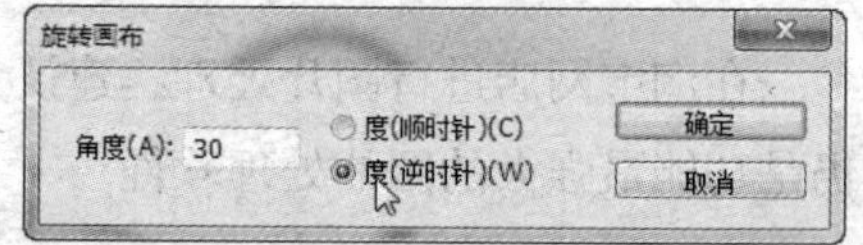

图 5-29 “旋转画布”对话框

（5）单击“确定”按钮，即可调整图像的角度，如图 5-30 所示。

图 5-30 旋转画布

5.6.2 放大或缩小图片

下面讲述使用 Photoshop 放大或缩小图片的方法，具体操作步骤如下。

（1）打开图片文件，选择“图像”|“图像大小”命令，如图 5-31 所示。

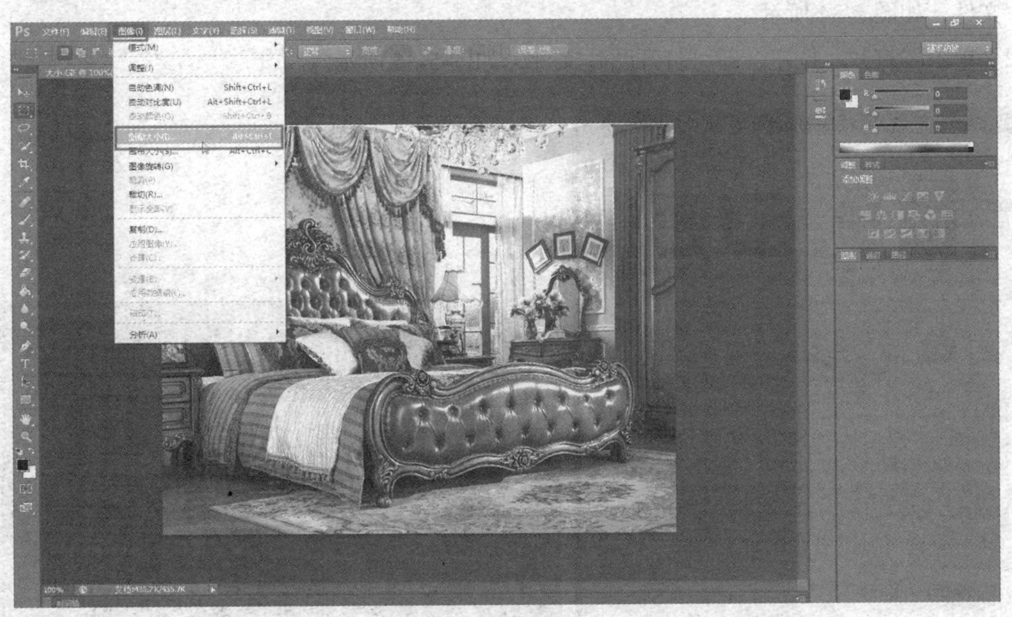

图 5-31 选择“图像大小”命令

（2）然后打开“图像大小”对话框，在该对话框中将“宽度”设置为 500，“高度”设置为 350，如图 5-32 所示。

（3）单击“确定”按钮，即可调整图片大小，如图 5-33 所示。

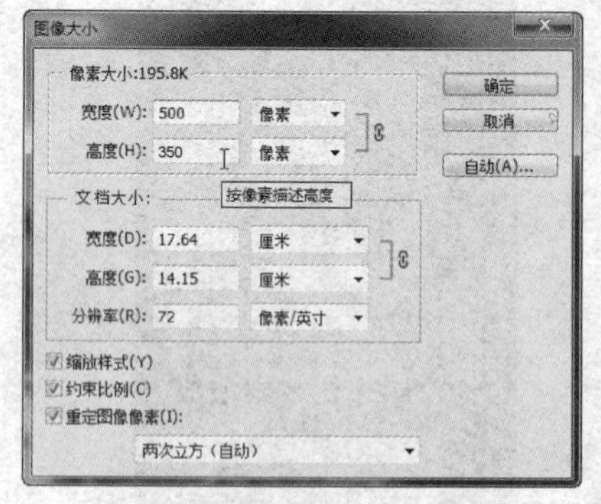

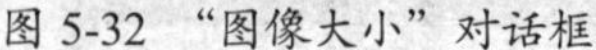
图 5-32 “图像大小”对话框

图 5-33 调整图片大小

5.6.3 自由裁剪照片得到想要的尺寸

通常由于上传图片时，对图片素材的尺寸大小有特定要求，因而可能需要在插入图片之前对图片的大小进行调整。具体操作步骤如下。

（1）打开 Photoshop 软件，选择“文件” | “打开”命令，弹出“打开”对话框，在该对话框中选择图片文件，如图 5-34 所示。

（2）单击“打开”按钮，即可打开图片文件，如图 5-35 所示。

图 5-34 “打开”对话框

图 5-35 打开图片文件

（3）选择工具箱中“裁剪”工具，在舞台中绘制，可以选择裁剪区域，双击鼠标即可裁剪，如图 5-36 所示。

图 5-36 选择裁剪区域

5.6.4 抠取图像

抠图是后续图像处理的重要基础。初学者都认为抠图不好掌握，其实抠图并不难，只要你有足够的耐心和细心，掌握最基础的 Photoshop 知识就能完美地抠出图片。下面就以钻戒图像为例来具体介绍如何利用 Photoshop 提供的工具进行抠图，从而制作出淘宝图像的精美背景图像。

（1）打开图像，在工具箱中选择“磁性套索”工具，如图 5-37 所示。

图 5-37 选择“磁性套索”工具

（2）在钻戒边缘单击鼠标选择起点，然后将鼠标沿着钻戒边缘移动，系统会自动在钻戒边缘处生成链接点，如图 5-38 所示。

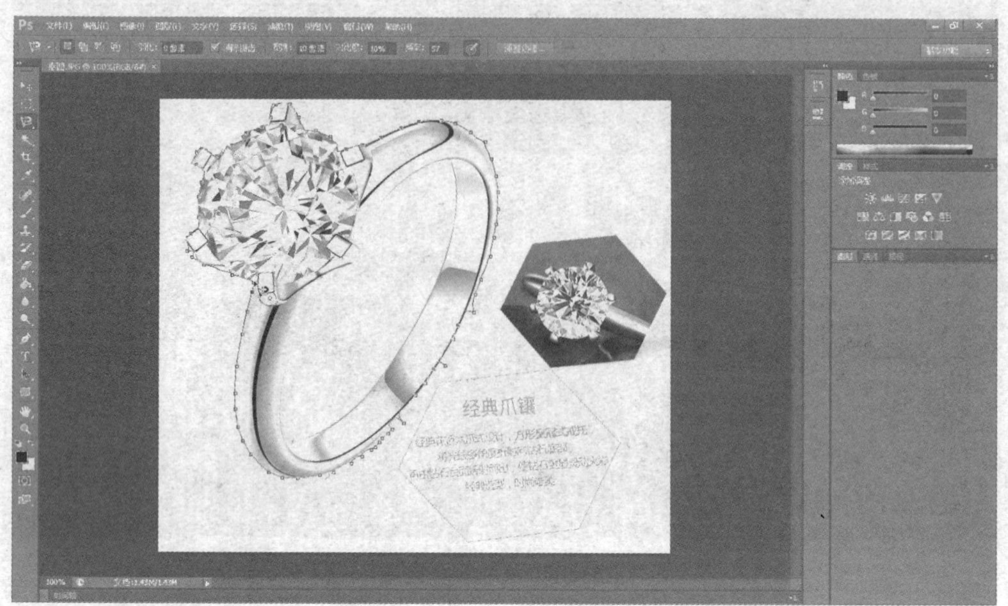

图 5-38　绘制选区

（3）选择“编辑”|“剪贴”命令，即可剪贴图像，如图 5-39 所示。

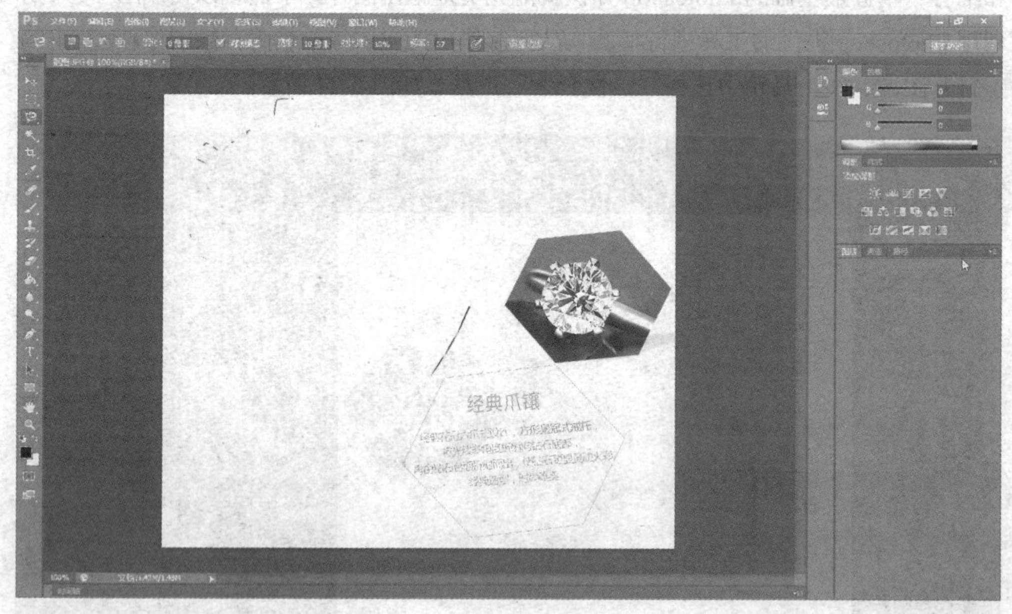

图 5-39　剪贴图像

（4）选择“文件”|“新建”命令，弹出“新建”对话框，在该对话框中将“背景内容”设置为“透明”选项，如图 5-40 所示。

（5）单击“确定”按钮，新建文档。选择“编辑”|“粘贴”命令，粘贴图像，如图 5-41 所示。

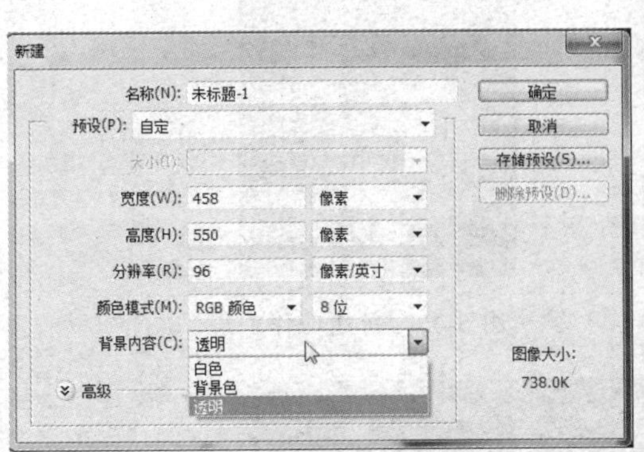

图 5-40 设置为“透明”选项

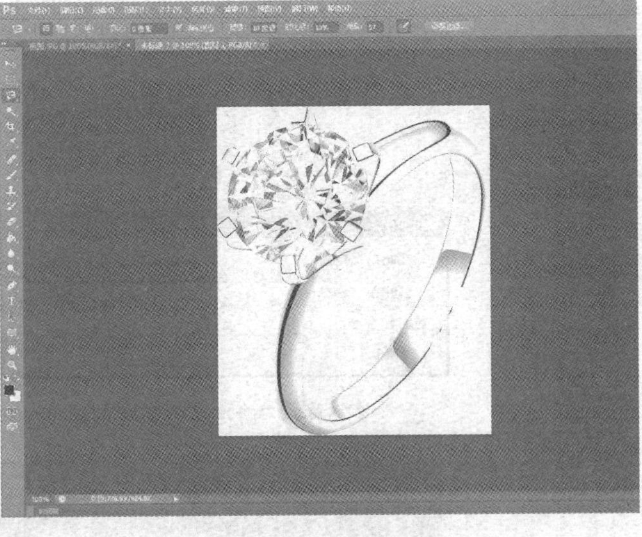

图 5-41 粘贴图像

5.6.5 轻松批量处理产品照片

在整理宝贝照片时，常常要同时做几十张。那么，每一张都要打开，调整图像大小或者曲线等再保存起来，要费很多时间和精力，那么这些简单的重复性操作是否可以让机器自己来完成呢？下面就来详细讲述一下如何进行批处理。具体操作步骤如下。

（1）启动 Photoshop CS6，打开需要编辑的图片，如图 5-42 所示。

（2）选择“窗口”|“动作”命令，打开“动作”面板，如图 5-43 所示。

图 5-42 打开图像

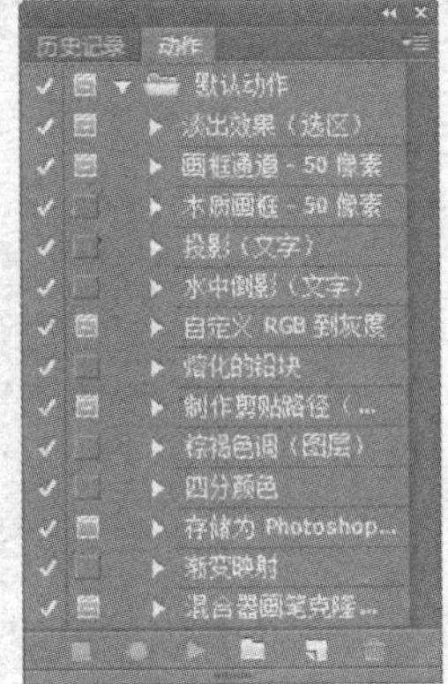

图 5-43 动作面板

（3）单击右下角的创建新动作按钮，弹出“新建动作”对话框，如图 5-44 所示。

（4）单击“记录”按钮，即可新建动作 1，如图 5-45 所示。

（5）调整图像的大小，然后单击左下角的“停止播放/记录”按钮，停止记录，如图 5-46 所示。

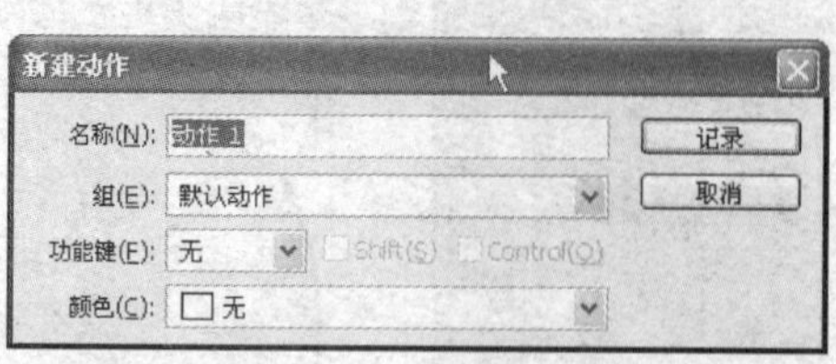

图 5-44 “新建动作”对话框

图 5-45 新建动作 1

图 5-46 停止记录

（6）选择“文件”|“自动”|“批处理”命令，弹出“批处理”对话框，如图 5-47 所示。

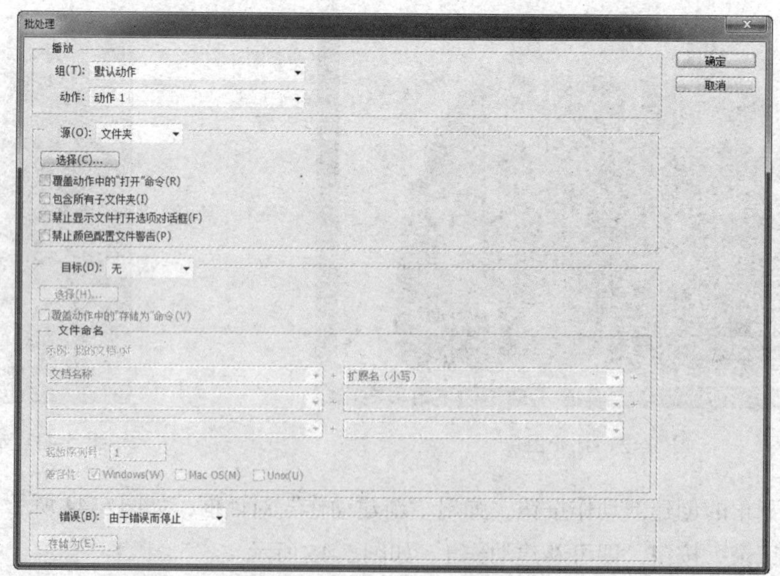

图 5-47 “批处理”对话框

（7）单击“源”下面的“选择”按钮，选择图像所在的位置，如图 5-48 所示。

（8）单击“确定”按钮，即可对文件中所有的图像进行大小处理，如图 5-49 所示。

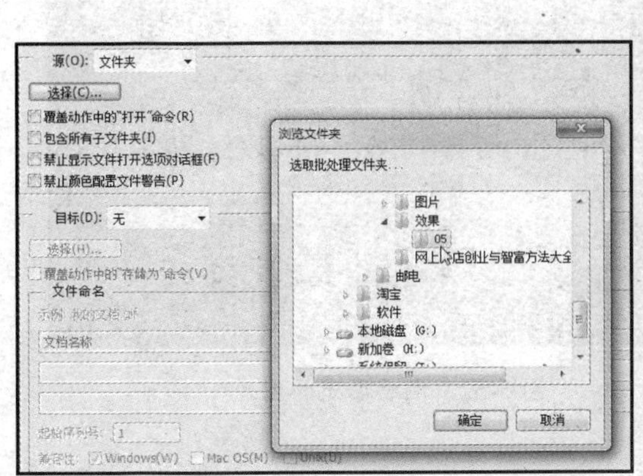

图 5-48　选择图像所在的位置

图 5-49　处理图像大小

5.6.6　调整曝光不足的照片

通常，由于技术、天气、时间等原因或条件所限，拍出来的照片有时会不尽如人意，最常见的问题就是曝光不足，以及因雾气等原因造成的对比度不强。下面将讲述如何调整曝光不足的照片，具体操作步骤如下。

（1）启动 Photoshop，打开一张曝光不足的图片，如图 5-50 所示。

图 5-50　打开图片

（2）选择“图像”|“调整”|“曝光度”命令，弹出“曝光度”对话框，如图 5-51 所示。

（3）在该对话框中设置相应的参数，单击“确定”按钮，即可调整曝光的图片，如图 5-52 所示。

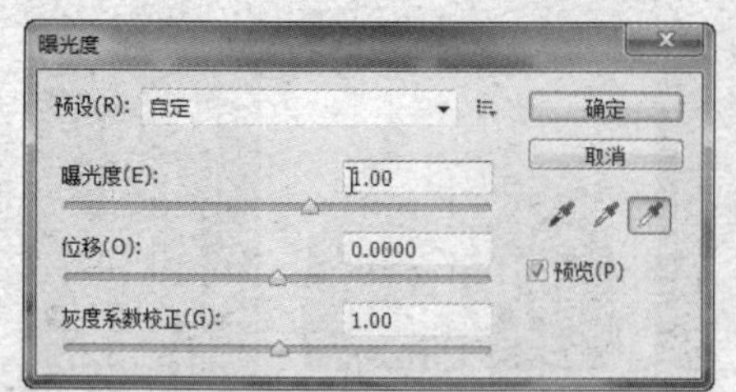

图 5-51 “曝光度”对话框

图 5-52 调整曝光的图片

5.6.7 为照片添加水印防止他人盗用

自己辛辛苦苦拍下的图片，在网上很容易被别人盗用。如果加上水印就可以防止此类事情发生。具体操作步骤如下。

（1）在 Photoshop CS6 中打开图像文件“添加水印.jpg”，如图 5-53 所示。

图 5-53 打开图像

（2）选择工具箱中的“横排文字”工具，在图片上输入文字“托卡单肩包”，如图 5-54 所示。

图 5-54 输入文字

（3）选择“图层”|“图层样式”|“描边”选项，弹出“图层样式”对话框，将“大小”设置为 3，“颜色”设置为白色，如图 5-55 所示。

（4）单击“确定”按钮，就会出现图 5-56 所示的图像效果。

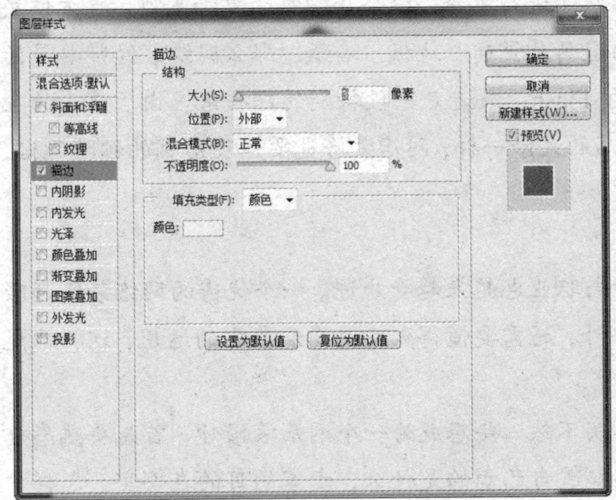

图 5-55 “图层样式”对话框

图 5-56 描边效果图

（5）打开“图层”面板，将“不透明度”设置为 50%即可完成，如图 5-57 所示。

图 5-57 设置“不透明度”

案例分析——淘宝创业帮别人装修网店

在上大学时，刘宇翔看到很多不懂店面装饰、装修的同学都开了网店，因为店面不美观，营业额一直不高。要是为网店、微店提供装饰，那不就能实现双赢？刘宇翔眼睛一亮，他感觉自己找到了新商机。

一开始，由于刘宇翔的网店装修效果并不理想，很多卖家都不愿多花这份装饰钱。刘宇翔提出先试用装修效果，盈利后再从销售额中抽成作为劳务费用的合作模式，这帮他提高了圈内知名度。刘宇翔逐步拓展业务，从帮商家建立淘宝店铺，再到装修推广后获利，团队逐渐打开市场。慢慢地，找他们装饰网店的客户越来越多。

刘宇翔目前为30家固定的网店提供服务，每家店铺每年收取八九千元。他们的工作主要是为在淘宝等网站上开店的店主设计模板，帮助其对网络店面进行装饰，以令店铺页面更加美观、更方便买家浏览、更汇聚人气。如果说普通的装修工常用的道具是瓷砖、地板、墙纸，那么网络装修师要灵活运用的则是一张张精美的图片、一幅幅深具个性的Flash，或者是一段特别的广告语。由于售卖的主要是创意，他们往往还身兼设计师的职能。与实体店的装修一样，网店装修也要体现店铺的独特风格，好的网店装修对店铺品牌的树立会起到关键作用。

【分析】

随着网络店铺的不断增加，网店装修师这个时尚职业也越来越受欢迎。一个优秀的网络装修师除了要掌握基本的网页制作基础知识和各种图形软件外，还需要懂得创意灵感和色彩的运用，这样才能以好的创意服务于客户，从而获得稳定的收入。

很多人以为网店装修师只要会设计就行了，其实不然。要想成为一个网店装修师，首先要熟悉电商这一套体系和规则，要让自己成为一个卖家，要知道自己卖的是什么，卖家的目的在哪里，怎样才能把这些特色挖掘出来成为卖点；其次还要成为一个买家，熟悉买家的购物习惯，以及他们愿意进什么样的店铺和什么样的设计让他们舒服。

课后习题

1. 如何选择合适的数码相机？
2. 怎样布置拍摄场景？
3. 平铺服装拍摄应注意哪些事项？
4. 拍摄时有哪些其他注意事项？
5. 如何调整拍歪的照片？
6. 如何放大或缩小图片？
7. 如何轻松批量处理产品照片？
8. 怎样为照片添加水印防止他人盗用？

6

CHAPTER

第6章

推广店铺，生意滚滚来

学习目标

- (1) 熟悉卖家信用评价规则
- (2) 掌握中评或差评的解决方法
- (3) 掌握各种店铺推广方法

开网店并不难，难的是如何带来客人，进而提高销量。不少淘宝网店卖家开始兴致高昂，一旦没有生意就索性关门。这样的例子不少。淘宝推广的目的是提升店铺流量，增加店铺宝贝曝光率，对此，卖家应该如何做好淘宝推广？淘宝推广的渠道有哪些？

6.1 必须重视的卖家信用

淘宝开店销售商品，除了要赚取商品的差价利润外，还应学会赚取每个顾客的好评，这样在提升店铺信用等级的同时，也有利于商品保障及卖家信誉的提升。

6.1.1 卖家信用等级影响销售

卖家信用等级是衡量卖家诚信的一个重要标准，也是体现卖家交易的一个主要依据，更是买家购买商品的一个重要参考依据。

1. 信用等级是衡量诚信度的有力依据

网上交易不同于当面交易，看不到实物和不能现货现款是其一大弊端，所以每位买家在决定购买前都要考虑到产品描述与实物是否相符、卖家是否诚信、商品的售后服务是否完善等一系列问题。面对这样的问题，卖家信用等级就会成为买家衡量卖家是否诚信的一大依据。信用等级越高、好评率越高、评价内容越好则体现出卖家及其商品越可信，从而增加了买家对卖家的信任，无形中提高了销售成交的概率。

2. 信用等级关系着售后保障

由于网上交易的不可见性，买家自然会对与其交易的卖家有所顾虑。如果是一个刚刚开店的卖家，没有任何信誉度，买家自然不敢购买。对于买家在售后方面的保障力度自然也会减小。而高信用等级的卖家则相反，高销售体现出卖家在网店中投入的精力，这些卖家自然不会轻易放弃自己的生意，对买家来说售后服务也相应地更加有保证。

6.1.2 理解淘宝网评价规则

在淘宝上每一笔交易成功后，买家有权对这个交易的过程做出相应的评价，而这些评价就构成了店铺的综合信用评价。各项评价的积累代表卖家在淘宝网上交易的信用程度。

1. 认识淘宝网评价

当进入一家店铺后，买家首先会关注的是页面左边的掌柜信息，如图 6-1 所示，在掌柜信息中可以得知这家店铺的信用评价状况。通过图 6-2 所示的部分可以解读淘宝网评价的内容及维度。

图 6-3 所示是一个淘宝卖家的综合评价页面。

这个综合评价体系主要由店铺服务、店铺动态评分及卖家信用三个部分组成。店铺服务是从淘宝规则这个角度对卖家服务质量的一个综合考察，卖家违规、纠纷及处罚情况都在考察范围内；店铺动态评分除了综合买家的评分情况外，还指出了在不同行业中所处的水平；而卖家信用就是对卖家自开店起的信用评价的一个积累，单击它可以分别看到最近一周、最近一个月、最近半年、半年前的积累情况。

图 6-1 淘宝店铺页面

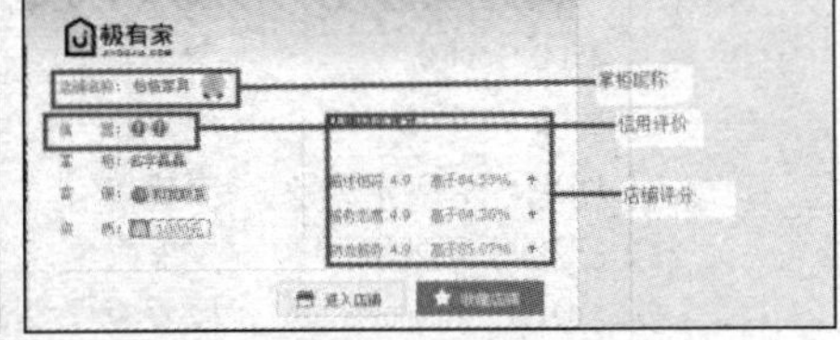

图 6-2 掌柜信息解读

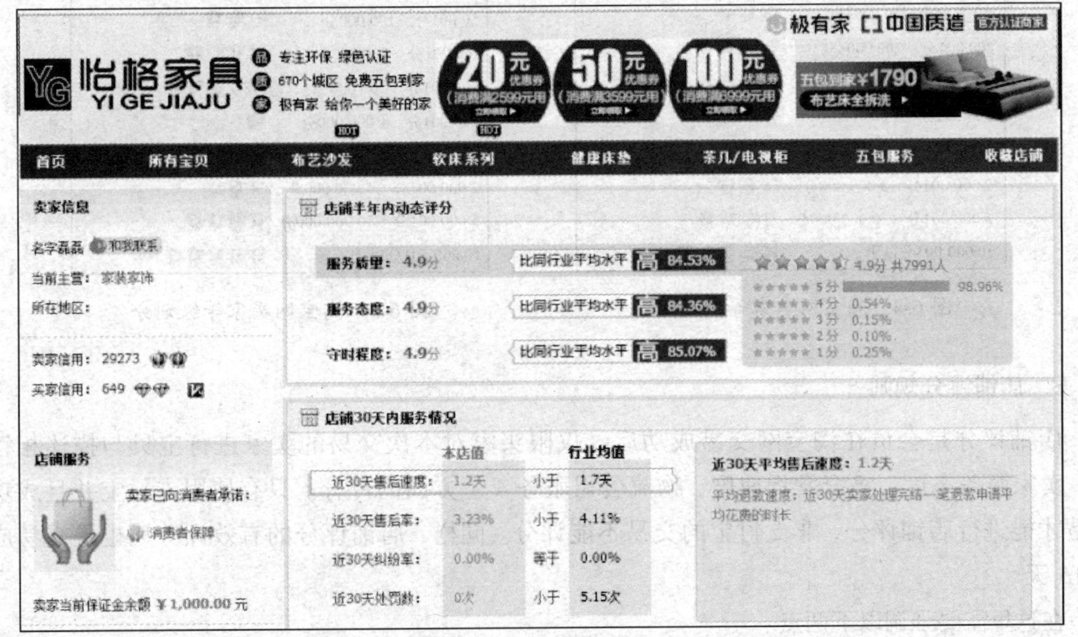

图 6-3 淘宝店评价体系

2. 信用评价规则

淘宝网会员在使用支付宝服务成功完成每一笔交易后，双方均有权利对对方交易的情况做一个评价，这个评价也称为信用评价。关于信用评价有以下 4 个要点。

（1）评价计分：评价积分的计算方法，具体为“好评”加一分，“中评”不加分，“差评”扣一分。

（2）评价积分：评价分为“好评”“中评”“差评”3 类，每种评价对应一个积分。

（3）信用度：对会员的评价积分进行累积，并在淘宝网页上进行评价积分显示。

（4）评价期间：指交易成功后的 15 天。

图 6-4 所示为红心和蓝冠的等级是如何划分的。淘宝网上的卖家和买家都可以划分为 20 个等级，图 6-4 所示为淘宝网卖家的等级划分，图 6-5 所示为淘宝网买家等级划分，而其中的分数累积就是由好评（1 分）、中评（0 分）、差评（-1 分）累积相加而来的。

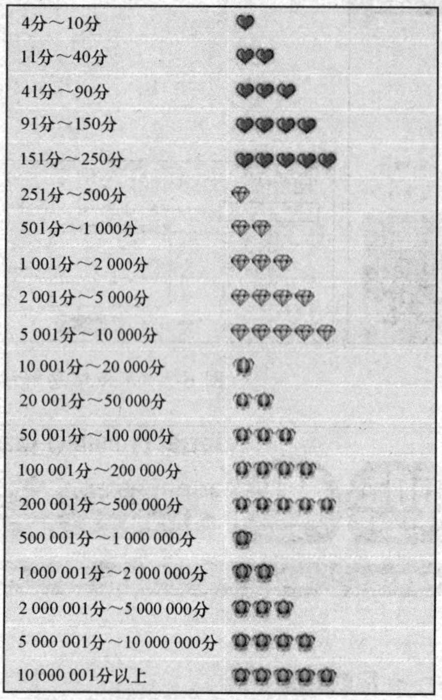

分数
4分～10分
11分～40分
41分～90分
91分～150分
151分～250分
251分～500分
501分～1 000分
1 001分～2 000分
2 001分～5 000分
5 001分～10 000分
10 001分～20 000分
20 001分～50 000分
50 001分～100 000分
100 001分～200 000分
200 001分～500 000分
500 001分～1 000 000分
1 000 001分～2 000 000分
2 000 001分～5 000 000分
5 000 001分～10 000 000分
10 000 001分以上

图 6-4　淘宝网卖家等级划分

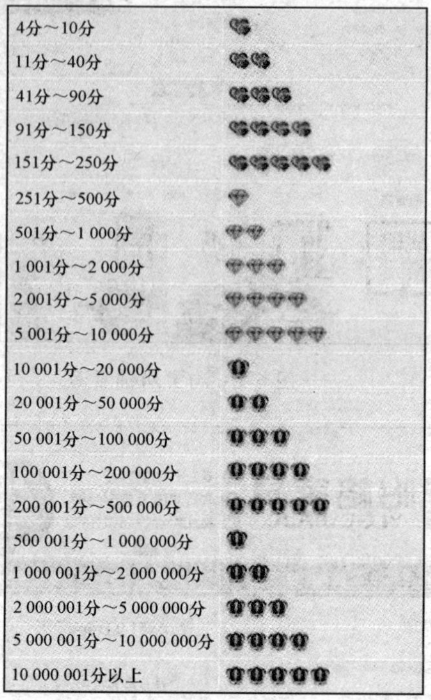

分数
4分～10分
11分～40分
41分～90分
91分～150分
151分～250分
251分～500分
501分～1 000分
1 001分～2 000分
2 001分～5 000分
5 001分～10 000分
10 001分～20 000分
20 001分～50 000分
50 001分～100 000分
100 001分～200 000分
200 001分～500 000分
500 001分～1 000 000分
1 000 001分～2 000 000分
2 000 001分～5 000 000分
5 000 001分～10 000 000分
10 000 001分以上

图 6-5　淘宝网买家等级划分

3. 店铺评分规则

店铺评分是会员在淘宝网交易成功后，仅限买家对本次交易的卖家进行宝贝与描述相符程度、卖家服务态度、卖家发货速度、物流公司服务 4 个方面的评分。只有使用支付宝并且成功的交易才能进行店铺评分，非支付宝的交易不能评分。同样，店铺评分的有效评分期也是交易成功后 15 天。

在这里需要强调以下两点。

（1）每个自然月中，相同买家和卖家若产生多笔成功交易订单且完成店铺评分的，则卖家的店铺评分有效次数不超过 3 次（以支付宝系统显示的交易创建的时间计算），超过积分规则范围的评分将不计分。

（2）店铺评分生效后，分别将宝贝与描述相符程度、卖家服务态度、卖家发货速度 3 项指标平均计入卖家的店铺评分中，物流公司服务评分不计入卖家的店铺评分中，但会计入物流平台中。

6.1.3　切忌炒作信用

有不少卖家为了给买家一个良好的印象，或者营造店铺的“繁荣”景象，不惜违反淘宝网的规则去炒作信用度。在此奉劝那些想炒作信用度的卖家：你可以炒作你的信用级别，但炒不到买家的心。

与其在这些旁门左道上花时间和心思，不如好好地研究一下如何发展自己的网店。

1. 什么是炒作信用度

首先要弄清楚什么是炒作信用度。淘宝网规定，对于买、卖双方以抬高信用为目的，或双方在无实际成交的情况下做出好评的行为，即为“炒作信用度”。淘宝网对于炒作信用度举报的平均审核受理时间为自该笔交易完成之日起6个月内。

在发布商品和网上交易时也要特别注意一些相应的规则以免在无意间炒作了信用度。

商品发布判断规范如下。

卖家出售以下类别商品而取得好评时，淘宝将一律划分为“变相换好评信用炒作”行为。

（1）发布纯信息，即无独立载体信息。包含但不仅限于如下情况：减肥秘方、赚钱方法、会员招募、商品知识介绍、免费信息以及购物体验介绍等。

（2）发布免费获取、低价商品。包含但不仅限于如下情况：无偿从发行方获得的优惠券或资格权、免费商品、软件下载、电子刊物（凡是通过网络传输的一切电子商品）、电子邮件地址邀请等；1元以下虚拟类商品（不包括：Q币/收费Q秀/游戏货币——最小货币单位0.1元）；1元及1元以下服务类商品等。

（3）在商品留言、心情故事及宝贝描述中有明显换成好评行为的文字内容的商品。

（4）将一件商品拆分为多个页面发布，属于信用炒作商品。包含但不仅限于如下情况：限制某件商品一个ID只能购买一件。

交易行为判断规则如下。对于有以下行为的，淘宝也认定其为“信用炒作”行为。

（1）注册多个会员名：如一个用户注册多个会员名相互进行评价，或同一个公司的多个职员之间相互进行评价等。

（2）会员之间协议换好评：如买卖双方没有实际成交但给予评价等。

（3）利用信息工具要求与他人换好评：如利用千牛工作台、QQ等聊天工具，或利用站内信件及商品页面的留言等方式要求与他人进行相互出价、给予评价等。

2. 炒作信用有什么后果

淘宝网规定，有关炒作信用度的处罚如下。

（1）根据炒作信用度规则判断，举报事实不成立，举报做“撤销”处理。

（2）根据炒作信用度规则判断，所有因炒作信用而注册的未认证用户名，都做永久“冻结”处理。

（3）根据炒作信用度规则判断，炒作评价在100～250条之间，删除违规评价，被举报方做“公示警告30天”处理，并且限制发布商品和出价权限30天。

（4）根据炒作信用度规则判断，炒作评价在31～99条之间，被举报违规评价，对被举报方做“公示警告14天”处理，并且限制其发布商品和出价权限14天。

（5）根据炒作信用度规则判断，炒作评价在30条以下（包括30条），删除违规评价，对被举报方做“公示警告7天”处理。

（6）被举报方首次违规，主动承认并要求删除相关评价（此类型只在举报前和举报中受理，在举报后不受理）等情况，删除违规评价，举报做“撤销”处理。

（7）淘宝网对于炒作信用度举报的受理时间为：自该笔交易完成之日起 3 个月内。

6.1.4 产生中评或差评的三大因素

前面讲述了不要去炒作信用度，但并不是说就可以无视中评或差评的出现。相反，为了给买家一个好的印象，提高店铺形象，我们要尽可能地避免中评或差评。那么首先要弄清楚中评或差评产生的原因。

先来看几个中评或差评，如图 6-6 所示。仔细研究一下引发这些中评或差评的原因，可以发现中评或差评的产生原因并不唯一，有商品色差、快递公司的服务、与网上展示图片和描述相差甚远、商品瑕疵、商品包装、卖家的服务态度、售后服务、发货的快慢等。只有找到了中评或差评的根本原因，才能对症下药，从本质上提高买家的满意度，增加买家黏性，多留意同行的中评或差评，时时敲响警钟，有则改之，无则加勉。

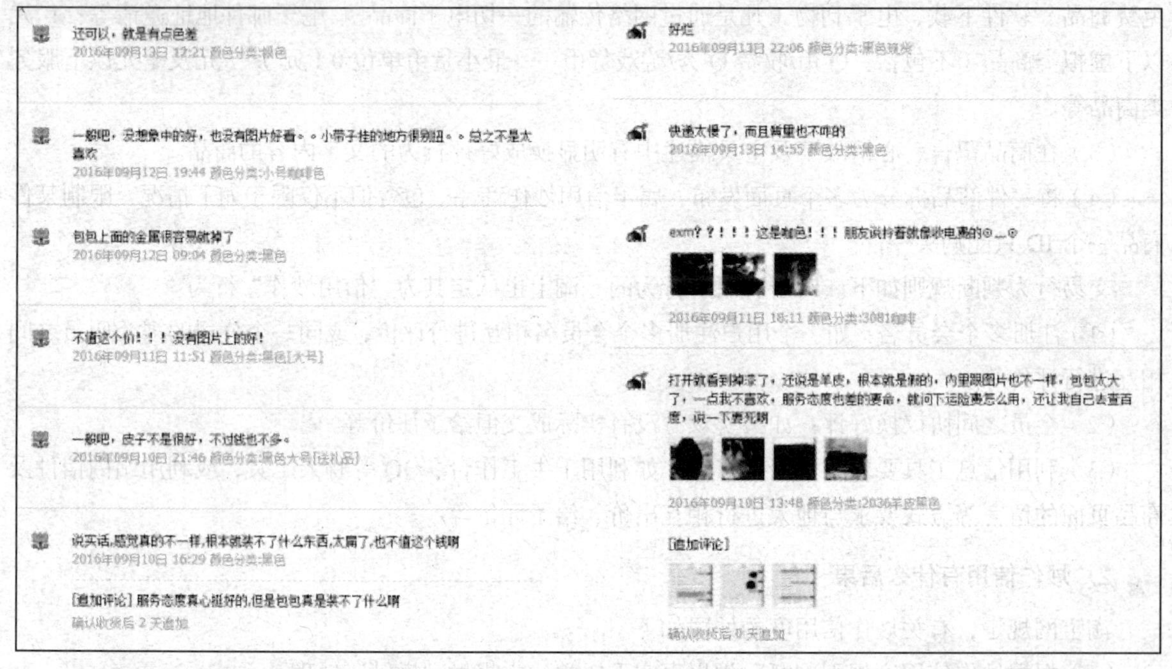

图 6-6 中评或差评案例

1. 由服务问题引发的中评或差评

（1）售前服务。不要以为只有从买家跟你沟通那一刻起才会引起买家不满，其实不然。售前服务也可以称为售前准备，主要围绕产生需求这一中心。如果准备得不充分或者不得当，就很容易引起买家的不满，如宝贝页面的描述。宝贝页面主要用于展示宝贝，宝贝的描述需要做到真实，不但要清晰地展示宝贝的外观，还应展示宝贝的各种细节，让买家真实、全面地了解宝贝的情况，夸大及误导性的语言会让买家产生与宝贝不符的想象，从而产生差评。在宝贝页面中有时会加入相关的服务说明。在销售之前，需要对店里的各项服务条款做出说明，如会员折扣制度、优惠条件、退换货制度、快递问题、付款途径等。把这些问题以书面的形式向买家说明，让买家能事先了解，避免日后在服务工作中产生各种误会。

（2）售中服务。售中服务主要是指与潜在买家对产品、服务等相关事宜进行咨询的服务过程。其主要以情感沟通、信息交流为主，需要认真、全面、热情和准确，同时也是促进交易的重要环节。售中服务过于迟缓或态度怠慢，都将会影响到买家的购买决策以及对交易的满意程度。

（3）售后服务。售后服务是很容易引发买家不满，从而招致中评或差评的一个环节。售后服务是指把产品销售给买家之后，为买家所提供的一系列的服务及保障。我们在提供优质产品的同时，还要向买家提供专业、诚信的售后服务。在售后上应该做到：仔细包装、认真填写单据，及时发货，跟踪物品物流情况及认真处理买家的投诉。其中，处理买家投诉问题是最容易产生中评或差评的环节，一旦收到买家投诉，很多卖家就乱了阵脚，不知该如何处理。其实，只要摆正心态，买家投诉并不是我们想象中的那么糟糕，它是我们检讨自己的一个很好的机会。

面对买家的投诉我们首先要及时回应，如果对买家的投诉置之不理，买家就会猜想是否是我们在逃避责任。如果我们在投诉后第一时间出现在买家面前，这就是对他们投诉的一种安抚行为；其次，要找到投诉的原因，弄清楚究竟是因为什么造成买方不满，帮助我们寻求解决问题的方法。接下来，需要真诚地解释并为自己的错误道歉，与买家协商解决办法，最后要一一解决这些问题并及时跟进。

（4）快递服务。快递是网购环节中必不可少的一部分，也是极易引起中评或差评的一大因素。快递服务取决于快递公司负责各个区域的快递员个人，然而快递员素质参差不齐，必然导致服务上的各种问题。问题一旦产生，作为卖家需要以积极的态度来帮助买家去解决各种问题。虽然快递并不是由卖家来负责的，但是买家在购买过程中，直接面对的是卖家，所以卖家有责任去解决快递问题，而买家只有收货的责任。

2. 因商品问题而产生的中评或差评

（1）商品质量。网购过程中，买家看不到产品的实物，所以只能凭借与卖家沟通、看产品图片及描述来确定商品质量。在这个过程中，买家对产品的理解几乎来自想象。当然这种想象建立在卖家给买家提供的种种描述之上。因此，在这里就要求卖家在处理商品图片、描述与解答买家问题的时候做到不夸大、不误导、不欺骗，秉着实事求是的态度，让买家真正全面地了解产品的全貌。从而有效避免产品本身与买家对其想象偏差过大而引起的中评或差评。

（2）商品外观。卖家经常会看到买家的评价是“图片是宝贝，实物是垃圾”。其实，出现这样的问题一般是由于卖家拍摄的宝贝图片过于失真，导致买家对宝贝的想象过于完美。虽然卖家在销售过程中需要将产品的图片拍摄成为商品图片，但不能失真，否则会对买家产生误导。要注重细节图片的拍摄，一旦出现不一样的地方要在描述中加以说明，避免由于外观不符而产生差评。

（3）商品包装。商品包装一般是卖家比较容易忽略的环节。由于网购的特殊性，货物在快递运输途中要经过多次转手，因而一个好的包装非常重要。很多卖家朋友由于忽视了这个问题造成货物在运输过程中损坏。在这种情况下如果双方沟通不当，极易产生中评或差评。

为了避免这种情况发生，卖家需要把商品包装做得更加细致。卖家要了解自己产品的特点，如果是易碎物品，可以放一些泡沫等可缓冲压力的填充物来防止物品破碎。如果是怕潮怕热的物品，可以放一些防潮防热的填充物。在包装上的认真仔细，也能体现出卖家负责任的销售态度。这样既防止了中差评的产生，同时又提高了买家的满意度及信任度。

3. 因效率问题而产生的中评或差评

当交易成交后，需要卖家快速地把货物发出，以免延长买家的收货时间。当卖家把货物发出后，快递还需要安排货物出港，所以在这期间就有可能出现发货延误的情况。为了提高发货效率，避免由于发货过慢而引起的中评或差评，卖家需要注意以下 3 点。

（1）备货充足。如果备货不够充足需要去库房或其他地方调货，要事先通知买家，与买家协商，以免由于发货延误而影响买家的满意度。

（2）避免错发、漏发。随着每天发货量的提高，容易出现错发、漏发的现象，这就要求卖家要细心、认真、详细地检查核对每一件要发出的货物，避免错发、漏发。一旦出现错发、漏发的问题，一定要及时与买家沟通，协商解决办法。

（3）快递速度的把控。虽然快递的速度不能由卖家来控制，但卖家应该熟悉快递速度的一般规律，做到心中有数。同时，还需要关注某些特殊天气及快递节假日休息情况，如出现暴雨、暴雪等恶劣天气，导致某些路段或飞机停航等；或者节假日遇到快递人员休息等情况，要及时与买家沟通说明情况。值得一提的是，要学会与快递员搞好关系，因为这样不但可以提高快递取货的速度，还可以了解一些快递员之间的内部规律。有很多快递员在每周某天会放假，只有与他们搞好关系才会了解得更全面，在服务买家上也会更加得心应手。

6.1.5 收到中评或差评的解决办法

网上的卖家都很关注自己的信用度，因此对买家的评价也越来越敏感，总希望对自己的评价永远是 100%的好评。一般而言，只要交易比较顺利，买家还是比较愿意给予好评的。但是在网店经营中，难免会碰到一些挑剔的买家给予差评。作为卖家，莫名其妙地得到一个差评，也会觉得冤屈。那么，如何面对中评和差评，就是卖家必须要考虑的问题。

1. 反思

碰到非好评，卖家首先应该自我反思，检查自己在交易过程中是否犯错、服务是否周到，而不要首先寻找借口为自己开脱。反思过后，如果发现自己确实有做得不到位的地方，那就要汲取教训，并在以后的工作中逐渐改善。如果发现是买家的误解，最好发信息给买家，向其说明事实真相，但千万注意用词，不要因为占理而口无禁忌。

2. 千万不要生气

面对非好评，如果错误在卖家自己，那么还有理由生气吗？如果卖家诚实经营，发生问题也应和买家认真地沟通，坦然面对非好评。正所谓“人正不怕影子歪”。你的工作已经做得全部到位了，可买家还是说三道四，你也千万不要为此生气，更不要说些难听的话去报复买家。不如把时间和精力集中到其他买家身上，努力用更多的好评去掩盖住少数的非好评，买家照样会信任你。如果碰到恶意评价，可以选择向网上交易平台投诉，以维护自己的合理权益。

3. 及时回复

在买家给出评价以后，卖家及时回复尤为重要。及时回复不仅能让买家觉得卖家再忙也没有忽视他们，而且能及时看到买家给出的是什么评价，是否有不良评价。

4. 客观解释

先要针对出现的问题给出合理的解释，因为每一个评价都会展示在其他买家面前，如果你对这些评价不理不睬也不给出解释，其他买家怎么能相信你的商品不会再出现类似的问题呢？解释完了，别急着单击“提交”按钮，借着“中差评”这一个展台，可以趁机打个广告。在给出解释时，你可以附上同款产品的其他买家好评，要挑最有说服力的评价粘贴在里面，或者写上最近店里开展的一些优惠活动，这样一来，这个不良评价不一定会对你有很大害处，或许它可以给你带来更多的客源。

5. 引导买家修改中评或差评

收到中评或差评是网上开店过程中不可避免的情况，很多中评或差评都是由误会引起的，在跟买家沟通后可能得到修改。卖家如果确实存在过错，应诚恳地向买家道歉，承认工作上的过失，在耐心听取买家的不满和要求后，应表达自己的观点，并提出补救措施。达成一致意见后，卖家可以提出自己的要求，如“我有一个小小的请求，您能否为我修改一下评价？真的很感谢您为我们提了很好的建议和意见，希望以后多多合作”。通常买家也不会因为一点小事儿就伤了和气，一般都会同意修改评价。

不过，如果买家不愿意对评价进行修改，也要保持理性的态度，有少数几个中评和差评也是可以理解的，即使这样也要记得向买家表示感谢。

6.2 店铺推广方法汇总

如何能让更多的人来到自己的店铺呢？新手卖家们可以找到一两种适合自己的方法，来给店铺做推广。

6.2.1 设置满就送，让店铺的信誉度飞涨

满就送活动包括满就减、满就送礼、满就送积分、满就免邮费等形式。基于旺铺，给卖家提供一个店铺营销平台，通过这个营销平台可以给卖家更多的流量。图 6-7 所示是设置了满就送的店铺，开展此类活动后商品的销售量大大增加了。

如果你想将店铺里的商品打包销售，如果你苦于自己的店铺没有流量，那么就应参加满就送活动。对于卖家来讲，可以在适当让利的条件下让自己店铺的商品能够批量销售；对于买家来讲，可以在批量购买某个店铺的商品时获得更多的优惠。它是以批量买卖的方式最终达到双赢的一种活动。

有些人没有很好地认识到这类活动的本质，认为这是以亏本换销量的活动，其实不尽然。尽管有些卖家以牺牲利润的方式来换取销量，但也是有失必有得。牺牲一点眼前的利益可以换来更多人了解你的商品，积累更多的人气，这是每位商家都想得到的。设置满就送活动的具体操作步骤如下。

图 6-7 设置了满就送的店铺

（1）登录“我的淘宝”，在“我是卖家”页面下面单击“营销中心”|“我要推广”超链接，如图 6-8 所示。

（2）进入图 6-9 所示的页面，单击“满就送”下面的“进入”超链接。

图 6-8 单击“我要推广”超链接

图 6-9 单击“进入”超链接

（3）进入“服务市场”，选择周期，单击“立即订购”按钮，如图 6-10 所示。

图 6-10　软件服务订购中心

（4）单击页面下方的“同意协议并付款”按钮，如图 6-11 所示。付款成功，即可订购满就送。

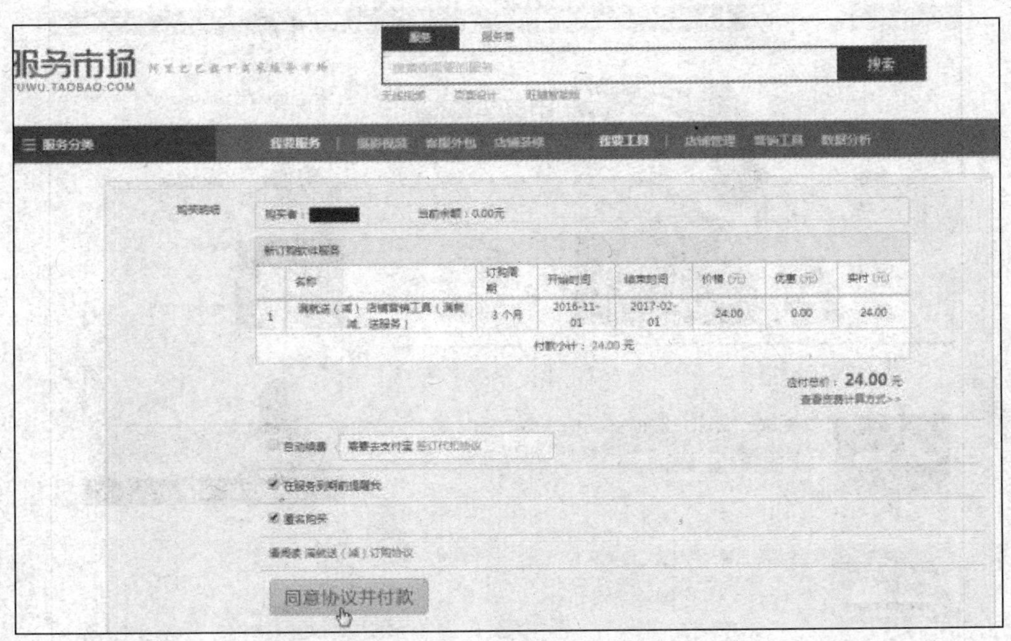

图 6-11　单击“同意协议并付款”按钮

6.2.2　淘宝社区推广

要宣传店铺，可以借助淘宝社区的力量，多逛社区、多发帖，使自己成为社区名人。当你的店铺在社区的知名度提高了后，其他淘友也就会读你的帖子并关注你的店铺，随着店铺知名度的提高，交易量也会有所提高。在淘宝社区发帖具体操作步骤如下。

（1）登录淘宝网首页，单击右侧的“论坛”超链接，如图 6-12 所示。

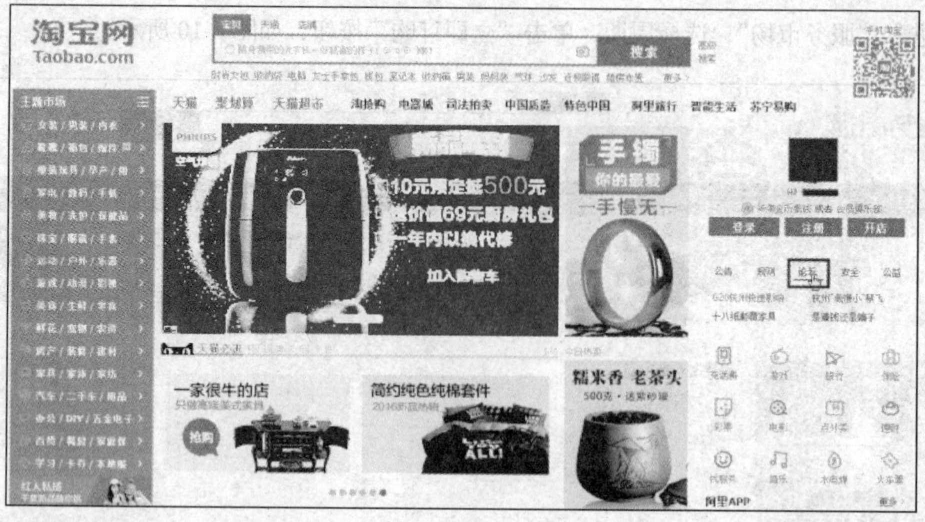

图 6-12　淘宝网首页

（2）进入淘宝论坛页面，在导航栏中可以根据需要选择相应的导航，如图 6-13 所示。

图 6-13　淘宝论坛

（3）单击你所经营品类的超链接，进入该品类论坛页面，单击右边的“发帖”按钮，如图 6-14 所示。

图 6-14　淘宝饰品页面

（4）进入帖子编辑页面，在“帖子标题”栏中输入帖子的主题，在“发表版面”下拉菜单中选择帖子的分类，如果不想分类或没有合适的主题，可以选择“不分版”，在“内容正文”中输入帖子的内容，如图 6-15 所示。

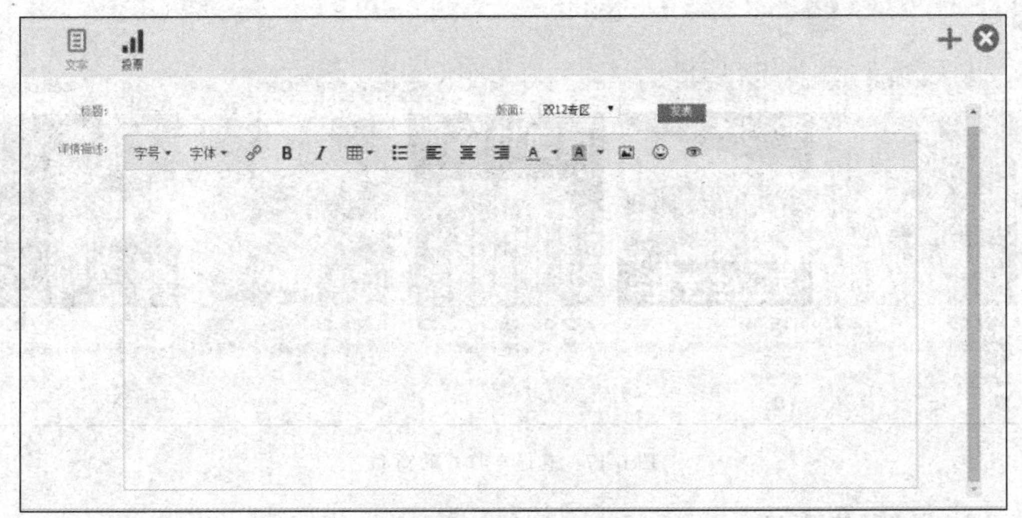

图 6-15　帖子编辑页面

（5）最后单击“发表”按钮，即可成功发表帖子，如图 6-16 所示。

图 6-16　成功发表帖子

6.2.3 淘宝直通车

淘宝直通车是为卖家量身定做的推广工具，它推广的是单件商品，但买家通过它推广商品进入店铺后，也会间接地给店铺带来了优质的流量，继而达成推广店铺的目的。依托于淘宝及其合作伙伴的搜索平台，可让淘宝卖家方便地推广自己的商品。当买家在淘宝或雅虎搜索上搜索商品时，你的商品会在第一时间出现在他们面前。按照效果付费的方式，卖家只需少量投入就可获得巨大的流量。

淘宝直通车推广优势主要有以下几点。

（1）当买家主动搜索时，可在最优位置展示你的商品，准确推荐给每一位潜在买家。

（2）在展示位上免费展示，买家单击才付费，可自由设置日消费限额、投放时间、投放地域，有效控制花销，合理掌控你的成本。

（3）可免费参加直通车培训，并且有优秀直通车小二指点优化方案，迅速掌握直通车推广技巧。

直通车推广的商品会出现在淘宝搜索结果页下方，图 6-17 所示是在搜索页面的下方展示的直通车推广的商品。

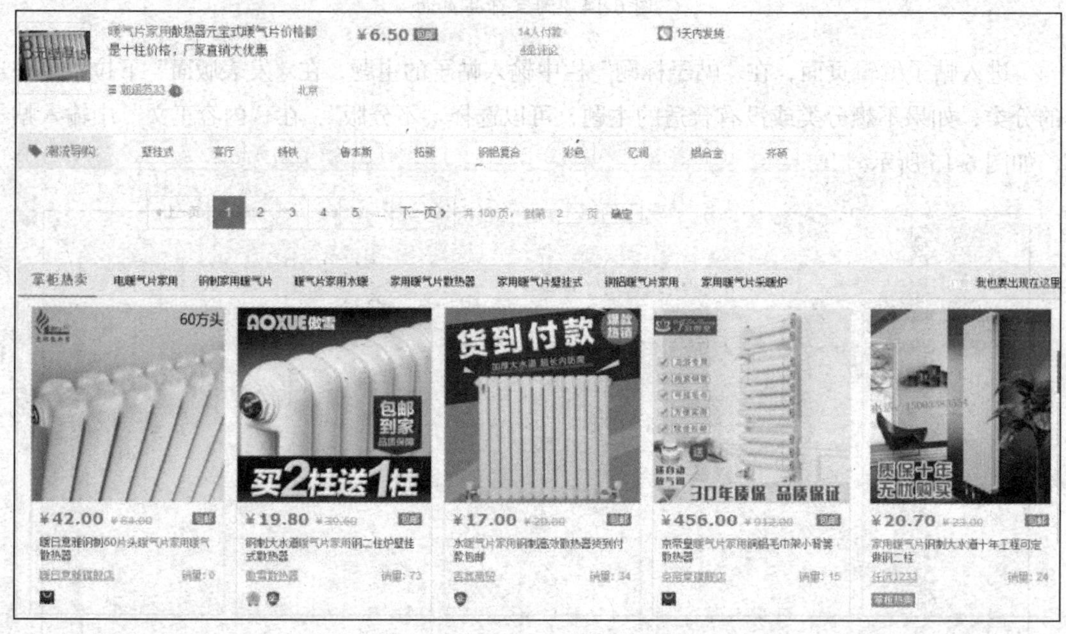

图 6-17 直通车推广的商品

下面是直通车的使用经验。

1. 有针对性地推广商品

如果是代销或网上进货，这样的商品一般在网上卖的人很多，特别是代销，图片都是千篇一律，这时如果想要推广，就一定记得要修改商品的标题和描述，尽量不要让买家根据这种商品能很容易地找到其他同样的商品。

用直通车推广的量不需要太大，选择有针对性的商品进行推广就行了。不需要满店推广，那样太浪费资金，你应当根据自己店里的商品哪些是比较好卖的，哪些是货量多的，哪些是最容易让买家看一眼就会买的等，选出几款有针对性地做推广。

2. 竞价词的选择

购买竞价词要考虑它的通用性和适用性，不要只选择太冷僻的词，两者结合考虑才有更好的效果，并且要针对性强，这样最终的利润是相当可观的。很多卖家为了排在搜索页的第一页而投入很多资金，能排在首页当然最好，其实，不投入那么多资金排在第二页或第三页也不错。多关注竞争对手的动态，能更好地让自己的推广有的放矢，你可以通过调整竞价词出价，以更有效地控制成本支出。

在关键字上，一定要写清楚，尽量贴近自家商品实质，这样有心的买家购买的概率也就越大。

3. 要合理利用时段报表，投放的时间

如果看到报表中有哪个时间段点击量很集中，说明这个时间段是流量高峰。要合理利用集中时段的流量，在此时段要保证千牛工作台在线，再配合以店铺中的促销方式。

某个时段过后，没有任何点击，商品已不设置推广或日限额已用完。如果是已达日限额，建议调节关键词和类目出价，调节限额，设置分时投放，以免错过后面的黄金时段。

4. 推广的商品数量

刚做直通车时，大部分人要么不舍得花钱，一次推广一两个商品；要么就是不太懂得花钱，认为数量多流量就多，于是拼命地推广商品。那么，加入直通车到底要推出多少商品呢？每次推 2～3 种商品，但把这几种商品推出后，因淘宝搜索时基本上是按流量和信用人气来排名的，这几种商品通过直通车推出流量和人气后，就可以放弃这几种商品，不再用直通车推了，因为搜索时这几种商品已经排在前面了，有了一个很好的广告位置了。

6.2.4 美折促销

要打折，用美折！美折是一款经济实用、用户评价高的营销软件。其活动不限时长，任意折扣限时打折、节日促销、包邮、部分满就送，更有微博营销、专区推广等特色功能，帮您增加流量、提升营销效果。进行美折促销的具体方法如下。

（1）下载安装千牛，单击去官网下载。

（2）登录千牛，登录时选择同时登录旺旺，分别启用工具栏中的美折插件，如图 6-18 所示。

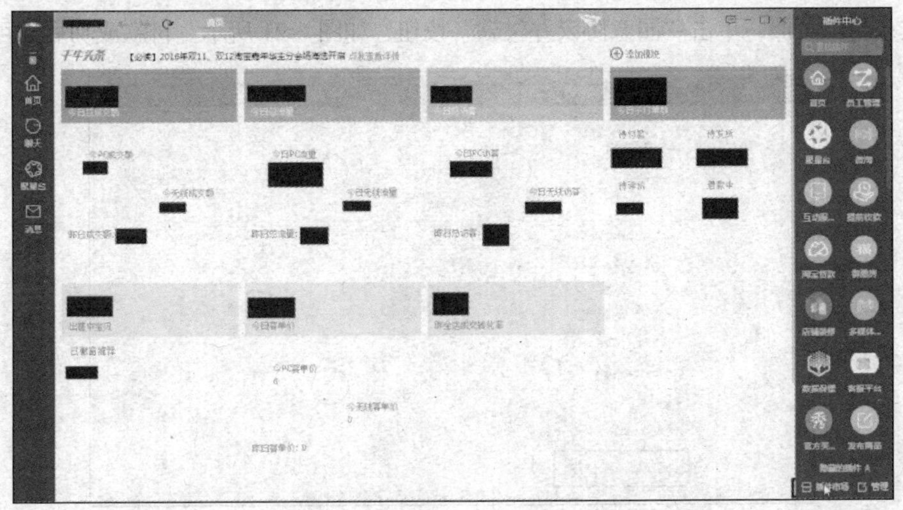

图 6-18 单击“插件市场”按钮

（3）打开“服务市场”，单击右侧的“美折促销”按钮，如图 6-19 所示。

图 6-19　单击“美折促销”按钮

（4）打开“美折促销”，选择“周期”，单击“立即订购”按钮，如图 6-20 所示。

图 6-20　订购“美折促销”按钮

（5）进入付款页面，单击“同意协议并付款”按钮，如图 6-21 所示。付款成功后即可订购成功。

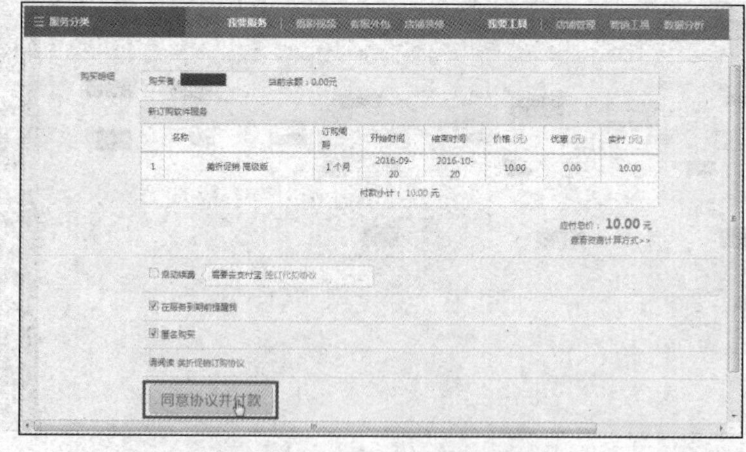

图 6-21　订购“美折促销”按钮

6.2.5 商品优惠券

近期淘宝商品优惠券已经开始向所有集市卖家开放，和天猫商家的优惠券有所不同，这一免费功能又使得卖家多了一款店铺促销的工具，可以在店铺中为单个商品单独设置满减的优惠券，所设置的商品优惠券可以免费推送到店铺活动的前台页面。

优惠券的面额有 5 元、10 元、20 元、50 元、100 元和 200 元 6 个档位可设置，店铺优惠券可以在全店内所有商品使用，而商品优惠券则是我们可以单独地设定某一款商品的优惠券，这样就更能有针对性地对单一商品进行营销和促销。大家都知道，现在淘宝的商品排名机制已经和前几年不同，现在单品销量指数的排序已经占到很大的比重。

使用商品优惠券具体操作步骤如下。

（1）登录到淘宝网，进入卖家中心，单击左侧的“营销中心”下面的“店铺营销中心”按钮，如图 6-22 所示。

（2）进入“商家自营销中心”页面，单击下面的“热门营销工具”下面的“商品优惠券”按钮，如图 6-23 所示。

图 6-22 单击“店铺营销中心”按钮　　图 6-23 单击“商品优惠券”按钮

（3）接下来填写活动信息，输入“活动名称”，选择“面值”，填写“发行量”，单击“选择宝贝”按钮，弹出图 6-24 所示的“选择商品”对话框。

（4）单击商品后面的“选择”，即可选择商品，单击底部的“确定”按钮，如图 6-25 所示。

（5）设置发布渠道，设置完毕，单击底部的“保存”按钮，如图 6-26 所示。

（6）弹出“发布提醒”对话框，单击“确定”按钮即可发布成功，如图 6-27 所示。

图 6-24 “选择商品”对话框

图 6-25 填写活动信息

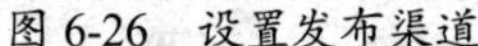

图 6-26 设置发布渠道

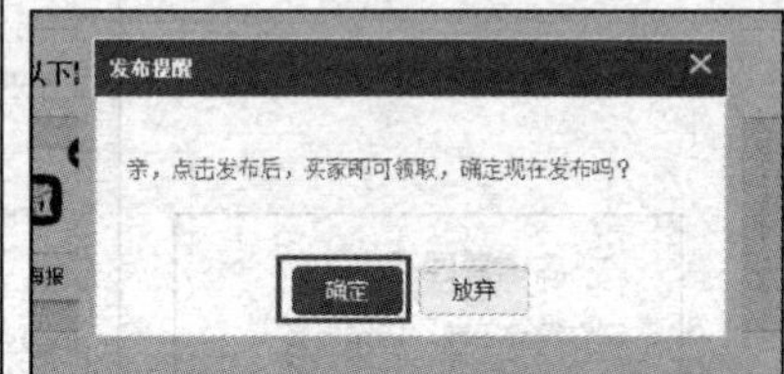

图 6-27 “发布提醒”对话框

6.2.6 加入天猫商城

天猫商城是亚洲最大的购物网站，是淘宝网全新打造的 B2C（B 表示 Business，是企业的意思），是企业对个人的购物平台。而淘宝网是 C2C 网上交易平台（C 表示 Customer，是消费者的意思），主要是个人对个人。天猫商城整合数千家品牌商、生产商，为商家和消费者之间提供一站式解决方案。图 6-28 所示是天猫商城首页。

在天猫商城开店需要缴纳一定的费用，目前每个店铺的保证金是 1 万元，店铺的技术费是每年 6 000 元，其次按照不同类目收费的佣金扣点。

（1）保证金 10 000 元（用于交易纠纷的赔付）。

（2）服务费=实时划扣技术服务费+技术服务费年费。

图 6-28　天猫商城首页

实时划扣技术服务费=支付宝成交额（不含邮费）×商品对应的技术服务费率，具体费用支付相关问题以协议约定为准。

技术服务年费：6 000 元/年，商户需在入驻时一次性缴纳。

既然加入天猫商城能够获得更大的发展，那么天猫商城入驻流程是怎样的呢？轻松入驻商城，只需 4 步就能搞定！图 6-29 所示是入驻天猫商城的流程。

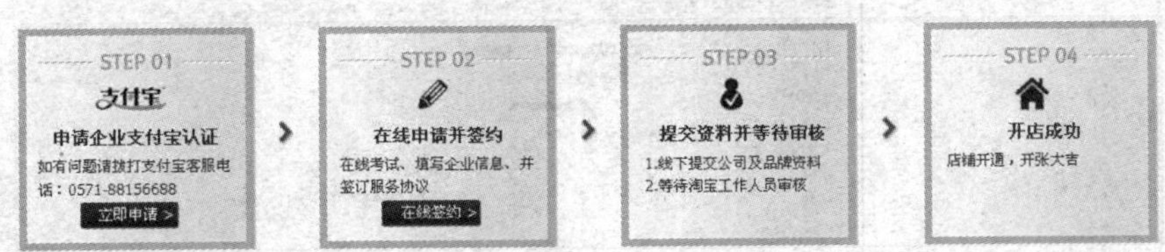

图 6-29　入住天猫商城流程

1. 申请企业支付宝认证

申请企业支付宝账号，并完成支付宝账号的商家认证，具体操作步骤如下。

（1）登录支付宝注册页面，在这里申请企业用户注册，输入“账户名”和“验证码”，单击“下一步”按钮，如图 6-30 所示。

图 6-30　单击“下一步”按钮

（2）弹出“验证手机”对话框，单击输入手机号码，单击“点此免费获取”按钮，如图 6-31 所示。

（3）此时手机会收到短信，输入校验码，单击“下一步”按钮，如图 6-32 所示。

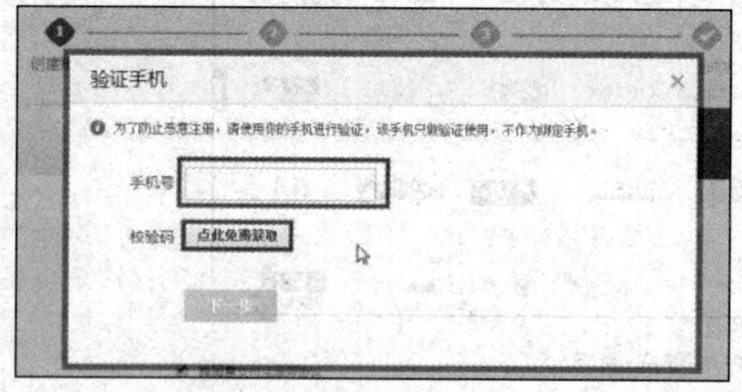

图 6-31　“验证手机”对话框

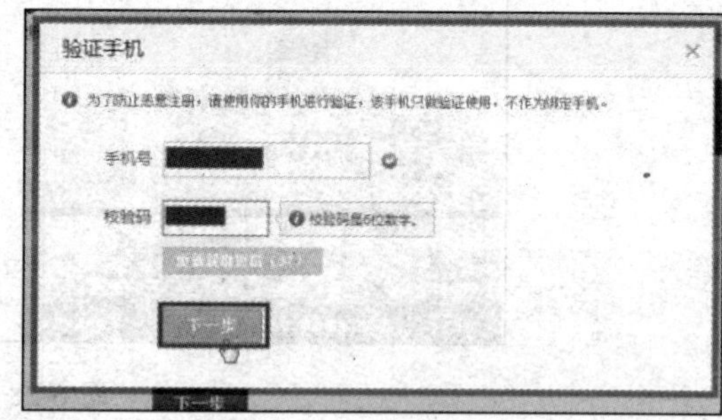

图 6-32　验证手机

（4）单击“立即查收邮件”按钮，如图 6-33 所示。

（5）打开邮箱，单击“继续注册”按钮，或者复制下面的链接到浏览器中，如图 6-34 所示。

图 6-33　单击“立即查收邮件”按钮

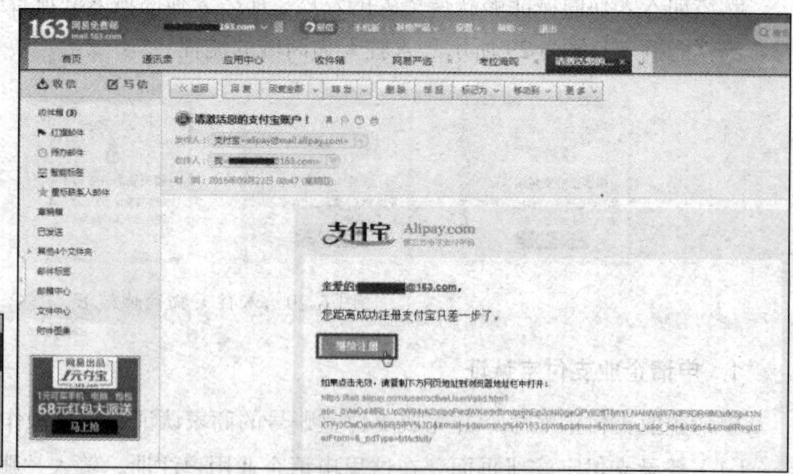

图 6-34　单击“继续注册”按钮

（6）进入图 6-35 所示的页面中，输入登录密码、支付密码、安全保护问题，单击“下一步”按钮。

（7）提示可以通过以下方式完成企业实名认证，单击“企业实名信息填写”按钮，如图 6-36 所示。选择单位类型，设置企业信息，输入法定代表人信息和实际控制人信息，输入联系方式，单击“下一步”按钮，如图 6-37 所示。根据提示一步步操作实名认证即可成功。

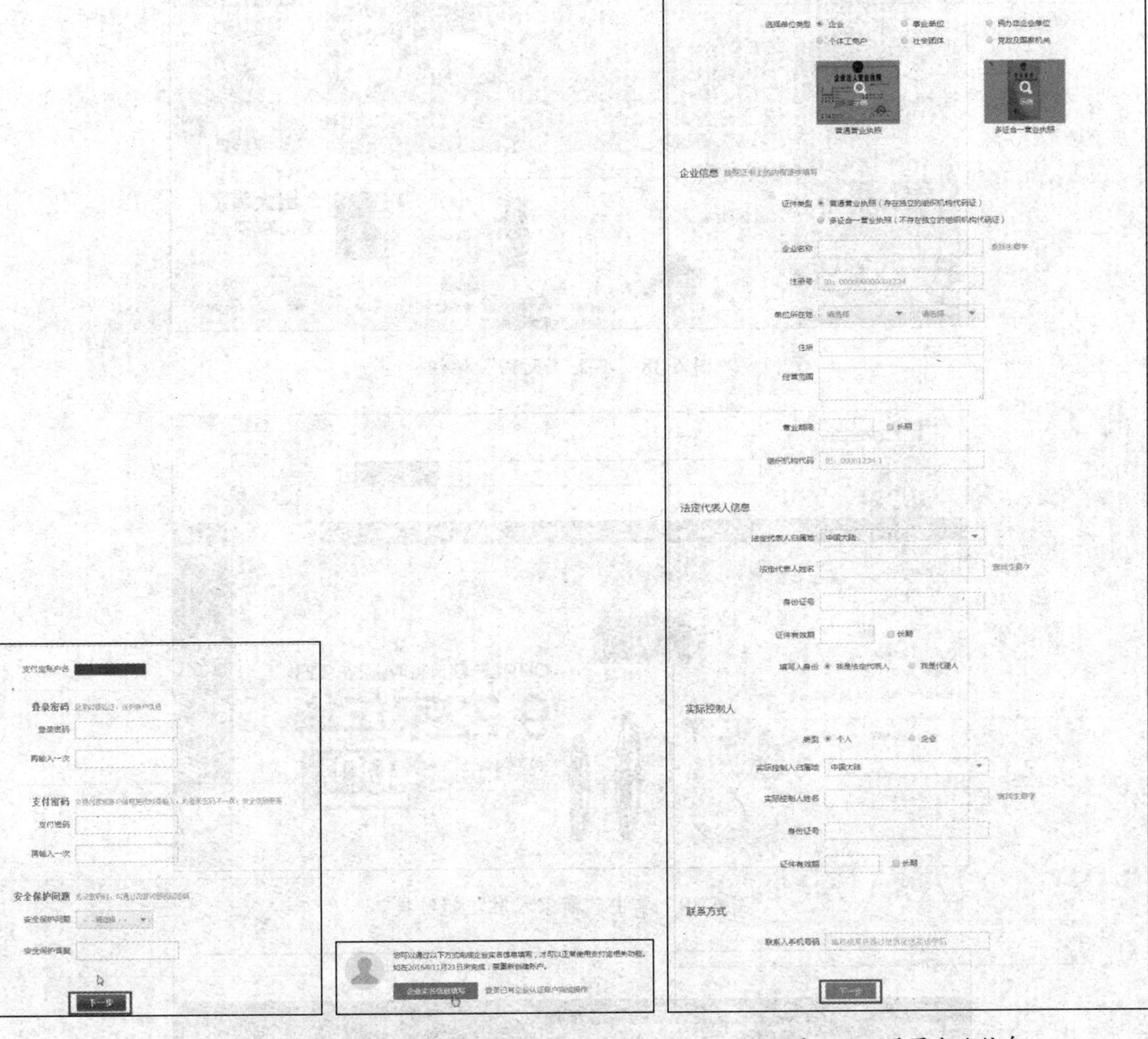

图 6-35　输入信息　　图 6-36　实名认证　　图 6-37　设置企业信息

2. 在线申请并签约

（1）在淘宝网首页单击“天猫”按钮，如图 6-38 所示。

（2）进入“天猫”页面，单击页面右上角的“商家支持”下面的“商家入驻”超链接，如图 6-39 所示。

（3）进入“天猫商家招商”页面，单击“立即入驻”按钮，如图 6-40 所示。

图 6-38　单击"天猫"按钮

图 6-39　单击"商家入驻"超链接

图 6-40　单击"立即入驻"按钮

（4）了解天猫招商入驻流程，如图 6-41 所示。

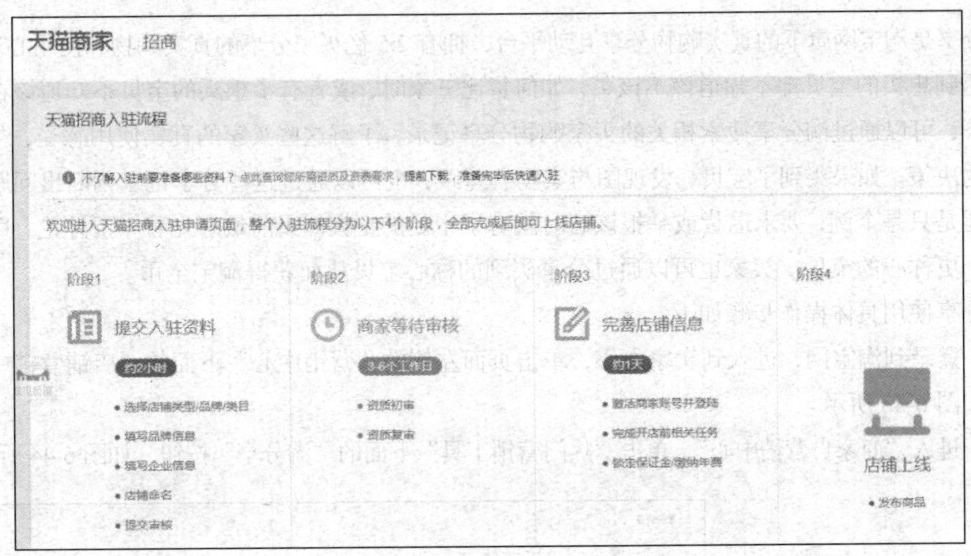

图 6-41　了解天猫招商入驻流程

（5）在页面下方有提示“请确保您符合以下基本入驻条件，逐条确认后即可申请入驻：”，熟知后单击“立即入驻”按钮，如图 6-42 所示。按照提示一步步操作即可申请成功。

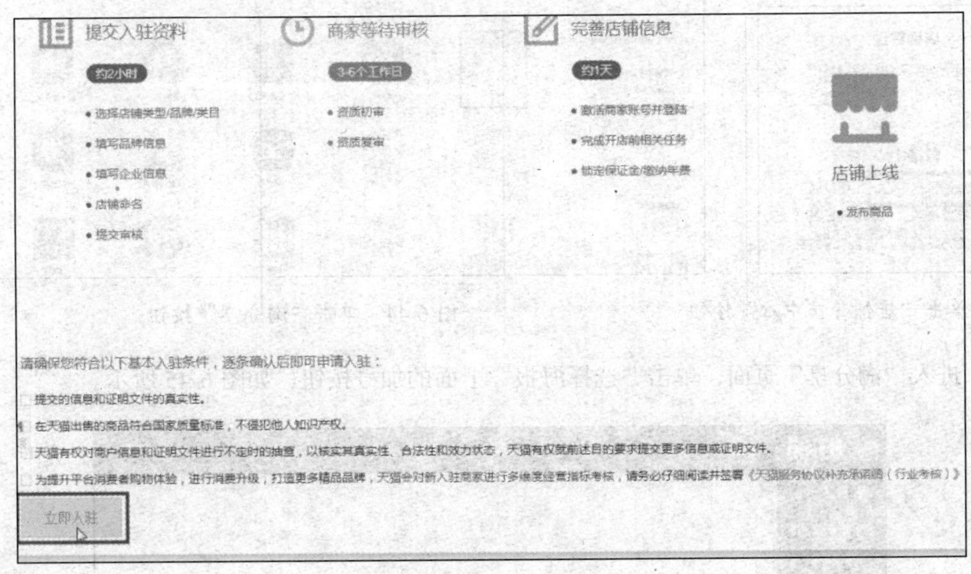

图 6-42　单击“立即入驻”按钮

3. 提交资料并等待审核

提交商家资质及品牌资料，等待淘宝小二审核，审核通过后商户需在申请的商家支付宝账号中充入 16 000 元，审核人员查收后将之冻结作为商家保证金和技术服务年费。

4. 开店成功

店铺开通后，就可以装修店铺，上传发布商品了。

6.2.7 淘分享

淘分享是淘宝网旗下的真实购物分享互动平台，拥有 2.5 亿买家分享的真实购物和使用心理感受。当买家遇到想买的宝贝却不知道该不该买，如何货比三家时，或者有了想买的宝贝不知道该在哪家买的情况下，可以通过淘分享搜索相关的买家购物分享记录，了解这些买家的真实使用感受，帮助自己进行购物决策。如果买到了宝贝，发现图与实物有差距，也可以通过这些分享记录判断出问题是普遍存在的还是只是个例，要求退货或举报该店时就有了十足的把握。买前最好先看一下评论，以便买到更可靠、更称心的宝贝。买家也可以通过分享买到的称心宝贝从而获得淘宝金币。

淘分享使用具体操作步骤如下。

（1）登录到淘宝网，进入到卖家中心，单击页面左侧的“营销中心”下面的“店铺营销中心”超链接，如图 6-43 所示。

（2）进入“商家自营销中心”，单击“热门营销工具”下面的“淘分享”按钮，如图 6-44 所示。

图 6-43 单击“店铺营销中心”按钮　　图 6-44 单击“淘分享”按钮

（3）进入“淘分享”页面，单击“选择海报”下面的加号按钮，如图 6-45 所示。

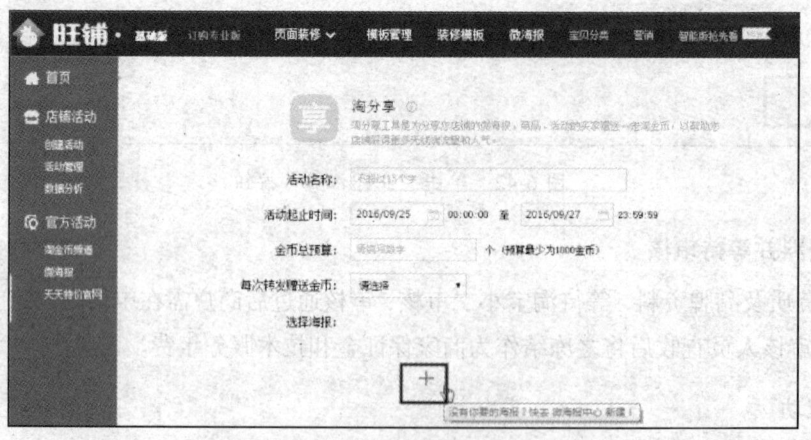

图 6-45 单击“选择海报”下面的加号按钮

（4）进入“微海报”选择模板页面，在页面中选择相应的模板，单击“立即使用”按钮，如图6-46所示。

图 6-46 “微海报”选择模板页面

（5）在“推广图片/标题”下面插入推广图片或者输入标题，接下来设置“修改文案/图片/展示商品”等，单击底部的“确定创建”按钮，如图6-47所示。

图 6-47 设置微海报

（6）弹出二维码，如图 6-48 所示，提示“扫码分享到朋友圈，即可完成发布”。

图 6-48　扫码分享到朋友圈，即可完成发布

6.3　其他推广方式

下面介绍一些其他常见的推广方法。

6.3.1　博客推广

在博客上发布自己的生活经历、工作经历和某些热门话题的评论等信息的同时，还可附带宣传商家，如商品品牌等。特别是当作者在某领域有一定影响力时，所发布的文章更容易引起关注，可以吸引大量潜在买家浏览，通过个人博客文章的内容为读者提供了解商家的机会。用博客来推广店铺的首要条件是拥有良好的写作能力。

现在做博客的网站很多，虽然不可能把各家的博客都利用起来，但也需要多注册几个博客进行推广。如果没时间可以少选几个，但是新浪和百度的博客是不能少的。新浪的博客浏览量最大，许多明星都在上面开博，人气很高。百度是全球最大的中文搜索引擎，大部分上网者都习惯用百度进行搜索。

博客内容不要只写关于自己的事，可以多写一点时事、娱乐、热点评论等，这样会很受欢迎。利用博客推广自己的店铺要巧妙，尽量不要生硬地做广告，最好是软文广告。内容可以提到你目前在做淘宝网店，然后链接上店铺地址。许多浏览者看到后可能会单击进入，这样也就达到推广店铺的目的了。

另外，博客内容要写得精彩，大家看过一次后也许还会来。写好博客后，有空要多去别人的博客转一转，只要你单击进去，你的头像就会在其博客中显示，出于对陌生拜访者的好奇，大部分博主都会来你的博客看一看。图 6-49 所示是通过博客进行推广：上半部分是宣传广告，下半部分是博客内容。

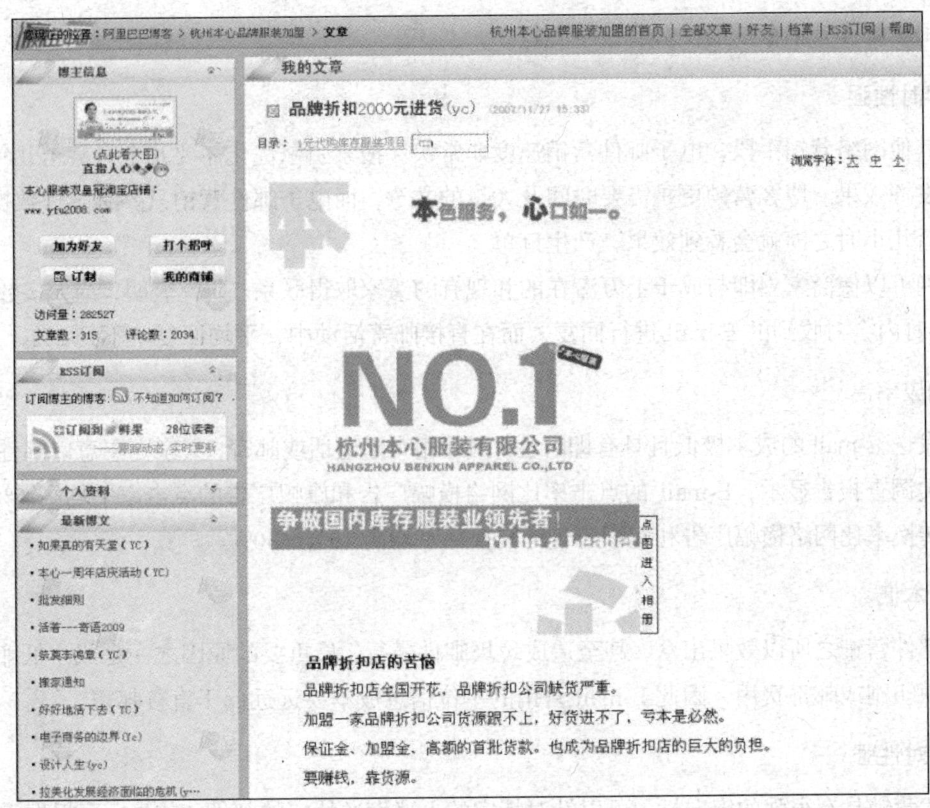

图 6-49 博客推广

6.3.2 电子邮件推广

以电子邮件为主要的推广手段，常用的方法包括电子刊物、会员通信、专业服务商的电子邮件广告等。基于用户许可的 E-mail 营销与滥发邮件不同，图 6-50 所示即为利用电子邮件推广店铺商品。

图 6-50 电子邮件推广店铺商品

参加电子邮件营销推广的优势有以下几点。

1. 即时性强

相比其他网络营销手段，电子邮件营销速度非常快。搜索引擎优化需要几个月甚至几年的努力，才能充分发挥效果。博客营销更是需要时间及大量的文章，而电子邮件营销只要有邮件数据库在手，发送邮件后几小时之内就会看到效果，产生订单。

互联网可以使商家立即与成千上万潜在的和现有的买家取得联系。研究表明，绝大多数互联网用户在 24 小时内会对收到的 E-mail 进行回复，而在直接邮寄活动中，平均回复率不到 2%。

2. 响应率高

由于发送 E-mail 的成本极低且具有即时性，因此相对于电话或邮寄，买家更愿意以邮件响应营销活动。相关调查报告显示，E-mail 的点击率比网络横幅广告和旗帜广告的点击率平均高 5%～15%，E-mail 的转换率比网络横幅广告和旗帜广告的转换率平均高 10%～30%。

3. 成本低

电子邮件营销之所以效果出众，甚至造成垃圾邮件横行，最重要的原因之一是成本低廉。由于营销活动无须印刷或邮寄费用，因此 E-mail 营销的单位信息成本要远远低于直接邮寄。

4. 针对性强

E-mail 营销具有很强的定向性，可以针对特定的人群发送特定的邮件。首先，可根据需要将客户按行业或地域等条件进行分类，然后针对目标客户进行电子邮件群发，使宣传一步到位。

6.3.3 网络团购是网店推广的助推器

所谓网络团购，就是互不认识的消费者，借助互联网的“网聚人的力量”来聚集资金，加大与商家的谈判能力，以求得最优的价格。尽管网络团购的出现只有短短两年多的时间，却已经成为在网民中流行的一种新的消费方式。

团购的商品可以包括服装服饰、装修建材、家居用品、汽车、房屋、家电、计算机、生活用品等各个领域。团购最早在北京、上海、深圳等城市兴起，目前已经迅速在全国各大城市流行起来，成为众多消费者追求的一种现代、时尚的购物方式。如图 6-51 所示的店铺参加了网络团购，销售量大增，30 天内销售量高达 5 968 件。

买家参加网络团购主要有以下好处。

（1）省钱。凭借网络，将有相同购买意向的会员组织起来，用大订单的方式减少购销环节，商家将节约的销售成本直接让利，买家可以享受到让利后的最优惠价格。团购实质上相当于批发，通过网络团购，可以将被动的分散购买变成主动的大宗购买，所以购买同样质量的产品，能够享受到更低的价格和更优质的服务。

（2）省时。一般团购的商家都是某一领域中的知名品牌，通过“一站式”团购，避免买家东奔西跑选购、砍价的麻烦，节省时间、节省精力。

（3）省心。通过团购，不但省钱、省时，而且买家在购买和服务过程中占据的是一个相对主动的地位，能够享受到更好的服务。同时，在出现质量或服务纠纷时，更可以采用集体维权的形式，使问题以更有利于消费者的方式解决。

图 6-51　网络团购

（4）另外，因为是团体购买，买家还可以在网上网下通过购物会友，交流消费信息和购物心得，增加生活情趣，提高生活品质。

卖家以团购交易类型发布商品，就是为了能够把商品卖出去，同时也要有利可图，这才是发布团购商品的目的。但如何才能让团购交易类型产生效益，有如下几点成功的经营心得可以分享。

（1）发布性价比最好的商品。买家选择团购，一般来说都比较理智，所以商品最好能够达到整个淘宝网一口价、团购价最低，而且质量也要有保证。

（2）发布的商品要尽量展示细节。对于理智型客户，肯定会仔细盘问商品的细节问题，如果把买家关心的细节问题展示出来，肯定可以打动这些潜在客户。

（3）团购失败后，主动联系参加团购的买家。这些客户既然参加团购该商品，肯定是一个价值非常高的客户，只要晓之以理、动之以情，这样的客户成交的可能性要大得多。

6.3.4　扩大网店规模，发展网络代理店

“网络代理商”顾名思义就是有卖家经过允许，上传自己的图片，销售价格和自己一样，等卖出时再向自己购买，然后自己在发货人栏写上“网络代理商”的地址，依收货人提供的地址发货，但给“网络代理商”的价格是批发价。这样“网络代理商”就会有一定的利润。

很多店主认为因为货源图片都和自己的一样，发展网络代理会给自己造成竞争，会影响自己的生意。其实这是一种错误的观念。

你可以通过更多的渠道让店铺的商品跟买家见面，从而扩大受益面。如有两个代理商就可以使自己的商品和买家见面的机会多了两倍，也就会提高自己的商品销售量，等于开了多个店，使自己的商品销售量大大增加。图 6-52 所示为网店发展了代理商，同一件商品在淘宝中可以搜索到 4 次。

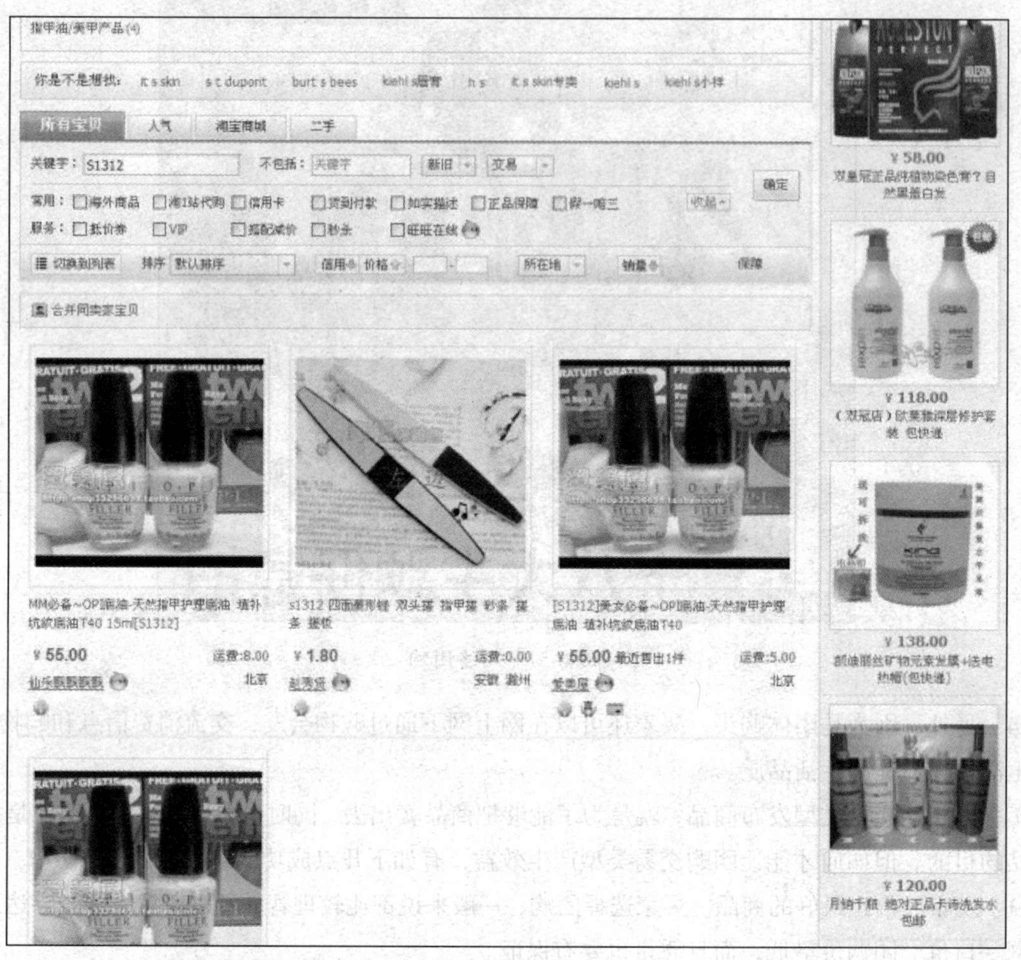

图 6-52　发展网络代理

网络代理商可以帮我们解决很多问题，若没有网络代理商自己经营网店，如果有十几名或二十多名买家同时找自己询问、下单、修改价格等，自己一定忙不过来，也许还谈不成。有了网络代理商可以使自己的一部分客户分流到代理商那里去，这样成功的机会也大。店主自己可以有多余的时间和买家推销别的商品，这样的销量反而加大。而网络代理商谈下生意后也从自己这里拿货，这样就等于有多个人在帮自己做生意，在为自己提高销量。

网络代理商可以反映商品销售的好坏，如果某种商品网络代理商销售得很好，自己也可以大量进货，不会造成积压。因为“网络代理商”是等买家询问或者卖出时再向自己下单的，这就说明这个商品很好销售，可以放心进货。

从网络销售长远情况来看找网络代理很有必要。当然，也不能盲目发展网络代理，要经过挑选，有网络销售经验且能长时间在网上销售的网络代理商比较好。

案例分析——淘宝创业一年从负债累累到买车买房

当住进新装修的大房子，崭新的办公桌上是刚在网上购买的笔记本电脑，喝着名茶，吃着当季的水果时，王伟吉感慨万千。回想一年前还负债累累，举目望去两眼茫茫，不知路在何方，能有如此翻天覆地的变化，得益于淘宝。

王伟吉的老家洪湖特产非常多，特别是洪湖野生莲子更是优中之优。王伟吉和老婆一合计，决定开淘宝店，专卖自己家的特产。

开店之初，莲子是王伟吉自己家的，虽然货源不成问题，但店铺装修、制图、发布宝贝这些事情从没有做过，做出的网店既不美观也无创意。虽然洪湖莲子的质量是没有话说，但一连过了好几天，一个宝贝都没有卖出去。

当灰心的时候，在一个朋友的鼓励和支持下，王伟吉又有了信心。他上淘宝大学和论坛，潜心研究淘宝开店的学问和技巧，把淘宝店又重新装修一新，将家乡洪湖的水清、草绿、天蓝、旷野等景色展现给淘友，让淘友身临其境地体验洪湖的原生态环境，最终感到王伟吉家的洪湖莲子是绿色原生态的宝贝。同时，他还加入了直通车、淘宝客。功夫不负有心人，终于迎来第一个客户，是北京的一个淘友，一次就拍了6斤（3 000克）洪湖莲子。当时，王伟吉也不知道运费该如何计算，只收了15元运费。后来发货的时候，按首重1 000克12元，续重1 000克6元计算，6斤（3 000克）莲子连包装一共需要28元运费。经过还价，最后这些莲子运到北京花了18元的运费。

虽然贴了一点运费，但王伟吉非常高兴，因为第一单给了王伟吉希望，就如在黑夜中的启明星一样，让王伟吉看到了方向。

在没有生意的时候，王伟吉经常逛淘宝论坛，发现淘宝论坛人气很旺，很多人说在淘宝发帖是最好的推广方法。王伟吉也尝试着发了一些帖子，开始效果不是很明显。一次偶然的机会，王伟吉的一篇帖子被论坛管理员加精并且置顶了！王伟吉的店铺流量一天突然多了100多个IP，连续好几天都有几个订单，原来论坛发帖真的很有效果。尝到甜头的王伟吉发起帖来更有劲了，在淘宝论坛又发了不少帖，王伟吉的信誉也升为一钻、两钻、三钻。特别是在四钻的时候，王伟吉的一篇《新手用6个月从零到四钻的秘密》的帖子，被淘宝首页推荐了，店铺的流量像坐火箭一样，一天的流量猛增到1万多。“旺旺”也不停，在首页推荐了一个帖子，3天左右，每天的流量都超过了1万。在这里，王伟吉最深的体会就是“推广要做好，论坛是法宝”。因为保证了货物质量，又不断地在淘宝论坛发帖，王伟吉的生意迅速地火爆起来。

【分析】

写精华帖题材的选择需要注意以下技巧。

（1）精华帖的题材必须是能够引起广大淘友关注的内容。也就是说，帖子一定要有“干货”，没有“干货”的帖子是吸引不了人的。

（2）围绕社会焦点，发表自己看法。作为专职卖家，应该时刻关注互联网上的焦点问题，如果你有自己独特的看法，不妨写出来。如果你的见解既合理又独特，也会吸引大批淘友跟随你、支持你，从而不断为你顶帖，你的帖子想不火也不行了。

（3）根据自己的成功经验和专业知识来确定帖子的题材。帖子的题材必须是自己的经验或者是自己的亲身经历。新手卖家应该总结自己在开店中摸索出来的一些成功经验，或者是一些教训，这些根据自己亲身经历的体会写出来的帖子才是真实有效的，才是最能够打动其他卖家的。

（4）要根据自己的题材选择发布在论坛里相应的板块，即使你写出一篇很好的帖子，如果选不对论坛板块也是无济于事的。

（5）做植入式软广告。所谓植入式广告就是在你的帖子里以非常隐蔽的方式，暗示你的潜在客户，让他们自动光临你的店铺，但是他们却感觉不出这是一个广告。一般那些写自己在淘宝开店故事的帖子都属于植入式广告，他们会“无意中”在故事里透露自己店铺的经营情况。

课后习题

1. 卖家信用等级是怎样影响销售的？
2. 淘宝网评价规则是怎样的？
3. 为什么要切忌炒作信用？
4. 产生中评或差评的三大因素是哪些？
5. 收到中评或差评的解决办法有哪些？
6. 怎样设置满就送才能让店铺的信誉度飞涨？
7. 怎样在淘宝社区进行产品推广？

第 7 章 淘宝搜索与店铺优化

学习目标

- (1)掌握搜索引擎优化的方法
- (2)掌握宝贝标题优化的方法
- (3)掌握搜索对宝贝排名的影响
- (4)掌握淘宝人气排序的规则

国外的搜索引擎更多注重外链带来的权重，但是进行站外推广前，要做好站内的优化。销量对搜索结果的影响，无论淘宝怎么淡化，仍然是搜索优化的核心，毕竟销量及评价量极大地影响着淘宝整体转化率。

7.1　搜索引擎优化

网店推广的方法多种多样，咱们的方法不能太过单一，应该是多种方法并用，搜索引擎也要搭配起来。

7.1.1　将网店提交到各大搜索引擎

网上开店，如何使自己的店铺让别人知道，成为开店成功与否的关键。登录搜索引擎的目的也就是更有效地进行网店推广。到新浪、搜狐、百度、谷歌等一些大的搜索引擎网站去登录一下，会给你带来意想不到的效果。

可以把自己的网店提交给各个搜索引擎，这样在各个搜索引擎就能找到你的店铺了，虽然不是每个都能通过，但是勤劳一点总是有几个会通过的。

方法很简单。首先在浏览器打开每个网站的登录口，然后把你的网址输入进去就行了。

7.1.2　如何让搜索引擎快速收录自己的网店

做过网上销售的人都知道，从搜索引擎来的流量是很有价值的流量，因为主动用户的目的很明确，需求也较强烈，因此成交率很高。作为一个普通的网店经营者，通过一些简单、有效的手段让搜索引擎快速把我们的网店和宝贝收录进去，对网店经营还是大有好处的。

怎样让网店被搜索引擎快速收录呢？首先搜索引擎必须知道有你这么一个网店，然后它才会访问你的页面，并把你的页面抓到数据库里，然后才有可能被访问者搜索到。那么怎么让搜索引擎知道你的网店存在呢？可以采用主动向搜索引擎提交的办法。还有一种有效的做法是：在已经被搜索引擎收录的其他网站上发布你网店的链接，让搜索引擎通过链接来找到你的网店。你发布链接的页面重要性越高，搜索引擎对它的访问越频繁，你的网店就被收录得越快。那么，有哪些地方可以让你发布链接呢？推荐以下几种地方。

1. 可以免费发布网店信息的网站

搜索引擎认为首页是一个网站最重要的页面，也是它访问最频繁的页面。尤其是大网站的首页，一个链接顶得上内页的几十个链接。所以，首页是做链接的首选。其他类似的还有自助友情链接、交换友情链接、免费广告信息发布等。

2. 论坛发帖

选择一些大论坛，如支付宝社区、百度贴吧、淘宝社区、阿里妈妈社区等，在合适的板块发一些有价值的信息，同时注明你的店铺链接，这样对于搜索引擎的收录同样有很大的价值。要注意的是不要发垃圾广告，因为这会容易招人反感并被删除，那样精力就白费了。

3. 网摘

网摘也是一个不错的推广办法。这里推荐和讯，因为它的 RSS 被很多网站引用，一次发布可能就会把你的页面传播到很多地方，由于网摘的发布者非常多，因此你发布的内容也沉得非常快，需要隔一段时间就发一次。

4. 博客

10 亿人民 9 亿博，相信有不少朋友都有自己的博客。在自己的博客上为网店做个链接，甚至把自己的宝贝发布到博客上是不错的做法。要选择一些知名度高的博客，理由很简单，因为其域名在搜索引擎眼里等级非常高，搜索引擎对其更新也更勤快。

7.1.3 搜索引擎优化选择关键词

我们知道，在搜索引擎中检索信息都是通过输入关键词来实现的。因此，关键词非常关键。它是整个网站登录过程中最基本也是最重要的一步，是进行网页优化的基础。如果关键词选择不当，可能你选择的关键词很少有人去搜索，流量也不会大。选错关键词会影响整个网店的流量。选择关键词需要注意下面几点。

1. 揣摩顾客心理

要仔细揣摩潜在顾客的心理，设想他们在查询信息时最可能使用的关键词，并一一将这些关键词记录下来。不必担心列出的关键词会太多，相反你找到的关键词越多，覆盖面也越大，也就越有可能从中选出最佳的关键词。

2. 选择有效的关键词

关键词是描述你的商品及服务的词语，选择适当的关键词是建立一个高访问量店铺的第一步。选择关键词的一个重要技巧是选取那些常为人们在搜索时所用到的关键词。

3. 选择相关的关键词

对商家来说，挑选的关键词必须与自己的商品或服务有关。不要听信那些靠毫不相干的热门关键词吸引更多访问量的宣传，那样做会浪费很多资金，而且毫无意义。

4. 关键词竞争度要适中

想在短时间内见效，最好不要把竞争程度非常激烈的词语作为主关键词，这些关键词要想在搜索引擎中获得好的排名是非常不容易的，并且你要有足够的时间和耐性。你应该选择一些竞争度适中的关键词，这些关键词不仅容易排名靠前，而且花费也不会很多。

5. 符合用户搜索习惯

关键字要符合用户的搜索习惯，不要把一些大家都不知道的词作为主关键词。也不要把你自以为用户都比较关注的词作为关键词，实际上，在清楚地分析和调查之前，最好不要这么做，也许用户根本就不会关注这些关键词。

7.2 宝贝标题优化

要想提高宝贝在淘宝平台被搜索到的概率，除了要有一定的销量和信誉度外，宝贝优化的力度也很重要。说到宝贝排名优化，最重要的一点，就是宝贝标题的设置。宝贝标题的好坏，会直接影响你的宝贝的排名。宝贝若有一个优秀的标题，其排名往往靠前。

7.2.1 宝贝标题组合策略

宝贝标题是客户能以自然搜索方式找到你的唯一途径。在网上每天都会有大量的商品登录，只有这些商品脱颖而出才能取得成交的机会。而买家想要在浩瀚的商品中尽快找到自己想寻找的商品，一定会用到关键词搜索。

在淘宝上以“电饭煲”为关键词进行搜索，所有名称里包含“电饭煲”3 个字的商品都会出现在搜索结果里，如图 7-1 所示。因此，商品名称里一定要有对商品简单属性的描述。需要购买连衣裙的人一定会用到“连衣裙”这个关键词，需要购买数码相机的买家也同样会输入“数码相机”来搜索商品。

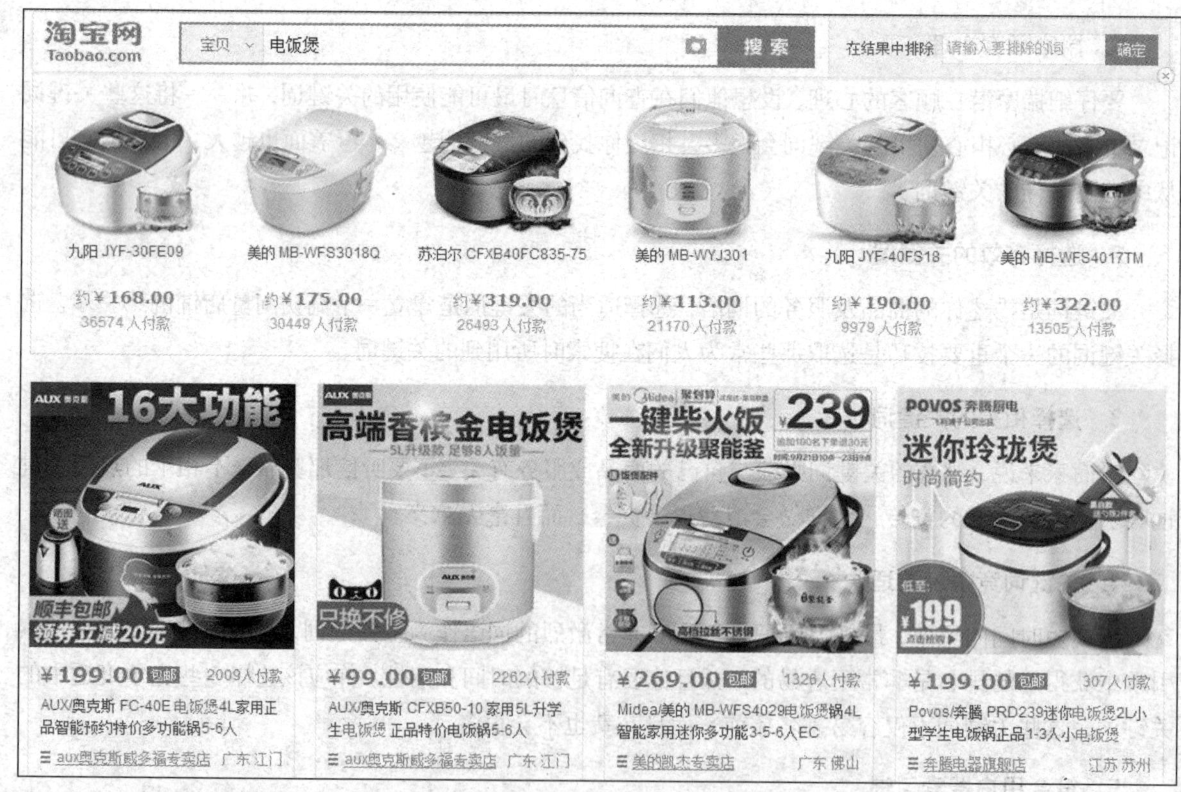

图 7-1 搜索“电饭煲”关键词

商品关键词如何设定，可以直接影响到商品的浏览量，进而影响到商品的销售。

下面是常见的商品标题的组合方法：

（1）促销、特性、形容词+商品关键词；

（2）地域特点+品牌+商品关键词；

（3）店铺名称+品牌、型号+商品关键词；

（4）品牌、型号+促销、特性、形容词+商品关键词；

（5）店铺名称+地域特点+商品关键词；

（6）品牌+促销、特性、形容词+商品关键词；

（7）信用级别、好评率+店铺名称+促销、特性、形容词+商品关键词。

这些组合不管如何变化，商品关键词这一项一定是其中的一个组成部分。因为在搜索时首先使用到的就是关键词，在这个基础上再增加其他的关键词，可以使商品在买方搜索时得到更多的入选机会。至于选择什么关键词来组合最好，要靠我们去分析市场、商品竞争激烈程度和目标消费群体的搜索习惯来最终确定，以找到最合适的组合方式。

7.2.2 如何让宝贝标题更吸引人

淘宝宝贝标题的字数是有限制的，一般在30个汉字（60个字符）以内，否则就无法发布。在成百上千的搜索结果中，也许你的宝贝很便宜，质量也很好，淘宝宝贝描述也进行了精心设计，但是标题却不吸引人，没有人点击，那么其他的一切就完全失去了意义。

在这里，最重要的就是要把你的产品的最核心的卖点用精练的语言表达出来。你可以列出3～5个卖点，然后选择最重要的3个卖点，想方设法地将之融入到你的宝贝标题中。

下面是撰写具有吸引力的宝贝标题的注意事项。

（1）只有对方确实需要的东西，顾客才会点击。所以宝贝标题不能让人产生误解，应该准确而且简单明了，让买家能够一目了然。完整、全面的标题能够让买家更清晰地解读，并且宝贝也更容易被搜索到。

（2）吸引消费者眼球的感官词的使用也是有技巧的。如果你是皇冠店铺或者信誉比较高，那么就可以使用类似“皇冠信誉”“百分百好评”等词。新手也可以使用“特价”“促销”“超值”“新品上市”“淘宝销售冠军”“镇店之宝”等词汇，善用这些能够调动人情绪的词语，对店铺的生意是非常有帮助的。图7-2中所示的商品标题中都带有“爆款”。

（3）你需要把产品的优势、特色、卖点融入标题。只有切中了他们所想，才能产生效果。

（4）除非你的店铺名和品牌名一样，不然就不要把店铺名或者是关于店铺的描述放上去。因为我们是只介绍产品，而非介绍店铺，故而不要把店铺的名字搬上宝贝标题，占用宝贵标题字数限额。

（5）不要堆砌关键词。经常看到有的卖家在一个宝贝标题中放上好几个同类的关键词。如卖靴子的，有靴子、长靴、长筒靴、高筒靴、雪地靴、平跟靴、平底靴等。标题关键词要注意一个度，切记不要滥用。

（6）不要滥用符号。关键词用符号括起来会导致宝贝在淘宝的搜索结果中权重下降。

（7）不要重复标题。新开店铺里同质商品比较多，几十个宝贝标题都一样，有的卖家标题直接都是复制和粘贴而来的，有的人还说标题半年都没改过，这些都是对标题优化不利的。

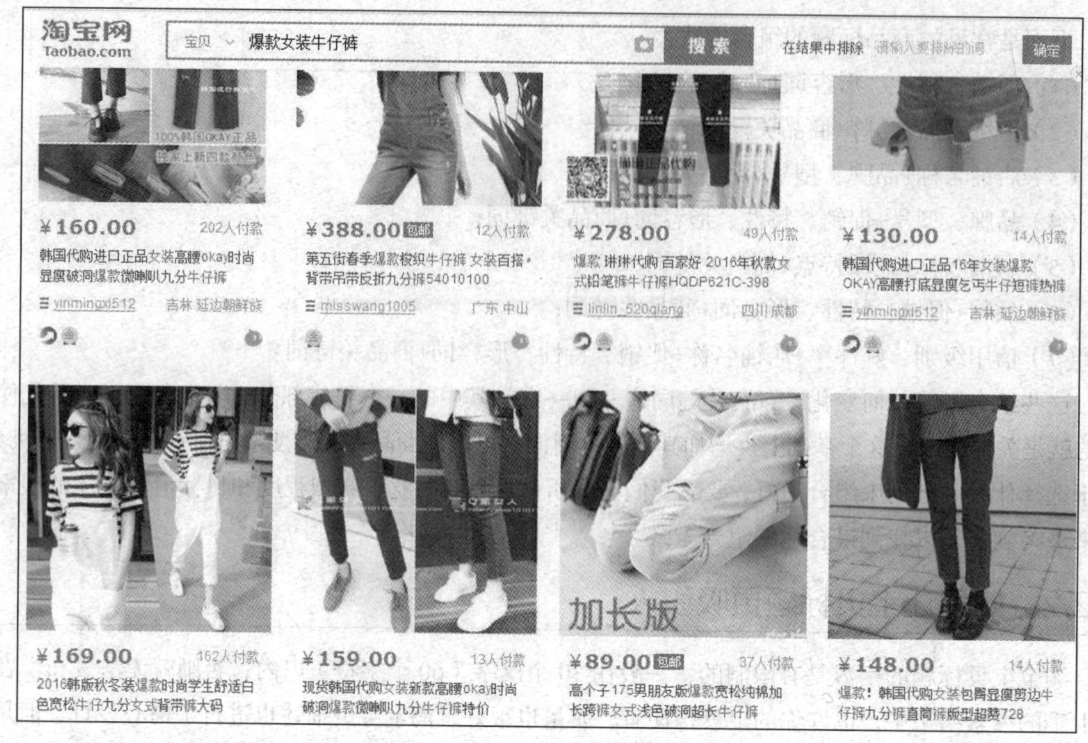

图 7-2　商品标题中都带有“爆款”

（8）不要触犯淘宝高压线。指的是标题中不要出现山寨、高仿以及违禁品词语。

（9）不要滥用品牌词。宝贝卖的不是耐克、阿迪达斯而标题出现耐克、阿迪达斯。不要混淆著名品牌，如“与××同款”等。

7.2.3 设置标题关键词，让你的店铺拥有高访问量

如果商品中包含某一关键词，则当买家搜索这个关键词语的时候，就很可能会搜索到你的商品，从而为你带来无限的商机。本节将介绍如何有效地设定关键词，使得商品被更多的买家看到。

我们应该换位思考一下，假设你是买家，你可能会以什么关键词进行搜索，那么这个关键词就是理想的关键词，一定要把这个关键词安排在商品名称里面。

1. 选取关键词的技巧

（1）认真思索并记下与店铺或商品有关的所有关键词。尽量站在买方考虑，要换位思考，假如是你，你会怎么去搜。可能你对这种商品比较了解，因而你知道怎么去搜索，而那些对这个行业不了解的人，你就得思考他们是怎么搜索的。

（2）多问周围人的意见，多问问你的家人、朋友、同学什么样的词适合描述你的商品。他们很有可能会找出一些你没想到的词语。

（3）设置热门的关键词，如一些电视剧流行的饰品、明星代言的商品以及最近热门的关键词等。如果有可能，都应该合理地利用这些关键词来为我们的商品争取更多的流量。图 7-3 所示即为添加明星代言关键词。

图 7-3 添加明星代言关键词

（4）参考其他网店。参照一些同类店铺，看一下其商品名称是怎么写的。这样你就有可能会得到意外的关键词。

（5）如果在商品名称上使用了错别字，也会给买家的搜索加大难度，如“生肖”打成“生俏”，这样的失误无形中就将自己的商品给淘汰了。

（6）建议不要把同类商品都用那么几个关键词，你可以在同类商品里把你想得到的词语都用上。

2. 关键词设置的原则

（1）阐明商品基本特征。例如，你开女装店的话，商品名称设置成“时尚女装 漂亮连衣裙”，这里只有一个关键词“连衣裙”，但你可以添加一些描述商品基本特征的词，如颜色、图案、质地、长袖或短袖等。如一件漂亮的水晶工艺品名称叫“茶花吊兰”，如果发布商品时名称为“茶花吊兰”，这样就属于商品属性不明确，这样的商品只能在进入商品分类后凭运气才会被买家发现；如果买家使用“水晶”“工艺品”等关键词搜索的方式来寻找商品，则这件商品根本就搜索不到。

（2）标明商品卖点。即使含有“连衣裙”这样的关键词，但有多少卖连衣裙的店铺排在你的前面啊。而淘宝的默认排名又是“按人气排名”的，那凭什么你的“连衣裙”关键词能排在前边呢？这时需要将卖点标出来。你可以选择将品牌作为卖点，并加上专柜字样，如“芮琪格专柜正品连衣裙”，这样别人搜索“米琪连衣裙”“正品连衣裙”时范围就缩小了，排名也就往前了。

（3）标明商品优势。在商品名称中添加“特价”“包邮”“让利”“促销”等词会增加买家进入店铺的兴趣。

3. 处理关键词

这时你已经收集了很多关键词了。接下来的工作就是把收集到的关键词进行组合，把它们组成常用的词组。很多人在搜索的时候会使用两个或三个字组成词。不要用普通的单个字作为关键词，这样的关键词很难排到搜索引擎的前十位。例如，有“雅诗兰黛”“抗皱眼霜”“女用护肤品”几个关键词，就试着把它们组合为“女用护肤品雅诗兰黛抗皱眼霜”。组成关键词短语有利于提高商品被搜索到的机会。

只要关键词选好了，店铺就已经成功了一半。因为大多数的买家都是先进行搜索的，被搜索到以后，假如你的商品价格很合适，那么买家肯定会选择你的。

7.3 淘宝搜索引爆自然流量

一个网店能否有长远的发展，自然流量能不能带起来是关键。网店的自然流量稳定，那么它的转化率和人气也会很不错的。

7.3.1 网店流量指标介绍

在淘宝开店，店铺的流量相当重要，特别是一些新手卖家，刚开网店店铺没有人气、没有流量，都会想尽一切办法来引入流量。流量的引入有免费的也有付费的。流量是店铺的生命线，是需要所有的淘宝卖家每天都要关注的数据。但是具体有哪些流量指标呢？

1. PV

PV 即店铺所有页面的浏览数量之和。

PV 的计算方法是，当一个买家访问的时候，记录他所访问的页面和对应的 IP，然后确定这个 IP 今天访问了这个页面没有。如果单纯 IP 有 60 万个的话，每个买家平均访问了 3 个页面，那么 PV 表的记录就要有 180 万条。

2. UV

UV 是店铺各页面的访问人数或点击量，用来描述访问一个网店的用户数量。

在同一天内，UV 只记录第一次进入网店的具有独立 IP 的访问者，在同一天内再次访问该网店则不计数。独立 IP 访问者提供了一定时间内不同买家数量的统计指标，而没有反映出网店的全面活动。

3. IP

IP 是使用不同 IP 地址访问你网店的人数，也就是上面的独立访问者数量。一般来说，24 小时同一 IP 不作重复记录，也应该 24 小时不重复记录。

4. 平均访问深度

平均访问深度是指用户一次连续访问的店铺页面数，即用户平均每次连续访问和浏览的店铺页面数。

5. 人均店内停留时间

人均店内停留时间是指所有访客的访问过程中，平均每次连续访问店铺的停留时间。

6. 回头客比例

浏览回头客占店铺总访客数的百分比。

7.3.2 搜索对宝贝排名的影响

买家更为注重的是店铺商品质量和服务质量，转化率、服务质量、回头率等很多因素都在搜索权重里面有了很高的地位。这些排名因素的引入，使得卖家能得到更多的淘宝免费搜索流量。

这些流量是非常精准的优质流量，如果能在宝贝描述和客服等方面做得更好，那么，这些流量将为卖家带来很高的产出。所以，对于中小卖家而言，这是个非常宝贵的机会。中小卖家没有大卖家的资金和广告优势，但能做的是让宝贝描述更吸引眼球，让客户满意度更高，用优质的服务来打动买家的心。

默认综合排名=人气+销量+信誉+价格，其中人气=浏览量+收藏量。

在淘宝首页可随便搜索一个产品。一些产品关键词位置放在前或后不影响排名，如“新款特价女装内衣”和“特价女装内衣新款”不影响排名，但人气高的产品会排在前面，如图 7-4 所示。

图 7-4 综合排名

那么，影响店铺宝贝搜索排名的主要因素有哪些呢？

1. 店铺动态评分

淘宝店铺动态评分系统以半年为评分周期，淘宝和天猫商城使用的是同一套 DSR 系统，主要依据如实描述、服务态度、物流服务 3 个部分进行评分。

现在淘宝搜索规则中对服务的要求越来越高。从搜索情况来看，前几个页面的商家在如实描述、服务态度、物流服务 3 个方面都是在平均水平之上的商家。如图 7-5 所示，搜索前几家店铺的店铺动态评分都高于行业的平均水平。

淘宝越来越倾向消费者，将消费者的购物体验放到了第一位。DSR 作为衡量店铺服务水平的最重要指标，在自然搜索中的权重不断得到提升，好的店铺动态评分可以让店铺排名更靠前，从而带来更多流量，大大提升店铺销量。

2. 规则遵守

如果店铺或者产品被扣分过于严重，这样的店铺也进入不了排名前几页。你可以在“卖家中心”下的“违规提醒”查看违规商品情况，如图 7-6 所示。

图 7-5　店铺动态评分

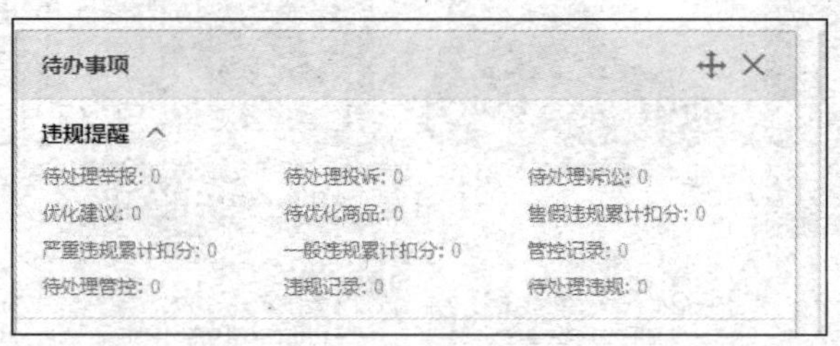

图 7-6　违规提醒

3. 店铺好评率/单品的好评率

淘宝绝大多数买家都会看商品的好评率，看是不是有中评或差评。中评或差评过多，或者单品的评分低会影响单品搜索展现，图 7-7 所示为好评率。

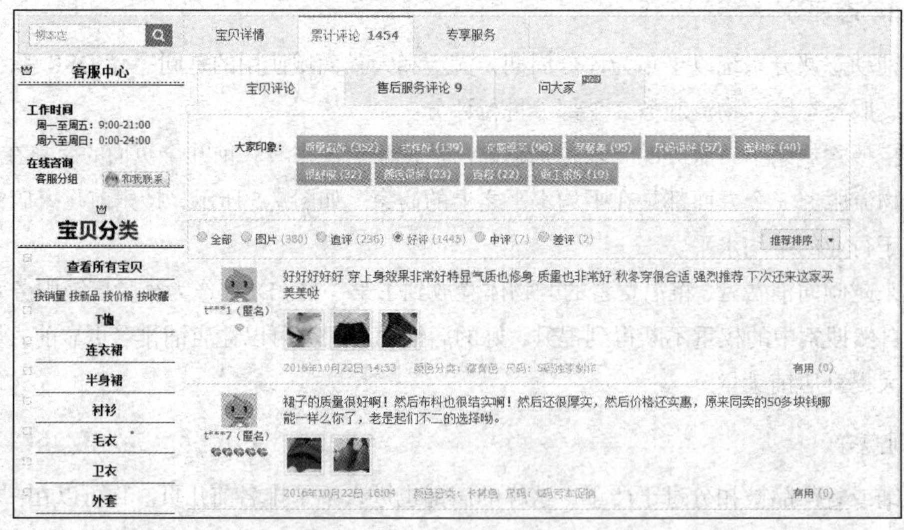

图 7-7　好评率

4. 店铺装修

买家在美观的店铺停留得时间更长，这样店铺在排名中会更靠前，因为现在的排名是以客户体验为主。经过多次搜索排名发现，没有经过装修的店铺基本进入不了前几名。排名靠前的店铺基本上都购买了旺铺，并且装修得美观大方。所以，没有装修的卖家建议至少要简单装修一下，图 7-8 所示为装修美观的店铺。

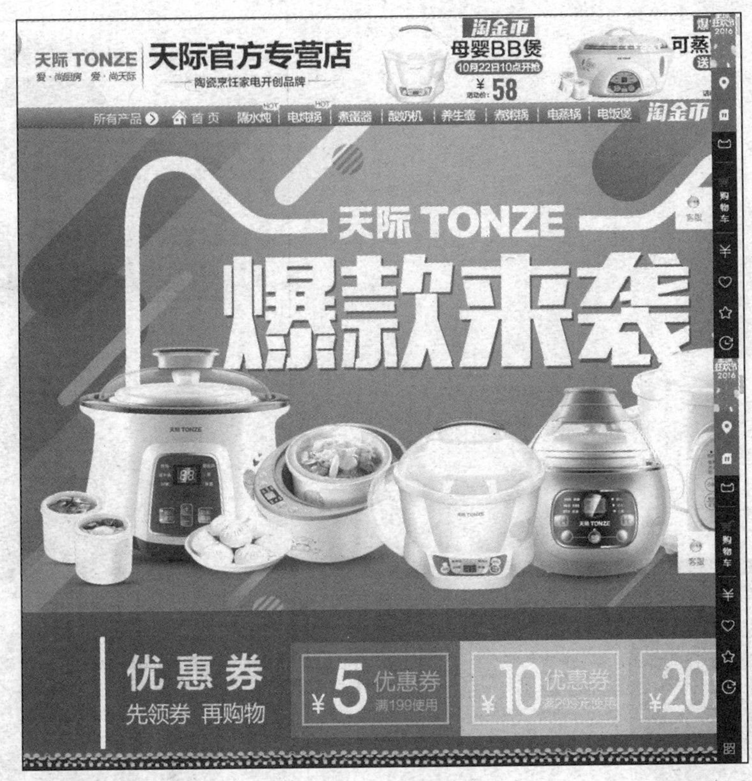

图 7-8　装修美观的店铺

5. 支付宝付款率

支付宝使用率太低会导致被淘宝封店，另外还会导致你的宝贝在淘宝搜索中排名靠后。

我有一件宝贝，一口价是 385 元，曾经有一段时间销售量一直在搜索栏中排在首页，后来因同城交易一般都是买家拍下，上门送货收款，造成了支付宝使用率降低，以致后来产品虽然销售了很多，但排名却越来越靠后。

6. 产品的相关性

相关性是排序中最重要的因素。产品信息和买家输入的关键词匹配，是排名靠前的基础。相关性好，排名才有可能靠前；相关性不好，则一定不会排名靠前。标题与产品的相关性强的产品搜索到的可能也就越大。

产品标题是衡量该产品与买家所搜关键词是否相关的最重要的内容之一，标题的填写应尽量规范化，不要堆砌多个产品词，即不要在标题里面填写不相关的内容。建议一个产品标题只包含一至两个相关的产品名称，图 7-9 所示为产品相关性。

7. 产品图和细节图

主图是直接影响买家购买欲望的因素。宝贝主图上如果有过多的其他信息，会直接影响到搜索排序。主图要清晰，背景以白色最好，以商品为主导。

一个产品的功能和用途都可以在细节中展示出来，产品的正面、反面、侧面、顶部、底部都可以拍摄出来，给买家更好的无忧购物体验。图 7-10 所示为产品细节图。

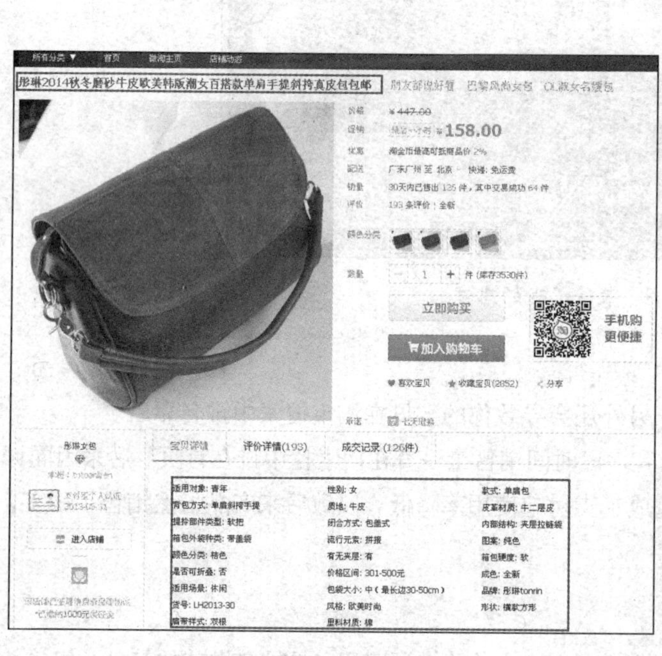

图 7-9 产品相关性

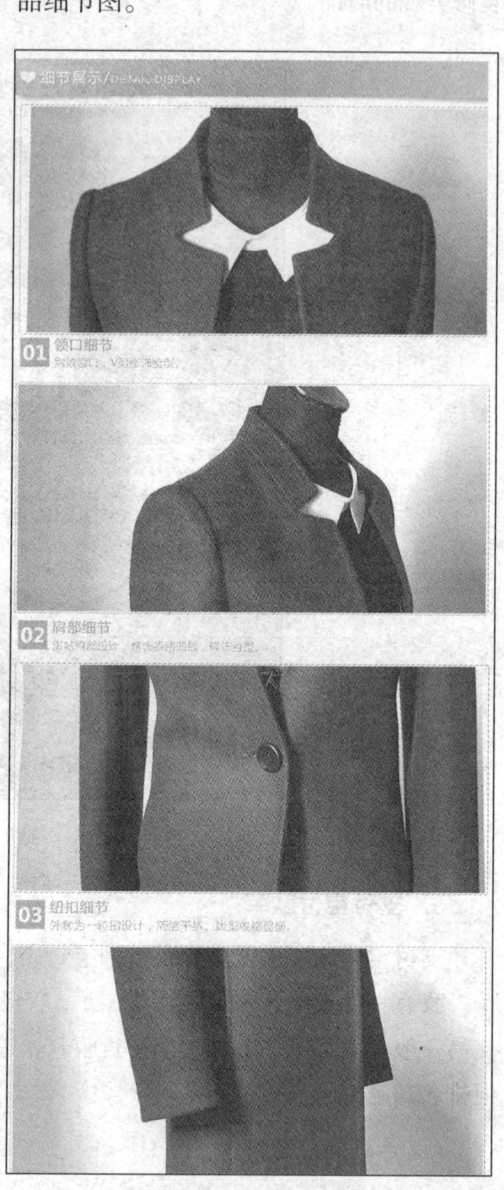

图 7-10 产品细节图

8. 价格

产品的价格也对搜索产生影响。淘宝很少会把一个价格高或者低得离谱的产品放在搜索的前两页，而定价趋向合理的产品总是在首页比较受欢迎。如图 7-11 所示，价格也会影响商品的排名。

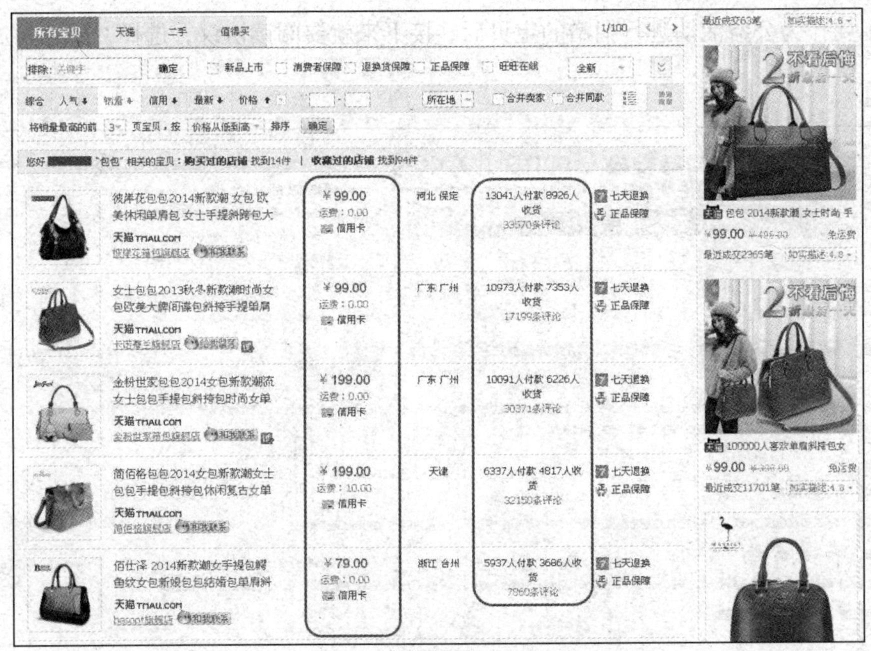

图 7-11 价格也会影响商品的排名

9. 公益宝贝排名靠前

何为淘宝公益宝贝？从字面上可以很好地理解，就是参与公益活动的宝贝，即卖家们在上架宝贝时，自愿参与公益宝贝计划并且设置一定的捐款比例，当宝贝成交了，卖家就会捐赠一定的金额给制定的公益项目。没有设置公益宝贝的可以去设置一下，设置好后会有一定的权重排名。我们想要开通公益宝贝的店铺，可以在“卖家中心”的“出售中的宝贝”中进行设置。

如果想把店铺某个宝贝参加公益宝贝活动，可以在“出售中的宝贝”中选择宝贝，然后下拉，就可以看到页面底部有一个“设置公益宝贝”的按钮。若卖家想把自己店里的全部宝贝都设置为公益宝贝的话，则单击“全选”按钮，否则就要勾选想将之作为淘宝公益宝贝的商品，如图 7-12 所示。

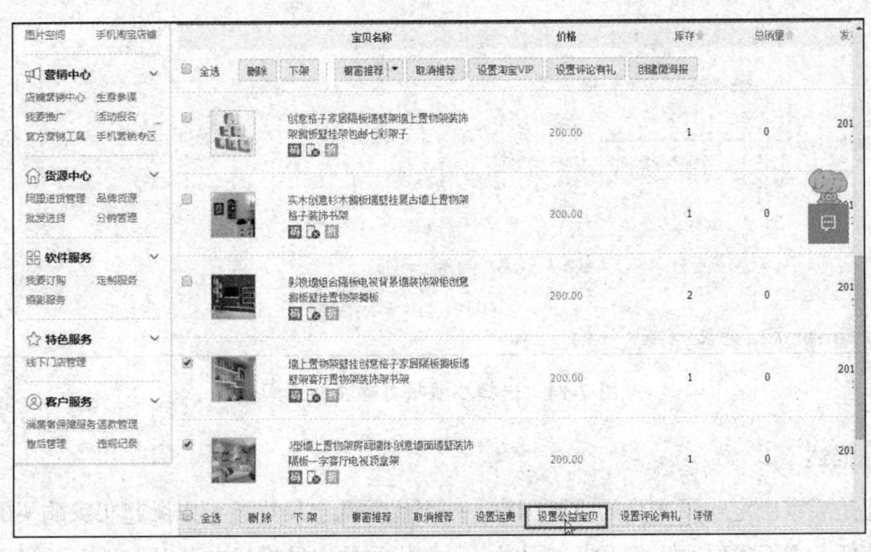

图 7-12 公益广告联盟

当选好了要作为公益活动进行捐赠的宝贝后，接下来就要阅读协议，选择“同意参加”按钮，如图 7-13 所示。

图 7-13 阅读协议

接着选择公益项目和捐款方式，如图 7-14 所示。

请选择公益项目
教育助学 疾病/灾害救助等 扶贫助弱 动物/环境保护
乡村孩子流动图书馆项目
被遗忘的“放牛娃”养成计划
一校一梦想
免费午餐基金
流动儿童阅读嘉年华
更多项目
自动续签支持新项目
请选择捐款方式
按成交额百分比捐款 按指定金额捐款
捐赠百分比： %
(当公益宝贝成交后，会捐赠成交金额的百分比给指定的慈善机构)
宝贝详情页显示公益宝贝信息栏，如下 显示 不显示

图 7-14 选择公益项目和捐款方式

10. 产品描述

产品描述是买家决定购买产品的重要因素。一个优秀的宝贝描述可以激起买家购买的欲望，使其对产品非常信任，毫不犹豫地购买下来。同时，一个优秀的宝贝描述也可以使买家了解到更多产品特

征，带动其他关联产品的销量。所以，有产品描述的商品在搜索中排名会靠前。搜索引擎往往更青睐于文字，宝贝描述中的文字越多，所包含的关键词越多，其所排的名次也相对靠前一些。

11. 库存量

产品上架之后一定要经常检查产品的库存，如果库存较少，产品展现在很靠前的位置的可能性比较低。

12. 开通直通车

淘宝直通车的合理使用是能够起到立竿见影的效果的。

13. 千牛在线时间长

搜索排名的前几页基本很难看到千牛不在线的商家，而千牛在线以及千牛的响应时间都是影响搜索的因素。如图 7-15 所示，搜索排名前几页的卖家基本上是千牛在线者。

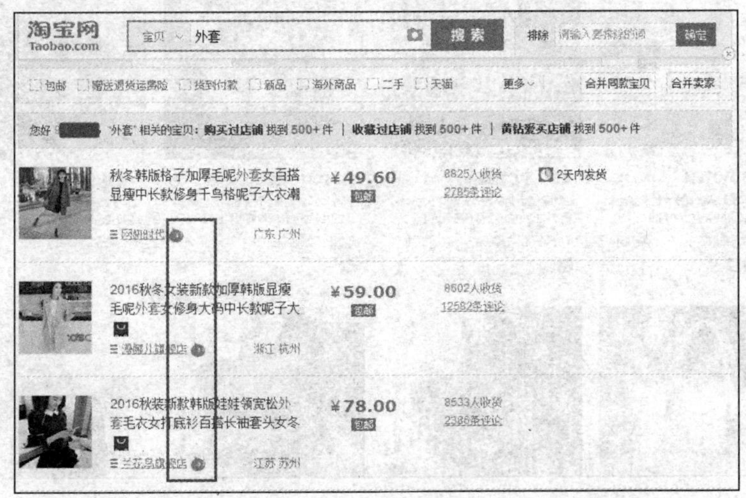

图 7-15　搜索排名前几页卖家基本上是千牛在线者

7.3.3　淘宝搜索之人气排序，提升人气打造爆款

何谓“人气”？顾名思义，人气是指宝贝受欢迎的程度。买家在进行搜索的时候，宝贝和搜索关键词的相关程度称为相关性。目前的人气排序，主要依据两个方面的因素：相关性、人气分。

1. 相关性

如果相关性不好，哪怕人气分再高，这个宝贝也不会排序靠前，或者根本没有展现的机会。决定相关性的因素有 3 个：类目属性、宝贝标题、搜索关键词。

（1）关键词和类目属性的相关性：买家在搜索的时候，已经有了较为明确的意图。例如，搜索“皮鞋”，很明确是找皮鞋，这时的结果会优先列出所有“皮鞋”类目的宝贝。关于篮球服、连衣裙等类目宝贝，就基本不会出现。所以，一个宝贝的类目属性，很多时候会直接决定了其排序位置。

（2）关键词和宝贝标题的相关性：目前，淘宝搜索主要内容是宝贝标题。

2. 人气排名的因素

每个卖家都希望自己的宝贝人气排名靠前，但是能排在首页的只能有大约 40 个宝贝，即便是将前 3 页全部包括在内，也仅仅有 120 多个宝贝而已，而且这还包括了为天猫卖家、直通车卖家预留的几个位置。因此，对于大多数卖家尤其是中小卖家，人气排名总是显得不够理想。因此，中小卖家要积极行动起来，提升宝贝的人气排名，多动脑子，从各种渠道尽可能多地获取流量。

人气分是一个综合的分数，参考因素主要有如下几个。

（1）交易量。销量在某种程度上直接反映了一个店铺和一个宝贝的受欢迎程度。人气分会参考最近 30 天的数据，还会根据时间的因素进行加权。近 30 天卖出 2 000 件以上，每天都有较稳定的成交量，这样的店铺一般都能排到前面；但某一天集中卖出 2 000 件就很难排名靠前了。如图 7-16 所示，交易量高的人气排名靠前。

图 7-16　交易量高的人气排名靠前

（2）店铺好评率。这个指标必须要高，低于 96%的话就会被大力扣分，导致很难排名靠前。

（3）转化率。是指 100 个客户看了你的宝贝后，有多少个客户产生了购买的比例。淘宝可以跟踪到不同流量来源，转化率也是按照不同来源进行计算的，也会分不同的类目来计算权重，所有的宝贝都会按照宝贝所在行业进行比较。

（4）收藏量。很多买家会收藏自己喜欢的宝贝或者店铺，以后或许会购买。收藏量从侧面反映了宝贝受欢迎的程度。

（5）回头客。回头客是指在你店铺重复购买的客户，回头客比例越高，反映你宝贝的质量好，店铺服务好，同时也说明你店铺客户转化率高。回头客比例高了，搜索引擎会带给你更多新的用户，从而回头客比例会降低，然后你再转化提升，形成良性循环。

（6）其他。评分还会参考支付宝使用率、消保、发货速度评分、服务态度评分、卖家信用、橱窗推荐、宝贝浏览量等因素进行。这部分主要是保证让买家有好的购物体验。

总之，人气分是一个综合分数，会参考不同的因素。不少人质疑说有些参数很容易通过刷销量、刷信用等作弊方式得到。淘宝针对那些作弊的宝贝识别越来越严格，在计算人气分的时候，一旦某些参数不符合一定的统计规律，系统会自动过滤，甚至会降低某些分数。

3. 人气排序优化建议

下面介绍如何打造爆款和超人气宝贝的建议。

（1）保证你的宝贝没有违规。你想培养的人气宝贝，不要有任何违规的动作。

（2）确保类目属性正确。这点很重要，淘宝上有不少宝贝类目设置有问题。如果不知道如何设置，搜索一下，看看你竞争对手或者大卖家们是如何设置的。

（3）优化具体关键词。一个宝贝最好能重点确定一两个关键词，然后看看关键词的搜索结果有哪些，这些结果就是你的竞争对手。每天要多优化和关注自己的排名。

（4）不要分散人气分。很多卖家为了提高曝光率，把同一个宝贝用不同的方式（如颜色、型号不一样等）发布，这样一方面可能会被识别为重复铺货，也容易分散宝贝的人气分。

（5）适当做一些推广。推广有多种方式，除了直通车、淘宝客、钻石展位和焦点图等收费推广方式以外，还有很多免费推广方法。只要多花些精力，还是可以得到不少流量的。

（6）提升客户的转化率。每天关注你要重点培养的人气宝贝，如果发现浏览量大但咨询量少，可能是宝贝描述不够吸引人。如果咨询量有了，但成交量低，可以采用送小礼品、包邮等方式来加强转化率。总之，要想办法提高客户转化率。如果你的客户转化率不高，排名也会逐渐下降。

（7）多使用支付宝交易。从技术的角度讲，用支付宝成交，这样对积累人气分有好处。

7.3.4 宝贝销售的不同时期标题优化

在不同的销售时期，要用不同的词来做标题。一般而言，宝贝依据其不同销售量，会有新品期、成长期、爆款期。这几个时期要使用不同的标题。如果在新品期，就给宝贝用大量的热门关键词，因为这些词是爆款宝贝适合的，搜出来的结果里面，首页最末一般也都有好几百件的销量。如果你的新品宝贝没有一点销量就不要去凑这个热闹啦。

1. 新品期标题策略

新品期宝贝的特点是：没销量、没评价、没人气。这时一定要选用最贴近你的宝贝的词，可用“精准词+类目词”的方式来命名你的宝贝，特别要注意“精准词”的应用。如一款鞋子，它的特点就是短靴、狐狸毛、女平跟女雪地靴子、人造长毛绒、2017年秋季，所以可给它用这样一个标题：“秋季女鞋短靴 狐狸毛 女平跟女雪地靴子”。

由于是新手卖家，目前销量比较低，去争“雪地靴”这种热门关键词肯定不会有好的排位的。而现在这样的标题，就是大量使用了精准形容词，让它在被搜索的时候能有好的排位。

当然，这些词的搜索量肯定不会太高，但是用精准词，你的曝光概率一定远远高于热搜词。

2. 成长期

当你的宝贝有了50～100件销量的时候，它就开始处于一个上升的成长期了。这个时期的宝贝特点是：有一定销量，有评价，但销量不够高，宝贝气场不足。可以增多一些热搜词的配额，一般可以把热搜词的比例提升到40%～50%，再用搜索量略高一些的精准词来配合。

3. 爆款期

当销量达到几百件甚至几千件的时候，它已经算一个爆款了（依各行业不同，定位宝贝所处时期的销量也会有差异）。你的宝贝现在有高销量和大量的评价，这时就选那些搜索量最高的词，让宝贝尽可能被更多人搜索到，获得巨大的曝光率。

案例分析——一年冲皇冠的店主经验

吕瑞霞认为她的一生应该这样度过：充分运用自己的头脑、勤奋、资源、能力，去创造巨大的财富，在自己享受财富带来的伟大的自由的同时，把更多的财富回馈社会，去帮助那些弱小的群体。

吕瑞霞的淘宝店2015年6月正式开张，2016年年底马上就是双皇冠了。通过与她的交流以及对她的店铺的研究，总结出了9条经验，希望对各位做淘宝或正打算做淘宝的人有所启发。

1. 产品市场定位精准

她是经营女装的，专门面向18～35岁的都市白领女性以及女大学生，产品市场的定位非常精准。不像有的店铺，这也卖，那也卖，像一个杂货店，给客户的感觉很不好。产品的精准定位能让特定消费人群轻松记住，并且带来口碑效应。

2. 店铺装饰时尚清雅

由于韩版女装是一种时尚产品，因而她的店铺装饰得也非常时尚，但并不是华丽的那种，而是采用了黄色的清雅风格，低调而不失个性。

3. 做好每个宝贝的关键词设置

在她还没有做淘宝的时候，就熟悉一些SEO方面的知识和技巧。她的店铺的宝贝关键词设置得很有技巧，符合搜索引擎的喜好，这样从各大搜索引擎能够带来很多有直接购买意向的客户。

4. 给每个客户附上温馨小字条

在寄给每个客户的货包里，她都会写上几句温馨的话，让客户感觉到店主的体贴，这样就能提高客户的忠诚度，使客户反复来购买。卖产品不如卖服务就是这个意思。

5. 保证产品的质量，假一赔十

如今做韩版女装的，有太多仿冒品。而她引进的是正品的韩版女装，在店铺显眼处打出标语“假一赔十”。做产品一定是质量先行，要想长久经营下去，质量信誉极其重要。

6. 产品描述非常详细

每个宝贝的产品介绍和描述都非常详细，让客户对产品的性能一目了然，同时也减少了客服人员重复回答相同问题的次数，提高了工作效率。

7. 多在相关论坛发帖子宣传

这是她惯用的招数，说起来很普通，每个人都知道。但是发帖子一定要掌握技巧，在关键词那里要做好超链接，这样客户就能顺着超链接进入店铺。

8. 使用直通车

直通车的效果显而易见，虽然花费较大，但是带来的效果还是不错的。这里要注意选择好关键词。选择关键词的技巧非常重要，既可以节省费用，又可以达到更好的效果。

9. 多做促销活动

她的店铺经常做促销活动，秒杀是她常用的促销手段。秒杀威力无穷，能够吸引很多新老客户。

【分析】

淘宝SEO，就是淘宝搜索引擎优化，利用的是淘宝搜索排名规则，使我们的产品展示给我们的搜索人群，有效地汲取淘宝免费流量，从而促进店铺转化。这里，淘宝搜索引擎优化分为店内优化和店外的优化。应先做好店内优化，所谓“磨刀不误砍柴工”，要先将店铺内优化做好，这样店外优化带来的流量才不至于白白浪费。毕竟店外优化耗费的不单单是金钱，还有你的精力。

课后习题

1. 如何将网店提交到各大搜索引擎？
2. 如何让搜索引擎快速收录自己的网店？
3. 搜索引擎优化关键词怎么选择？
4. 宝贝标题有哪些组合策略？
5. 如何让宝贝标题更吸引人？
6. 如何设置标题关键词，让你的店铺拥有高访问量？
7. 网店流量评分有哪些常见指标？

第 8 章 微商创业

学习目标

- (1) 熟悉微商基本原则
- (2) 掌握在朋友圈做微商的方法
- (3) 掌握 O2O 的营销模式
- (4) 掌握微店的开设

传统电商行业以商品为中心，微商则是以人为中心，务求做到投入小、门槛低、传播范围广，秉承人与人的关系才是最核心的东西，通过信任销售商品为关键。随着微信的一飞冲天，微商也成为商界的时尚新宠。

8.1 微商的基本原则

以用户为中心原则，就是要在各个价值链环节都要“以用户为中心”去考虑问题。以客户为本是各行各业微店经营的根本，不论是传统行业企业还是新兴电子商务行业，都要十分重视这一原则。

以用户为中心原则主要有两大秘诀：一是参与感；二是用户体验至上。

参与感，首先要让用户参与到微店的设计当中去，这样不仅可以有效地拉近买卖双方的距离，同时也可深入地了解潜在客户想要的是什么，把用户的思想结合到你的设计中去，学会换位思考。其次，要让用户参与到品牌传播中，即粉丝经济。我们要学着怎么去经营粉丝、培养忠实粉丝，从而达到社群经济效应。掌握好粉丝，就为今后的营销打下了一个坚实的基础，粉丝的力量是一股不可小觑的力量。

用户体验是一种纯主观、在用户接触产品过程中建立起来的一种感受。“用户体验至上”应该贯穿品牌与消费者沟通的整个链条。品牌建设的过程，就是打造用户体验的过程。所有环节的产品或服务，都是以实现用户体验为目的。

8.2 微信朋友圈

微信作为人们日常沟通的方式之一，已越来越占据主流地位。作为商家，借助微信的力量进行营销是重点，利用微信朋友圈的力量去营销更是关键。

8.2.1 朋友圈发布信息

喜欢玩微信的都知道，朋友圈就相当于自己的一个专属相册，有什么好的产品都可以发上去与大家分享。建立完相册封面后，便可以开始发布照片。其具体步骤如下。

（1）单击朋友圈界面右上角的相机按钮，可以选择拍照或从相机相册选择，如图8-1所示。

（2）单击勾选照片，这里最多能上传9张照片，选中的会显示出绿色的对号，如图8-2所示。

图8-1 朋友圈

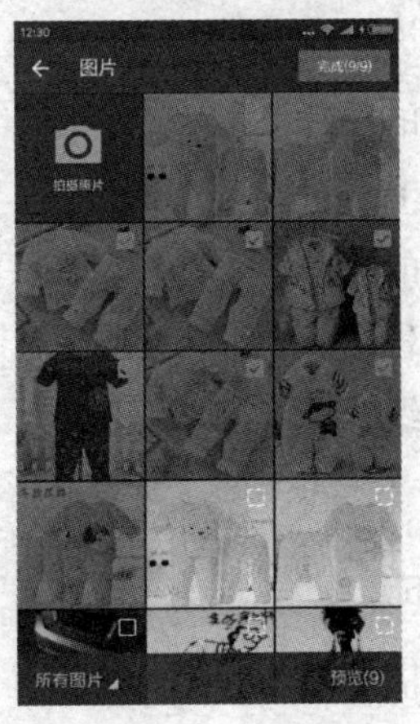

图8-2 选中图像

（3）选取完照片后，输入发表内容，发送照片可以选择公开或私密的形式，还可以提醒他人查看、显示所在城市、提供转发功能，如图 8-3 所示。

（4）单击右上角的“发布”按钮，照片发布完毕，朋友甚至自己都可以对照片进行评论或点“赞”，如图 8-4 所示。

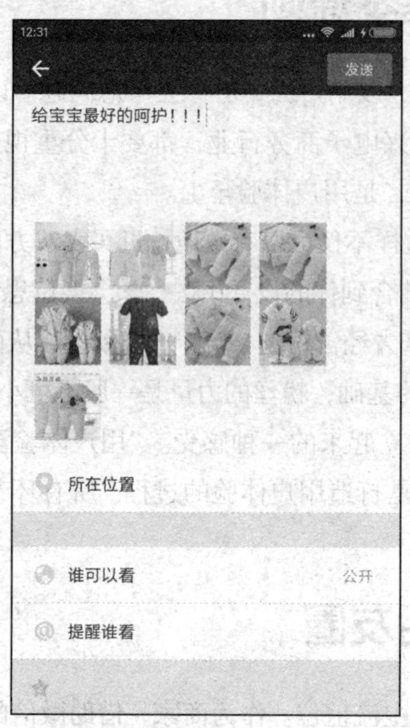

图 8-3　输入发表内容

图 8-4　发布成功

8.2.2　朋友圈的营销布局

微信朋友圈营销时需要布局哪些内容呢？

1. 相册封面

每个人的朋友圈就是一个独立的主页，上面的相册封面就是招牌。相册封面可以选择哪些内容呢？相册封面可以选择以下内容。

（1）个人的照片。

（2）微店优势产品的图片。

（3）微店的品牌与 Logo。

（4）微店公众平台的账号。

（5）微店的核心广告语。

（6）微店的服务热线。

（7）微店的地址。

2. 朋友圈信息发布

朋友圈可发布以下信息。

（1）图片：微店产品、自己的工作与生活照片、微店照片、团队照片、客户案例。

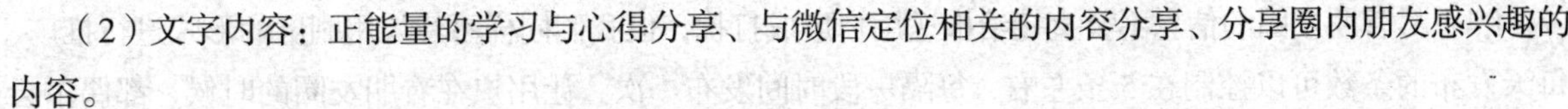

（2）文字内容：正能量的学习与心得分享、与微信定位相关的内容分享、分享圈内朋友感兴趣的内容。

8.2.3 朋友圈的营销技巧

目前，微信朋友圈有海外代购、地方特产服装等各种买卖交易。在微信做朋友的生意是一种新的电商“朋友销售模式”。有些人在朋友圈营销，获取了极大的收益，也交到了更多的朋友。在朋友圈营销需要哪些技巧呢？

1. 建立关系的技巧

（1）要想让别人对你印象深刻，可以主动出现在别人的面前。首先可以主动去赞和评论微信的朋友圈动态。有时间可以去打招呼，发一些有意思、容易让人记住的话。

（2）每天筛选 20 个朋友用心阅读并回复相应的话题。

（3）要让别人关注自己，一定要让别人觉得自己的存在跟对方有关系，让对方有存在感。在微信朋友圈发动态的时候可以多发一些互动性的动态，多问朋友一些问题，发一些跟朋友有关的话题。

（4）在讨论中挖掘朋友的需求，并主动为大家提供解决方法的参考内容。

2. 内容编辑的技巧

（1）与微店“核心产品”有关的话题。微信朋友圈营销的重中之重就是“品牌产品的塑造”，品牌产品的专业展示是营销的基础，所以可每天发一条“专业知识”。要注意的细节是，尽量把内容做成“连续性”的，吸引粉丝再次关注。

（2）分享客户现场体验的评价。

（3）偶尔分享与自己生活有关的话题，如吃、喝、玩、乐等。可以适当“装可怜”，以博得好友的同情，有了同情就接近了距离。例如，“今天穿高跟鞋走了一天的路，脚都起泡了”。

（4）要懂得加入一点惊喜，适当地可以要求转发。

（5）分享内容要做到“图文并茂”，图片必须符合文字的内容。

（6）链接分享必须要加上自己的引导式总结内容。

（7）注意字数。如果字数太多，朋友圈动态就只会显示一条，然后剩下的会被隐藏起来。要想让顾客能完整地读完自己的动态，理解动态的含义，最好是能让动态全部显示出来。要实现让顾客觉得你朋友圈的内容不错，或者能引起共鸣，那么字数也不能太少，建议是 80～110 个字最好。

（8）表情。如果顾客的朋友多，那么每天的朋友圈动态可能比较多，那么怎样才能吸引顾客的眼球，看到并注意自己的动态呢？表情就能解决这个问题，因为表情可以让文字更生动化、色彩化。

3. 分享推送的技巧

虽然朋友圈没有转发，但是仍旧可以复制分享，引导用户分享产品并给予优惠，是很好的传播方法。

（1）分享话题最好的时间是晚上 8:00—12:00，抓住朋友最多的碎片时间。

（2）链接分享最好的时间是晚上 12:00 之后，第二天微友朋友圈绝大部分的内容都是你的。

（3）客户案例与故事一定要即时分享，才能够在第一时间借力客户形成营销裂变。

（4）尽管朋友圈的信息不会直接给推送用户形成打扰，但我们同样不建议用刷屏的形式进行推广，每天发布的条数可以控制在 5 条左右，每隔一段时间发布一次，让用户在看朋友圈的时候，都偶尔会看到，然后吸引他们进来看你的全部消息。

8.2.4 朋友圈植入广告的方法

在朋友圈能积极、努力地去做营销固然很好，但是一定要有一个度，千万不要影响了用户体验。下面介绍一些常用的广告植入方法。

1. 自己试用

一个产品好与坏，最有说服力的就是卖者自己是否使用，为了打消客户的某些顾虑，可以上传自己试用的照片和体会，也能让好友感觉更亲切，如图 8-5 所示。

2. 客户评价

自己宣传自卖自夸，这样客户转化率会比较低，要是有第三个人说你的产品好，往往更容易得到用户的认可，如客户对产品的评论、聊天记录等。图 8-6 所示为客户评价。

3. 工作照片

要证明你推荐的产品好，可以从工作环境入手，如大量包裹单、生产基地等，如图 8-7 所示。

图 8-5　自己试用

图 8-6　客户评价

图 8-7　生产基地照片

4. 品牌文章分享

一个产品要有说服力，品牌形象一定要做得比较好。所以，适当地宣传品牌还是有必要的，尤其是对于要打造新品牌的朋友来说。

5. 产品介绍

直接对一个产品进行描述，虽然看起来方式较“硬”，效果可能差一些，但是对于一些需要展示的产品来说，也是必不可少的。例如，被子、十字绣、衣服等，都是需要看图片的。

6. 活动

例如，抽奖、赞就送、折扣等活动，用折扣或者优惠来吸引眼光。图 8-8 所示为积赞活动。

图 8-8 积赞活动

朋友圈分享积赞是现在大家最常用的微信活动，微信公众平台加朋友圈，威力无穷。例如，一个人有 100 个好友，如果公众平台有 1 000 个订阅用户，分享后就是 10 万人可以看到此信息，也算是微信中的病毒传播，继续分享扩散，会迅速增加关注量，增强活动效果。但想要增加朋友圈的分享数量，还要看活动的力度和奖品的价值。

8.3 O2O 的营销模式

O2O 模式的核心很简单，就是把线上的消费者带到现实的商店中去——在线支付。

8.3.1 O2O 的营销模式

所谓 O2O 就是 online to offline（在线离线/线上到线下），O2O 通过打折、提供信息、服务预订等方式，把线下商店的消息推送给互联网用户，从而将他们转换为自己的线下客户。这种营销模式特别适合必须到店消费的商品和服务，如珠宝、餐饮、健身、看电影和演出、美容美发、摄影等。

美团、拉手、窝窝团这类传统团购网站，它们的模式既包含了 O2O 的成分，也包含 O2O 以外的东西。

而近几年，除网购快消品发展较快外，网购大件商品也开始呈热门趋势。特别是 2016 年，一些知名的家具企业纷纷开设线上平台，同时也有家具电商企业开设了线下体验馆，O2O 模式在家具行业大行其道。美乐乐家居是比较典型的 O2O。美乐乐通过线上引流将客户流量转化至线下体验馆进行体验购物，进而完成 O2O 的生态闭环。

美乐乐的客户多数已经在网上看到了较为心仪的产品，到体验馆来主要是做用户体验，消费者的目的性较为明确。尤其是家具这样的大件非标准化产品，人们更愿意亲手触摸到产品的质量后再决定是否下单。因此，O2O 模式的存在就格外重要。如图 8-9 所示，客户可以在美乐乐微信商城订购商品，也可以在微信上查找体验馆的位置，如图 8-10 所示。

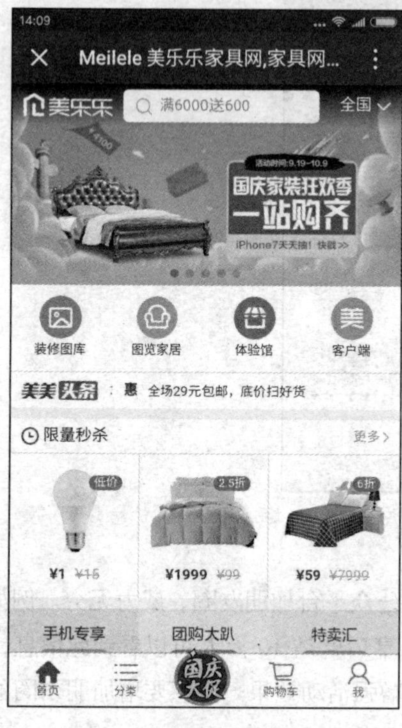

图 8-9 微信商城线上订购商品

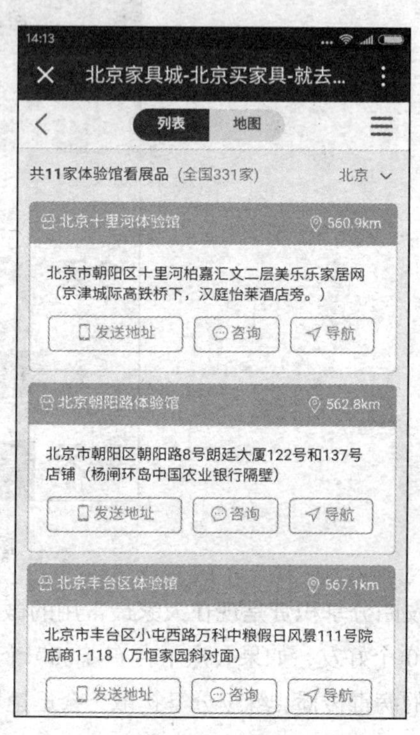

图 8-10 查找体验馆的位置

图 8-11 和图 8-12 所示为客户可以在线下进行体验购物的体验店。

图 8-11 美乐乐体验店门面

图 8-12 美乐乐体验店

8.3.2 玩转农产品 O2O

随着移动互联网的快速发展，O2O 服务企业的崛起，在 2014 年下半年市场上迅速涌现了 360 大米、生鲜 O2O 等一大批农产品 O2O 优秀项目。如何才能做好农产品 O2O 呢？

1. 产品是关键

安全性是农产品最重要的，建立一套成熟的安全机制对农产品 O2O 创业企业的发展至关重要。

2. 线上/线下须磨合

线下对特殊环境的适应能力和市场的把握能力，线上对反馈信息的快速处理与应用，线上/线下把质量和优势发挥到最佳，都需要一定时间的磨合。

3. 突出特色做形象

农产品 O2O 的线下终端，其主要职能是让用户现场体验消费特色、突出品牌形象、面对面沟通等。拿一些特色产品做活动，彰显特色服务，是农产品 O2O 线下终端凝聚人气的重要目标。图 8-13 所示为农产品 O2O 特色产品做活动。

图 8-13 特色产品做活动

4. 通过互动强黏性

农产品 O2O 线下终端，其聚集人气是为了更好地服务于网络会员和商圈周边会员，既承载线上会员活动，又聚集商圈周边的会员开展活动。突出品牌社群的线上/线下互动，增强品牌与用户间的黏性，是农产品 O2O 线下终端建设的重要目标。图 8-14 所示为通过互动强黏性。

图 8-14　通过互动强黏性

5. 合作开发共同客户资源

农产品 O2O 线下终端业态大多是便利店、食品超市、社区店等，其可以和餐饮店、在线教育、家政等服务终端多多合作，或共同发放优惠券、折扣卡、会员卡等活动，让消费者得到更多实惠，并共同拉升人气。

8.4　农产品二维码营销

随着电商成为大势所趋，褚橙、柳桃、潘苹果更是为农产品的互联网营销树立了榜样。

传统农产品销售模式流程过长，各环节逐级加价，流通环节和库存损耗严重，资金周转缓慢，大家都挣不到什么钱。此外，传统农产品的生产者和经销商缺乏品牌意识，没有统一的品牌包装，也没有统一的规格标准，导致产品无法通过品牌推广实现品牌溢价销售。很多优质的农产品，就是由于缺乏品牌包装和推广平台，很难获得广泛的市场认可。

众多互联网巨头都在紧盯着农产品这块市场，但国内农产品也存在大量问题，造假、农药超标等一系列问题困扰着消费者。通过扫描农产品二维码能够让消费者全面了解农产品的种植、生长、物流等信息，甚至能统计到何时灌溉、除虫、采摘、何人负责等信息，能够有效杜绝生产者造假的现象，让各种不透明因素暴露在消费者的眼前。图 8-15 所示

图 8-15　农产品二维码推广

为农产品二维码推广。

近日，国内电商系统及服务提供商千米网推出了以二维码为核心的农产品电商专业解决方案，借此强力杀入农产品电商市场，帮助农产品品牌供货商快速实现多渠道的电商分销。

超市应该在顾客关注度更大的蔬菜、生果、肉制品、水产品等方面张贴二维码，这样会得到更多顾客欢迎，对着展牌上张贴的二维码轻轻一扫，就会当即获取展牌下面销售的产品是哪里种植的、种植面积多少、是什么品种等。

8.5 开设微店

微店官网是超过 5 000 万卖家的共同选择。1 分钟便可开启属于你的微店。开店交易全免费、无门槛、支付快、账期短，管理方便且能一键分享，轻松分销优质货源并可免费代发。

8.5.1 下载并安装微店

随着电子商务的不断发展和进步，越来越多的人开始在手机上开店，手机带来的方便不言而喻。现在就给大家介绍一下手机下载和安装微店的方法，具体操作步骤如下。

（1）在手机上通过浏览器中输入微店网址，进入微店平台，如图 8-16 所示。

（2）单击“免费开微店”按钮，弹出“保存安装包文件”提示框，选择文件保存的位置，如图 8-17 所示。

图 8-16 输入网址

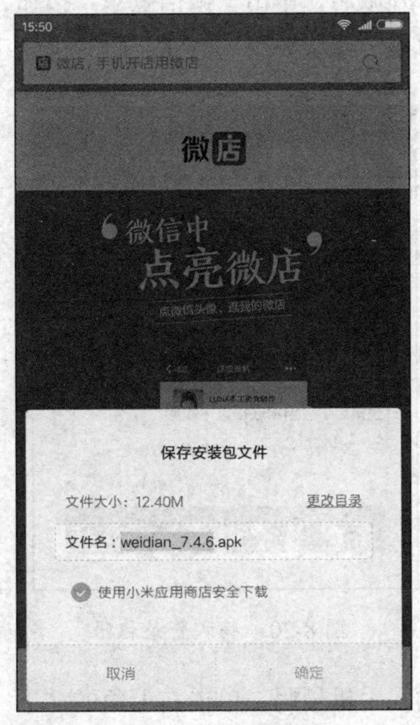

图 8-17 下载微店软件

（3）单击“确定”按钮，即可成功安装微店，如图 8-18 所示。

（4）单击“打开”按钮，即可打开微店，如图 8-19 所示。

图 8-18 安装微店

图 8-19 打开微店

8.5.2 注册自己的微店

微店注册具体操作步骤如下。

（1）打开微店，单击“微信登录”按钮，打开确认登录权限，如图 8-20 所示。

（2）单击“确认登录”按钮，打开绑定手机号页面，如图 8-21 所示。

图 8-20 确认登录权限

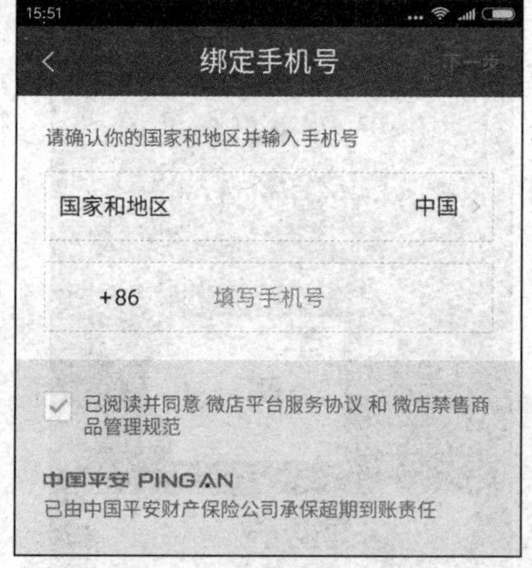

图 8-21 绑定手机号页面

（3）输入手机号码，单击右上角的“下一步”按钮，完成店铺创建，如图 8-22 所示。

（4）单击“店铺图标”按钮，打开并选择要添加为店铺图标的图片，如图 8-23 所示。

（5）单击“完成”按钮，即可将之添加为店铺图标，如图 8-24 所示。

（6）单击“完成”按钮，即可成功注册微店，如图 8-25 所示。

图 8-22　创建店铺

图 8-23　选择图片

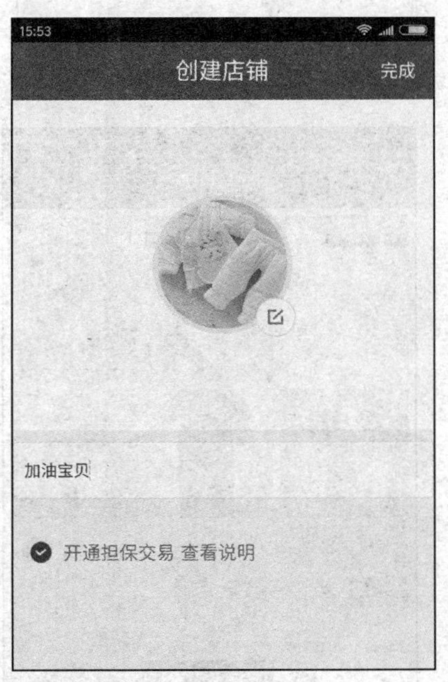

图 8-24　添加店铺图标

图 8-25　成功注册微店

8.5.3　添加商品

手机登录微店之后，就可以成功上传商品图片了，具体操作步骤如下。

（1）登录微店，单击右上角的“商品”按钮，如图 8-26 所示。

（2）打开出售中的商品页面，单击“添加新商品”按钮，如图 8-27 所示。

（3）进入了添加商品的具体页面后，必须填写的有 4 项：商品图片、商品描述、商品价格、商品库存量，如图 8-28 所示。

（4）单击“商品图片”按钮，在手机中选择要上传的商品图片，如图 8-29 所示。

图 8-26　单击“商品”按钮

图 8-27　添加新商品页面

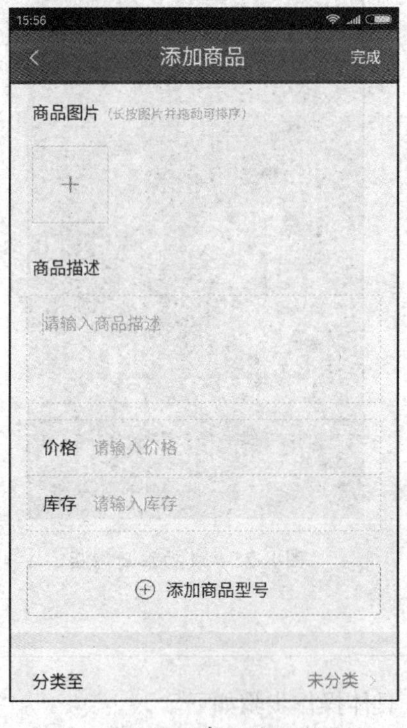

图 8-28　添加商品的具体页面

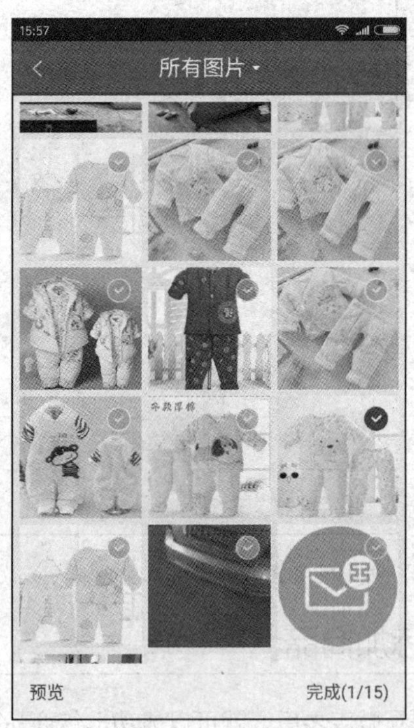

图 8-29　上传商品

（5）接着，填写型号和售价内容，如图 8-30 所示。

（6）单击“完成”按钮，即可成功添加商品，如图 8-31 所示。

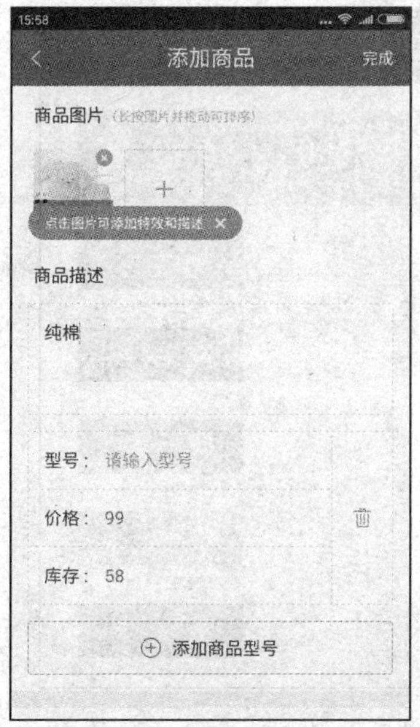

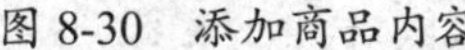

图 8-30　添加商品内容

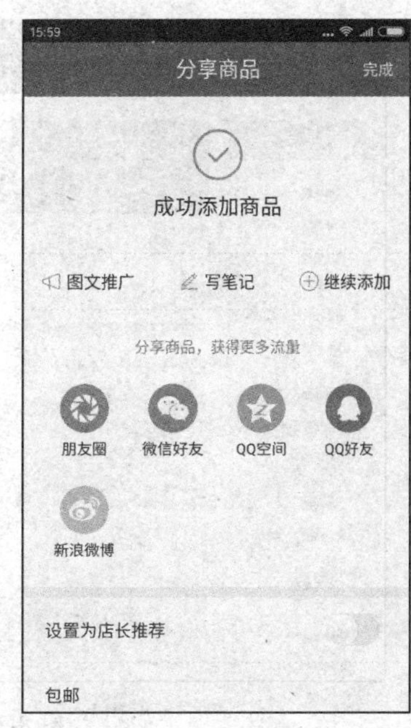

图 8-31　成功添加商品

8.5.4　微店网页版对商品进行分类

在微店网页版可以对商品进行分类，具体操作步骤如下。

（1）进入微店网页版，输入手机号和密码，单击“下一步”按钮，输入密码，如图 8-32 所示。

图 8-32　微店网页版

（2）单击“进入微店”，进入“微店”后台管理页面，如图 8-33 所示。

（3）单击左侧的“分类管理”按钮，进入图 8-34 所示的分类管理页面。

（4）单击“添加分类”按钮，在页面下方即可出现文本框，在文本框中输入“分类名称”，如图 8-35 所示。单击“保存更改”按钮，即可提示保存成功。

（5）商品分类添加成功后，单击“商品管理”导航进入商品管理界面，单击商品后边的“编辑”按钮，如图 8-36 所示。

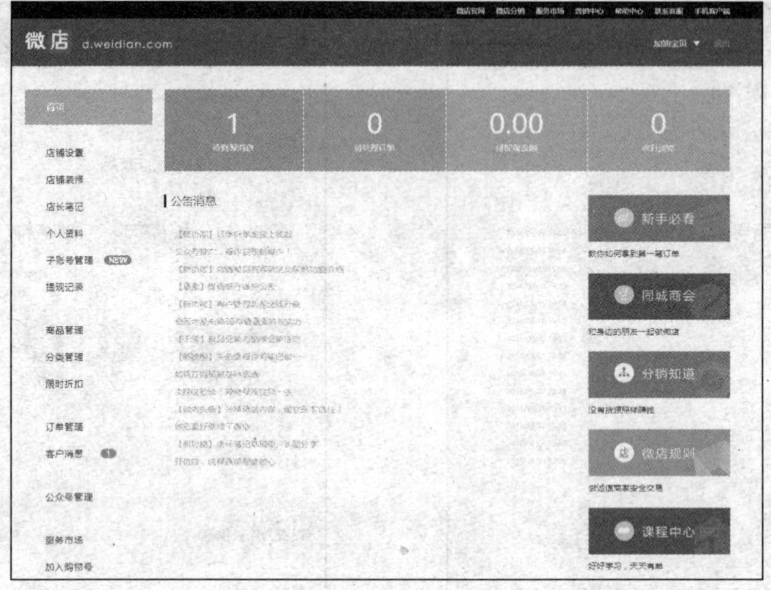

图 8-33　进入微店

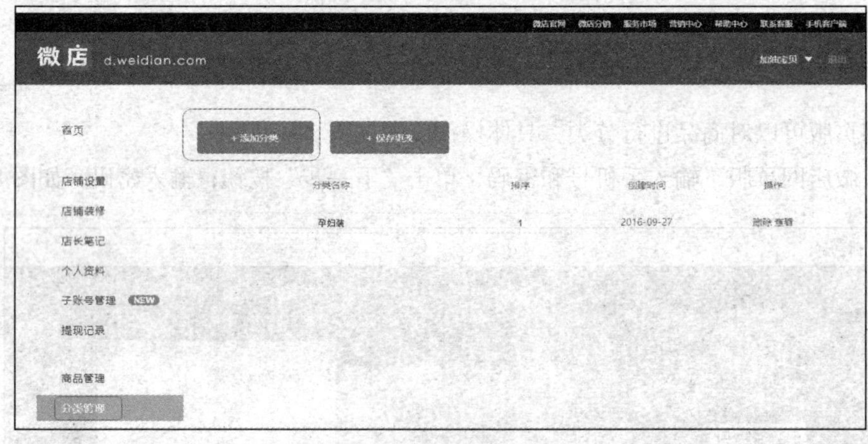

图 8-34　分类管理页面

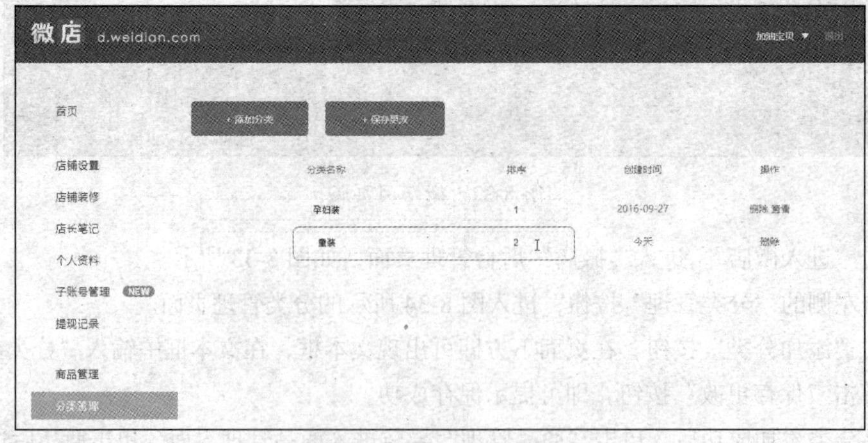

图 8-35　添加分类

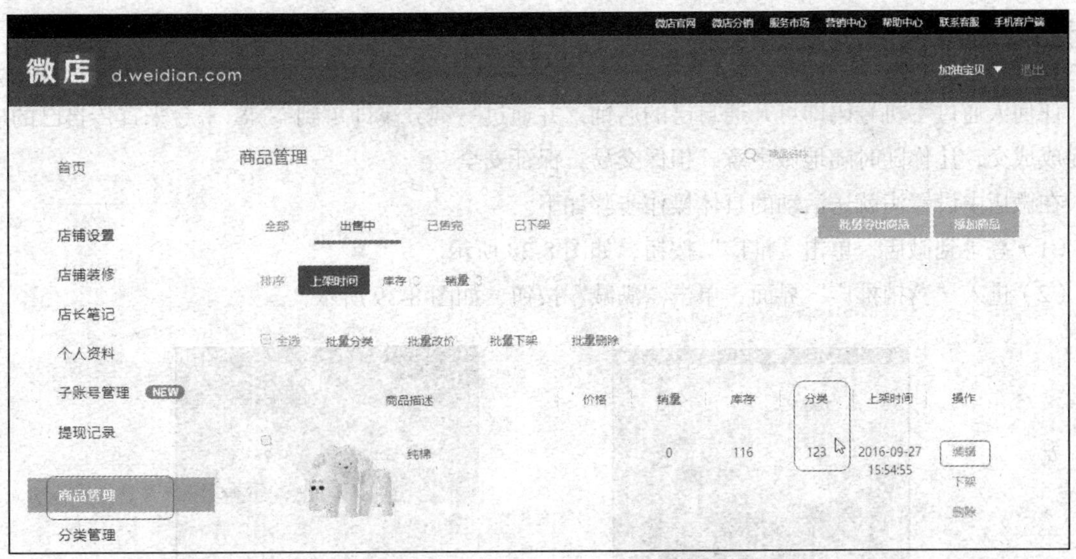

图 8-36 单击“编辑”按钮

（6）进入商品管理界面后，单击“编辑商品”，即可进入编辑商品界面。在编辑商品界面，你可以对该商品进行分类，只要勾选对应分类，单击“提交”即可，如图 8-37 所示。

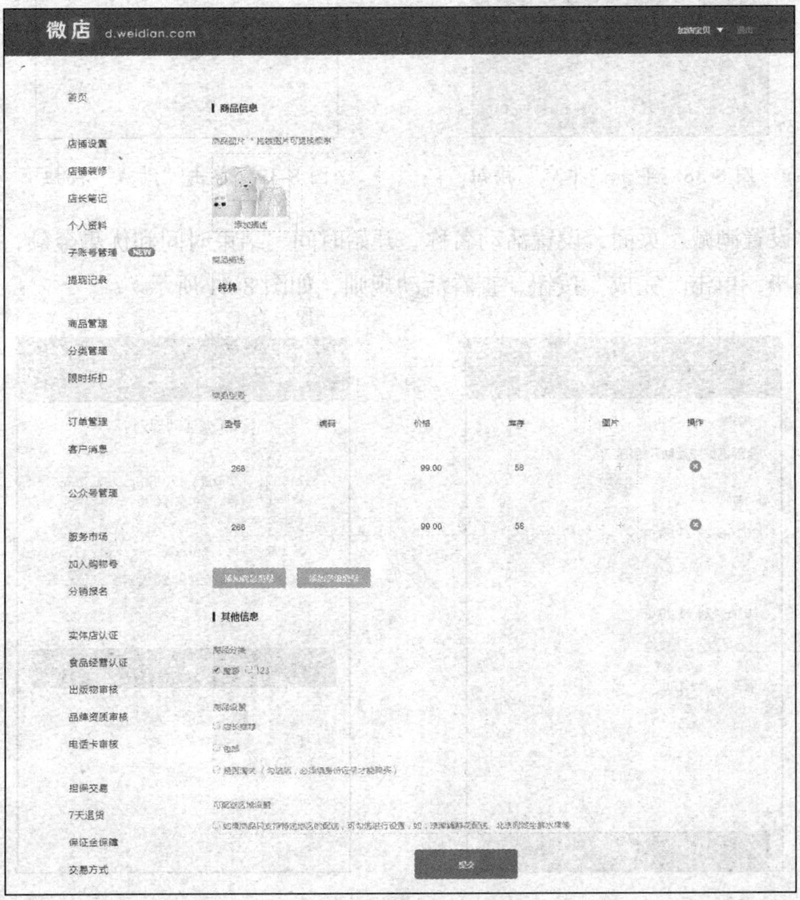

图 8-37 编辑商品

8.5.5 设置微店满就送优惠

任何人通过手机号码即可开通自己的店铺，并通过一键分享即可到 SNS 平台来宣传自己的店铺并促成成交，让你随时随地做生意，担保交易，保证安全。

在微店中设置满就送活动的具体操作步骤如下。

（1）登录到微店，单击“推广”按钮，如图 8-38 所示。

（2）进入“营销推广”界面，单击“满减”按钮，如图 8-39 所示。

图 8-38 单击“推广”按钮

图 8-39 单击“满减”按钮

（3）打开“设置满减”页面，设置活动名称、开始时间、结束时间和优惠金额，如图 8-40 所示。

（4）设置完毕，单击“完成”按钮，查看活动规则，如图 8-41 所示。

图 8-40 “设置满减”页面

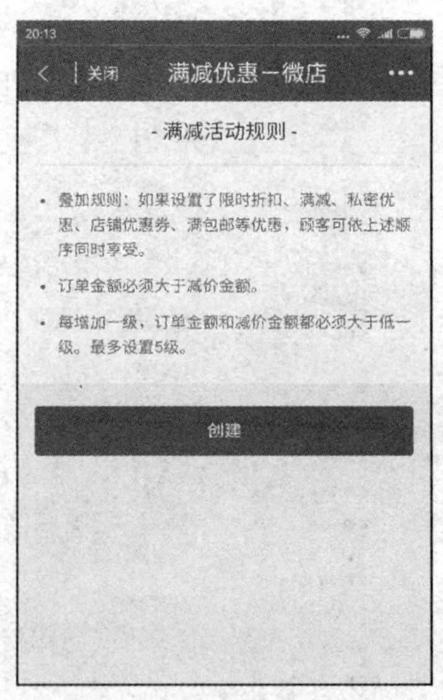

图 8-41 查看活动规则

（5）单击“创建”按钮，即可成功设置满减优惠活动，如图 8-42 所示。

图 8-42 成功设置

案例分析——朋友圈做微商也能赚大钱

纵观微商行业发展，其兴起从根本上来看是源自口碑效应。早期微商以强关系为基础，通过“熟人推荐”的形式进行营销。在获取强烈的市场反响后，越来越多的商家看到了商机，于是代理模式出现，微商逐渐朝着组织化、职业化的方向发展。

葛俊丽原是旅行社的导游，经常带团外出。2015 年年底她开始做微信销售，经过不到半年的经营，为了谋求更好的发展，离开了工作 8 年的旅行社。

葛俊丽的微商路从销售食品开始，其最初的产品定位是健康、好吃的食品。椰子冻、榴莲干、牛奶大草莓都是葛俊丽最初销售的食品。通过大家购买、好评和分享，微信好友每天都在飞速地增长，随着人数的增长，大家对产品种类的需求也越来越多，单一的食品无法满足日渐壮大的朋友需求。

随着好友的增加，葛俊丽开始对客户进行了精准化分析，包括购买心理、年龄段、购买习惯等，从而挖掘出客户的共同需求。

葛俊丽的微信好友里大多为女性，通过分析产品受众人群，认为女人都想皮肤好、身材好，那么化妆品和减肥产品必将是热销产品。于是，她将产品从单一的食品扩充到化妆品和减肥产品以及日用品。

化妆品的使用都有一个周期性，当你的客户大多数都买了你的化妆品后，经过使用，这些客户体验到产品效果后就会主动把产品分享给身边的朋友，这也使得有效客户不断增加。随着粉丝越来越多，她在朋友圈每个月的销售额达 4 万元。

【分析】

为什么葛俊丽的微信朋友圈有这么多回头客呢？她采用了定期回访的方法，在产品卖出以后，进行了跟踪服务。就是凭这个必不可少的环节让客户二次购买、三次购买，或是成为固定客户。在跟踪服务中了解产品的质量如何、用后的感受如何、对卖家有什么建议等。通过定期回访，了解客户需求，并且可以给客户带来好感，提高信任度。要懂得，维护老客户远比开发一个新客户容易得多。

课后习题

1. 怎样在朋友圈发布产品信息？
2. 怎样在朋友圈进行营销布局？
3. 朋友圈营销有哪些技巧？
4. 朋友圈植入广告的方法有哪些？
5. 什么是 O2O 的营销模式？
6. 怎样玩转农产品二维码营销？

第9章 网络服务创业

学习目标

- (1)掌握利用竞价排名推广创业
- (2)掌握代理产品创业
- (3)掌握利用自助建站软件建设网站
- (4)掌握专业网站建设方法

如果想要赚钱，还可以开展一些相应的网络服务，如开展竞价推广业务、代理产品或服务、提供建设网站服务、建立小区论坛、代理空间赚钱等。本章就来介绍这些方法的使用。

9.1 什么是竞价排名推广

竞价排名是一种按效果付费的网络推广方式，由百度在国内率先推出。企业在购买该项服务后，通过注册一定数量的关键词，其推广信息就会率先出现在网民相应的搜索结果中。图 9-1 所示为百度竞价推广。

图 9-1　百度竞价推广

首先，竞价排名属于许可式营销，它让客户主动找上门来，只有需要的用户才会看到竞价排名的推广信息，因此竞价排名的推广效果具有很强的针对性；其次，竞价排名按照效果付费，根据给企业带来的潜在客户访问数量计费，没有客户访问不计费，企业可以灵活控制推广力度和资金投入，投资回报率高。

在搜索引擎营销中，竞价排名的特点和主要作用如下。

（1）按效果付费，广告费用相对较低。

（2）广告出现在搜索结果页面，与用户检索内容高度相关，增加了广告的定位程度。

（3）竞价广告出现在搜索结果靠前的位置，容易引起用户的关注和点击，因而效果比较显著。

（4）搜索引擎自然搜索结果排名的推广效果是有限的，尤其对于自然排名效果不好的网站，采用竞价排名可以很好地弥补这种劣势。

（5）广告主可以自己控制广告价格和广告费用。

（6）广告主可以对用户点击广告情况进行统计分析。

9.2 网站客服系统

通常我们所说的网站在线客服系统一般是基于网页的即时通信工具，买家双方只需要在浏览器窗口就可以进行实时交谈。当有浏览者访问网站时，就会弹出一个对话框，问要不要与客服联系。当浏览者点击时，网站管理者就会主动问候对方，咨询对方需要什么服务或产品，然后根据对方的情况来向对方推荐产品，这种客服系统的口号就是让每个网站浏览者都成为客户，这时就变被动为主动了。图 9-2 所示为网站客服系统。

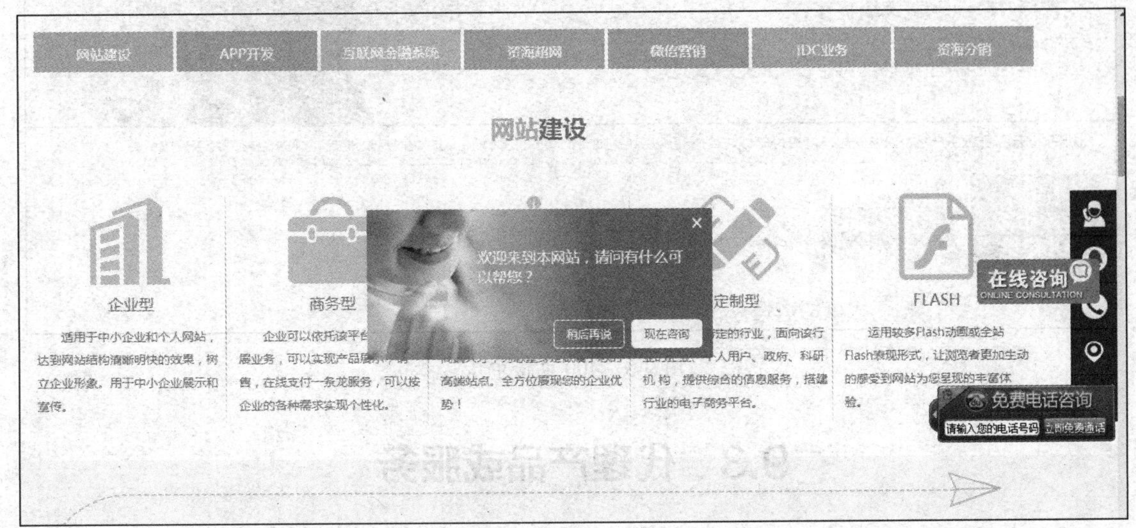

图 9-2 网站客服系统

但现在的情况是，大部分产品或项目运营商并不熟悉网络上一些最前沿的网络产品，同时这需要一定的技术才可以放到网页上，所以大部分的网站并没有类似的在线客服系统。

网站在线客服系统作为企业网站的客户服务和主动营销工具，必须具有主动营销、客服支持及客户关系管理方面的功能。结合各类统计数据及历史资料，可以使企业针对每一位网站页面的访客建立档案以便提供个性化服务，达到变访客为客户的营销目的，使公司形象更为专业化。

功能完善的网站在线客服系统还必须能够实时监控网站访问者的一切，包括访问者通过哪种途径来到网站、正在访问网站的哪个页面、停留了多久。这些对于网络营销都是必不可少的信息。

在线客服系统还必须具有员工绩效管理的功能，只有这样才能更好地对员工进行系统的管理。

在网络上，大部分产品都是非知名产品，一般浏览者都是通过网站表面来看一个网站实力的，如网站的制作精美程度、网站下面的办公地点、网站的联系电话等。如果网站开通了 400 电话的话，那么就会显得公司非常正规。而现在网络上 200 元就可以开通 400 电话，但是大部分商家传统性地认为，开通 400 费用应该很高，所以拥有 400 电话的网站还不是很多。但是，如果拥有了 400 电话，那么信誉会立刻提升很多。图 9-3 所示为 400 电话的申请网站。

通过网络推广自己的服务或产品的商家越来越多，缺少这种客服系统的商家或网站就越来越多。于是，就有人代理了上面的产品，然后一个一个商家进行推广。因为对于商家来说，他们都是商人，只要是能够给自己带来利润的投资，都是必须的投资，所以推广起来就非常容易。

图 9-3　400 电话申请

9.3　代理产品或服务

网络服务还可以代理报纸广告中的产品、国外的产品和一些门户网站广告中的项目。

9.3.1　代理报纸广告中的产品

其实，我们可以将现实中的很多产品成功地复制到网络上。例如，我们经常在一些报纸上看到有人在卖一些产品或招商，通过报纸这种传统的媒介进行宣传。

在报纸上，我们经常看到药类广告，而且一般药类价格都不是很高，它们都是先将货铺到各大药店，然后再通过报纸进行宣传。报纸进行宣传时，一般都是在这一款药刚上市的时候，网络上还没有及时铺货，因为药品类的销售，主要还是通过现实中的销售网络来完成的。

我们平时看报纸，基本上不看广告，主要是看一些新闻类内容。我们应该去研究报纸中的广告，边看广告边到网上搜索，看看网络上的这个市场是否已经被人占领了，因为现实中的媒体与网络信息是不对称的，有些东西在报纸上做得很火，在网络上却没有；有的在网络上有，而在报纸上却没有。

9.3.2　代理国外产品

目前，越来越多的国外原厂开始在国内寻找分销商。一方面是中国已经成为全球的制造中心，而本土分销商在人脉关系和客户方面的确具有一定的优势。另一方面，本土分销商越来越强的技术实力已经成为吸引国外原厂的另外一个关键点，这一点无疑会加快产品的本地化，更好地推进产品的销售和推广。所以，如果你的公司具备这样的资质和实力，和国外原厂商谈代理权问题并不是遥不可及的。

代购通常是指人们通过出国的朋友帮自己从国外带点“货”回来。但随着淘宝等网上购物平台的发展，代购渐渐变成消费者通过网络第三方代自己从外国买货并寄回国内。而专业网站代购方式的优点在于，如果赶上外国网站某商品打折促销或者团购，往往能淘到非常便宜的国外货。目前代购有以下 3 种方式。

1. 淘宝代购

现在很多人都比较熟悉在淘宝网购物，因为淘宝网是国内本土的网站，货到付款，信誉度高。代购的店家也多，可以货比三家，淘到最便宜的货。而且他们已经养成了在淘宝购物的习惯。但淘宝代购的缺点是，代购店家数量众多，鱼龙混杂，消费者需要挑选信誉度高的代购者。图 9-4 所示为淘宝网代购。

图 9-4 淘宝网代购

2. 中国专业代购网站

中国专业代购网站的优点在于，如果赶上外国网站某商品打折促销或者团购，往往能淘到非常便宜的国外货。但缺点是这类代购网站还没有形成稳定可信的体系，商品的种类也不够大众化。消费者可以将在外国网站上看到的商品委托其代购。至于支付方式，建议消费者选择货到付款或是通过网上交易第三方服务平台进行交易。图 9-5 所示为中国专业网站代购。

3. 外国网站直接购买

从外国网站直接购买的代购方式，其优点在于商品的种类最为齐全，缺点在于语言障碍。另外，还有一个不便利的地方就是售后服务的问题，如果产品质量有问题，要享受售后服务就不容易了。正是基于这一考虑，不少消费者宁愿多花点儿代购服务费，也要把在外国网站发现的商品名称和链接（URL）转交给代购公司代购。

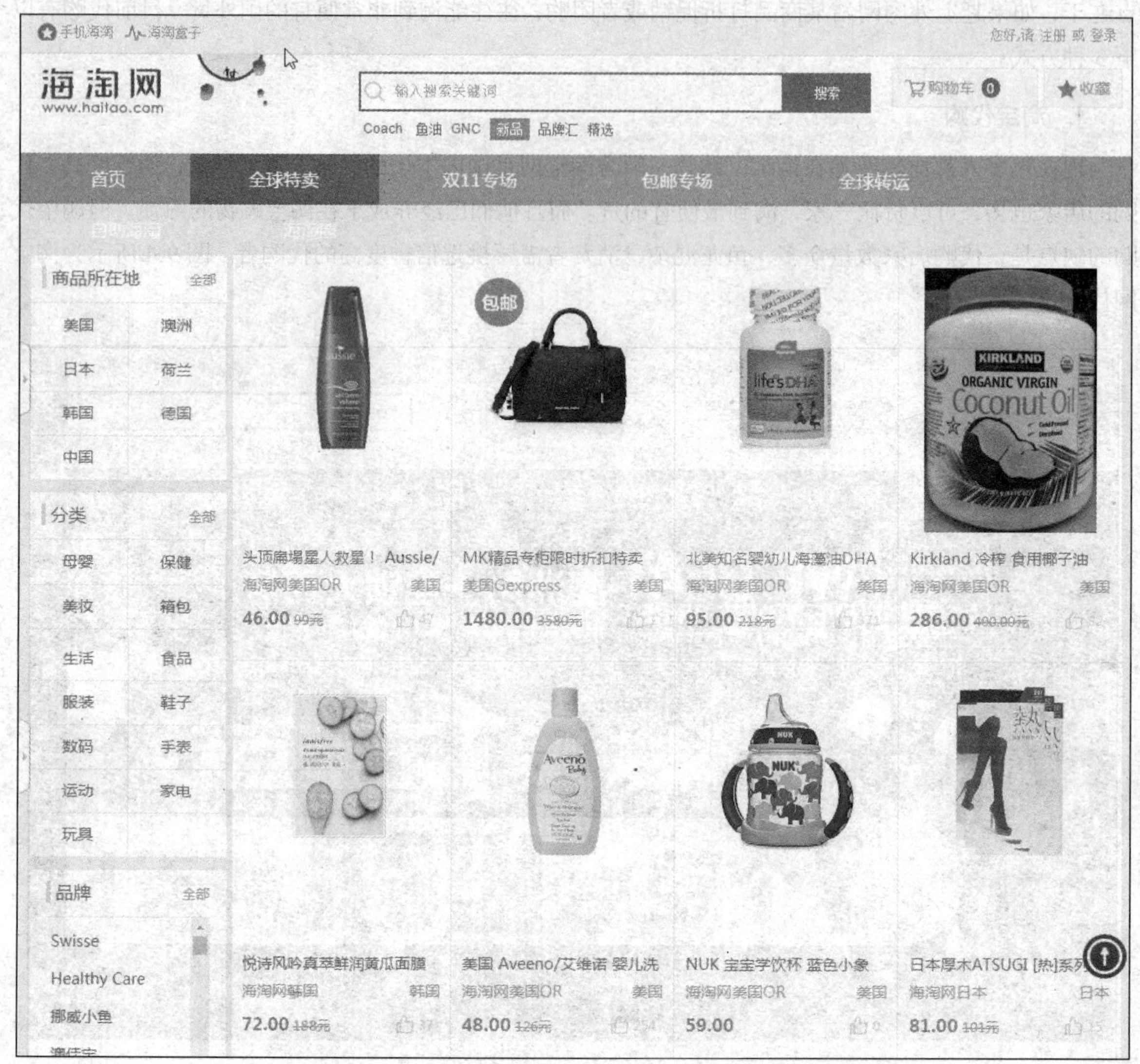

图 9-5　中国专业网站代购

9.3.3　代理门户网站广告中的项目

新浪首页的广告位，一天的广告费就要过万元，也就是说凡是在新浪首页上投放广告的这些项目，都是高利润的，否则的话，肯定不会以这么大的投入来做广告宣传。

在新浪网站首页左边的广告位上，常年都有教育培训出国留学的广告。在留学广告位中，主要是国内几家比较有名的出国留学代办网站做的广告，每个网站基本上都在一些大型城市设立了代理点，店家如果有兴趣，可以直接与当地的代理点进行合作。图 9-6 所示为新浪网站首页的广告位。

图 9-6 新浪网站首页广告位

9.4 提供建设网站服务

现在是网络知识时代，越来越多的企业和个人有了自己的网站，做网站也是很赚钱的。一般做网站要学会编程语言和脚本语言，另外还应该学好图像和动画设计等软件的应用。

9.4.1 利用自助建站软件建设网站

所谓自助建站，就是自己动手，在短时间内迅速架设属于自己的网站。自助建站系统易学易懂，用户只需会上网，无须学习编程及任何语言；只要会使用自助建站系统平台；只要会打字，即可在线直接完成建站的所有工作。当然，如果你懂 HTML 语言更好，那样就可以在自助建站系统的框架内设计个性化的网站。

企业自建网站是一种全新的互联网应用模式，它改变了过去传统的企业建站方式，无须编写任何程序，无须学习任何相关语言，也无须第三方制作或管理网站，只需应用系统所提供的各种强大、丰富的功能模块，即可轻松生成精美的网站。下面讲述利用自助建站软件制作网站。

（1）首先进入一个自助建站网站主页，如图 9-7 所示。

（2）单击页面中的“免费注册”按钮，进入图 9-8 所示的申请网站内容注册页面。

（3）填写完信息后，单击“免费注册使用”按钮，成功注册自主网站，如图 9-9 所示。

（4）单击“计算机网站”后面的“管理网站”按钮，进入图 9-10 所示的网站后台编辑页面。

（5）单击右侧的“模板选择”导航按钮，弹出“自由拖曳模板”页面，选择想要设置的模板颜色，如图 9-11 所示。

建站ABC
首页 PC网站 微站 云商城 模版 购买 案例 加盟 关于我们 文章 登录 注册
O2O互联网+时代，您需要一个有思想的网站
1171050 家企业正在使用建站ABC
免费注册 管理登录
App
App
客服中心

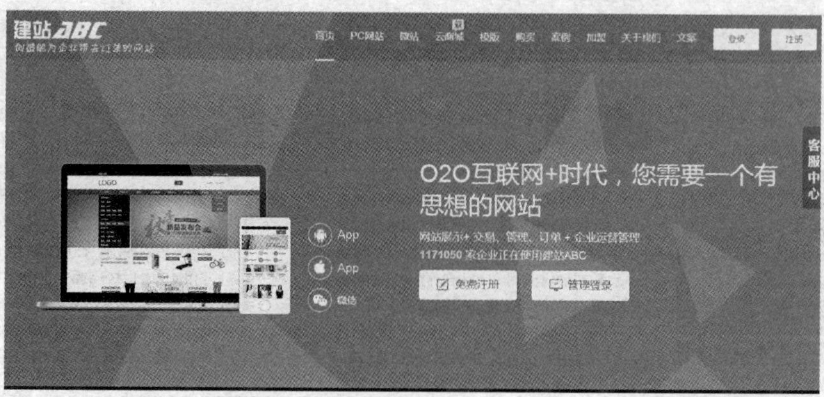

图 9-7　进入自助建站网站主页

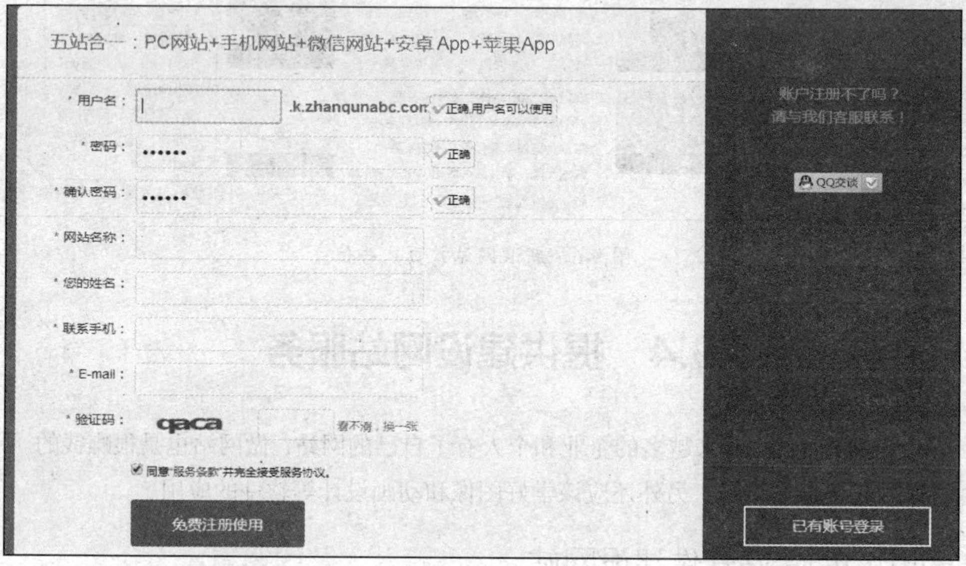

五站合一：PC网站+手机网站+微信网站+安卓App+苹果App
* 用户名：
.k.zhanqunabc.com 正确,用户名可以使用
* 密码：
正确
* 确认密码：
正确
* 网站名称：
* 您的姓名：
* 联系手机：
* E-mail：
* 验证码：
qaca
看不清，换一张
同意"服务条款"并完全接受服务协议。
免费注册使用
账户注册不了吗？
请与我们客服联系！
QQ交谈
已有账号登录

图 9-8　注册页面

建站ABC
我的服务
网站概况
权限设置
我的资料
编辑网站
四站合一网站建设，全渠道打通
电脑网站
网址：linyikongtiao.k.zhanqunabc.com 空间：500M
版本：免费拖曳版
管理网站
绑定域名
升级
手机网站
网址：linyikongtiao.wap.zhanqunabc.cn
版本：免费版 空间：500M
管理手机站
绑定域名
升级
微信网站
将您的手机网站绑定到微信的公众账号，您还未完成微信对接！
微信对接
手机APP
将您的手机网站，一键生成App可安装到手机（支持安卓、苹果IOS）！
开启App

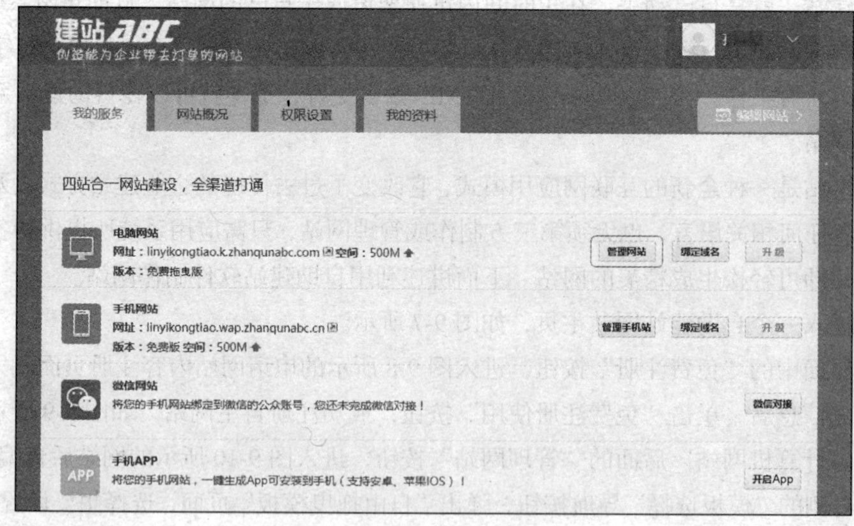

图 9-9　成功注册自主网站

图 9-10　网站后台编辑页面

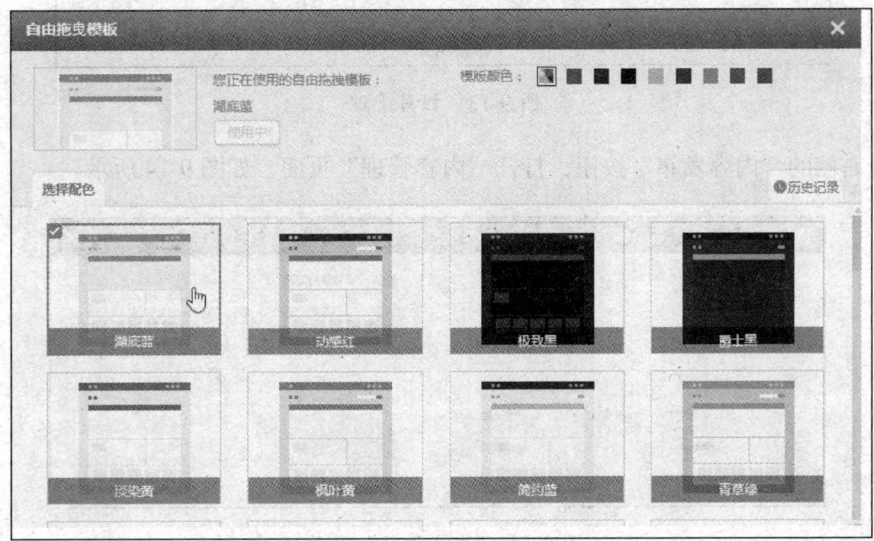

图 9-11　“自由拖曳模板”页面

（6）进行选择后可以修改网站模板颜色，如图 9-12 所示。

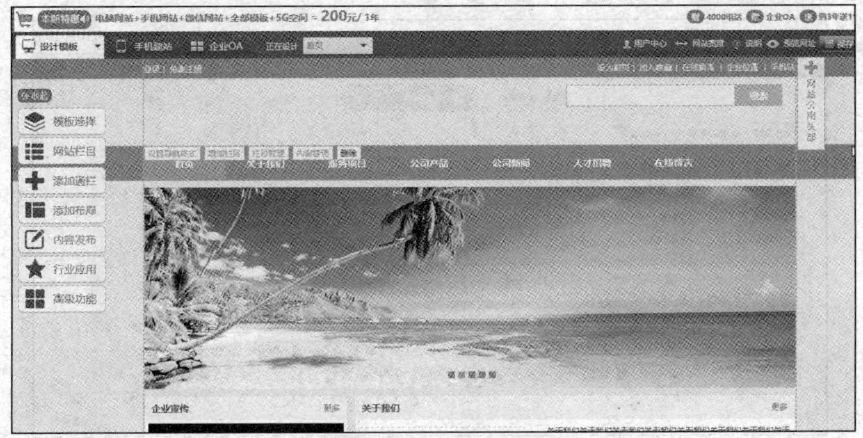

图 9-12　改变模板颜色

（7）单击右侧的“栏目管理”导航按钮，弹出“栏目管理”对话框，可以修改栏目和添加栏目，如图 9-13 所示。

图 9-13　栏目管理

（8）单击右侧的“内容发布”按钮，打开“内容管理”页面，如图 9-14 所示。

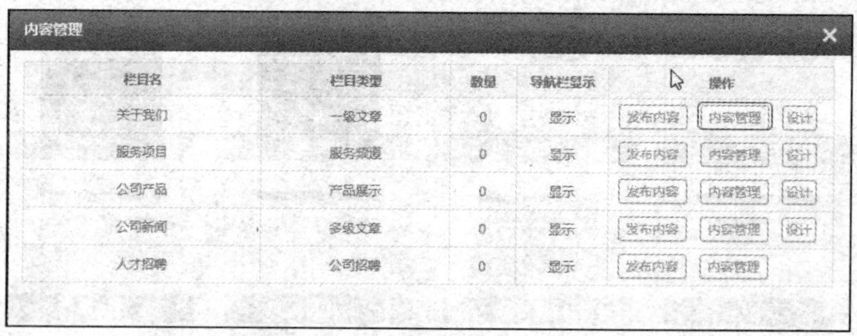

图 9-14　“内容管理”页面

（9）单击“关于我们”后面的“内容管理”按钮，进入图 9-15 所示的关于我们内容的编辑页面。还可以根据自己的需要编辑其余的栏目。

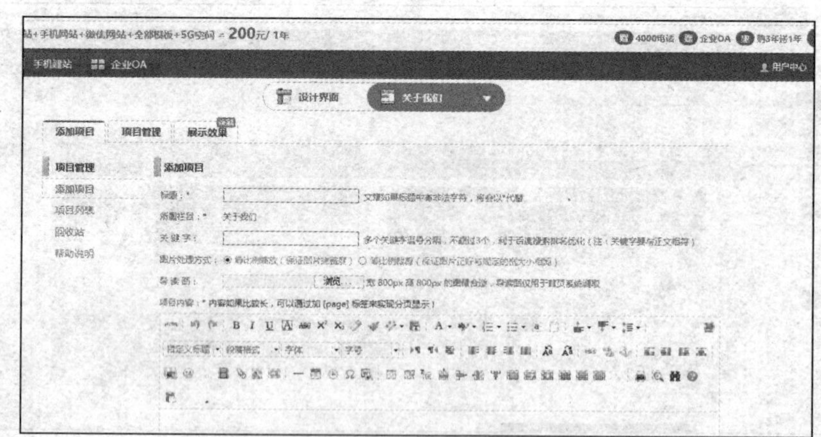

图 9-15　内容编辑页面

自助建站有如下优点。

（1）不受专业限制和学历限制，能上网、会打字就能建网站。

（2）设备简单，只需一部计算机（如条件允许，也可增加一台扫描仪或一架数码相机），安装宽带或拨号上网，这样一切就都解决了。

（3）管理比较容易，根据市场的变化，可随时更改内容信息。

（4）使用自助建站系统，价格低、性价比高、节省资金。

（5）模板种类多，可以很方便地更换一套，给网站来个改头换面，美化一番。

（6）搭建网站方便、快捷，只要把模板往空间一传，设置好域名指向，网站就可以访问了。

（7）具有灵活的网站自定义能力，可以随时对栏目页面进行内容更新。网站建立后，仍然可以随时更换网站外观模板和网站标题。

9.4.2 专业网站建设

自助建站是一个企业常常选择的建站形式，有的是收费的，每年交费500元；有的是免费的。其实免费的盈利空间更大，因为随着企业对网络的认识，企业肯定会需要建设功能更强、页面更精美的网站，绝对不会仅仅满足于一个自助建站；而这些自助建站的站长们，在这个时候都会承揽专业网站建设业务；因为他们手里掌握着给这些企业代注册的域名，所以企业会选择他们作为自己新网站的建设者。因为当时人家免费为企业提供网站，本身就是欠对方一个人情。

网站建设是网络程序员与设计师应用各种网络设计技术，为企事业单位、公司和个人在全球互联网上建立自己的站点。网站是企业展示自身形象、发布产品信息、联系网上客户的新平台、新天地，进而可以通过电子商务开拓新的市场，以极少的投入获得极大的收益和利润。

网站建设深层次地来讲还要包括网站策划、网页设计、网站推广、网站评估、网站运营、网站整体优化等。网站建设的目的是通过网站达到开展网上营销、实现电子商务的目的。网站建设首先由网络营销顾问提出低成本回报的网络营销策划方案。通过洞悉项目目标客群的网络营销策略，引发、借力企业与网民，以至于网民与网民之间的互动，使企业以最小的营销投入超越竞争对手，获得更高效的市场回报。营销网站常以规划网站前期策划作为网络营销的起点，规划的严谨性、实用性将直接影响到企业网络营销目标的实现。网站建设者以客户需求和网络营销为导向，结合自身的专业策划经验，协助不同类型企业，在满足企业不同阶段的战略目标和战术要求的基础上，为企业制定阶段性的网站规划方案。网站建设者通过为企业或个人建设网站而得到相应的报酬。

在网站建设方面，还有一种操作办法，那就是去直接做好网站，然后再去推销业务。例如，搜索一下本地的企业网站，找寻出一些网站做得很差的企业，然后再到网上搜索同行业做得非常漂亮的企业网站，接着模仿比较漂亮的企业网站，制作出一个精美的网站，最后直接拿着这一网站去推广业务。

案例分析——从海淘族转型到国际品牌中国区总代理

王斯和龙俊宇海外留学后，两人分别放弃了华为和全球四大会计师事务所的工作机会回国自主创业。

2008 年中学毕业后，王斯远赴荷兰留学，主修市场营销专业。在课余时间，他喜欢参加一些当地的羽毛球比赛。

王斯在某次同一个外国选手比赛时，请朋友拍摄了一段视频。赛后王斯将比赛视频上传到了中国最大的羽毛球网站，没想到这段输球的视频在圈内引起了广泛关注，众多羽毛球高手给了王斯专业上的指导，帖子点击量突破万次。之后，王斯不断将自己征战欧洲赛场的信息在网上分享，他在国内的羽毛球圈成了一位网红，不少帖子的点击量都过万。

王斯开始考虑如何发掘粉丝的价值，于是他成了一名海淘，课余时间帮人代购与羽毛球有关的体育用品。

2014 年 2 月，王斯用所有的积蓄买下这些产品，然后带回国。回国前，王斯在华为荷兰公司的实习获得了认可，本来有机会留下来，但他依然决定自己创业。

要实现销售，王斯首先想到的是精准定位。在国内的羽毛球论坛上，王斯已是一位网红，积累了一批粉丝。王斯果断地在羽毛球网站投放了广告，产品很快就被一些羽毛球爱好者接受。

同时，王斯运用自己的海淘经验和资源，对产品进行包装销售。不到两个月，他在荷兰买下的产品就销售一空。不久，这家公司将这种产品中国地区的总代理权签给了王斯。不久，王斯的业务迅速从网络销售向赛事赞助、俱乐部产品代理等领域纵深发展，在广东、辽宁、吉林、上海等省市签下了一批代理商。

【分析】

当前的海外代购主要有两种途径：一种是私人代购，包括熟人海外代购和职业私人代购，主要是通过委托私人的方式进行境外购买；另一种是专业代购平台，又称为官方代购，是指通过设立相对稳定和合法的组织机构开展境外代购业务。

课后习题

1. 什么是竞价排名推广？
2. 什么是网站客服系统？
3. 怎样代理报纸广告中的产品？
4. 怎样代理国外产品？
5. 怎样代理门户网站广告中的项目？
6. 怎样利用自助建站软件建设网站？

第 10 章 淘宝客轻松创业

学习目标

- (1)掌握淘宝客推广方法
- (2)掌握淘宝联盟推广
- (3)掌握在 QQ 空间里推广商品
- (4)掌握淘宝客联盟社区推广

淘宝客，是一种按成交计费的推广模式，也指通过推广赚取收益的一类人。淘宝客只要从淘宝客推广专区获取商品代码，任何买家（包括淘宝客自己）经过淘宝客推广（如链接、个人网站、在博客或者社区发帖子等）进入淘宝卖家店铺完成购买后，就可得到由卖家支付的佣金；简单地说，淘宝客就是指帮助卖家推广商品并获取佣金的人。

10.1 淘宝客推广

淘宝客推广就是利用自己的资源帮店家推广商品或店铺从而赚取佣金。选择淘宝客推广的优点是不需要前期就支付费用，而是在成交之后按照之前设置的佣金比例来支付给淘宝客。简单地说，就是给他人推广佣金就可以令我们双赢，这就是很多人都投身淘宝客行业的原因。

10.1.1 淘宝客佣金如何结算

下面列出几个重要的佣金概念，以利于读者迅速了解佣金的基础知识。

（1）佣金比率：是指淘宝卖家愿意为推广商品而付出的商品单价的百分比。

（2）个性化佣金比率：淘宝卖家加入淘宝客推广后，可以在自己的店铺中最多挑选 20 件商品作为推广展示商品，并按照各自的情况设定不同的佣金比率，这些商品的佣金比率就是个性化佣金比率。

（3）店铺佣金比率：淘宝卖家加入淘宝客推广后，除了设定个性化佣金比率外，还需要为店铺中其他商品另外设定一个统一的佣金比率，用来支付由推广展示商品带动店铺其他商品成交的佣金。

（4）佣金：指的是该商品的单价×佣金比率，是淘宝卖家愿意为推广商品而付出的推广费。当淘宝客推广的交易真正通过支付宝成交后，除去淘宝联盟服务费，就是淘宝客的收入。

淘宝客在淘宝联盟注册后，需要到淘宝联盟后台绑定用来收款的支付宝账户，以后佣金将通过这个支付宝账户结算。当天产生的佣金，次日可以在淘宝联盟预期收入账户中查看到，每月 15 号淘宝联盟都会做上个月整月的月结，月结后正式转入淘宝客的支付宝账户中。

10.1.2 淘宝客【分享+】管理

【分享+】产品致力于为商家和消费者搭建无线端营销推广新玩法。采用新的 CPA 计费模式，以利益刺激消费者分享和推广，帮助商家引入更多无线流量。同时，推广带来的成交按现有淘宝客产品 CPS 的结算逻辑处理。【分享+】产品具体操作步骤如下。

（1）打开淘宝客首页，输入用户名和密码，单击右侧的“进入我的淘宝客”超链接，如图 10-1 所示。

（2）进入淘宝客推广后台管理页面，如图 10-2 所示。

（3）单击左侧导航中的“计划管理”中的“【分享+】管理”超链接，打开分享产品页面，如图 10-3 所示。

（4）单击“分享评价”产品，打开“分享评价”设置页面，用户在本店产生消费行为并对订单进行评价后，系统会自动提示分享评价入口，通过奖励模式刺激消费者将评价内容分享到各大无线社交渠道。奖励模式是，分享者成功分享且邀请 1 人回访可获得 0.1 元，之后每邀请满 3 人可以获得商家设置的相应奖励金额，如图 10-4 所示。

图 10-1　单击“进入我的淘宝客”超链接

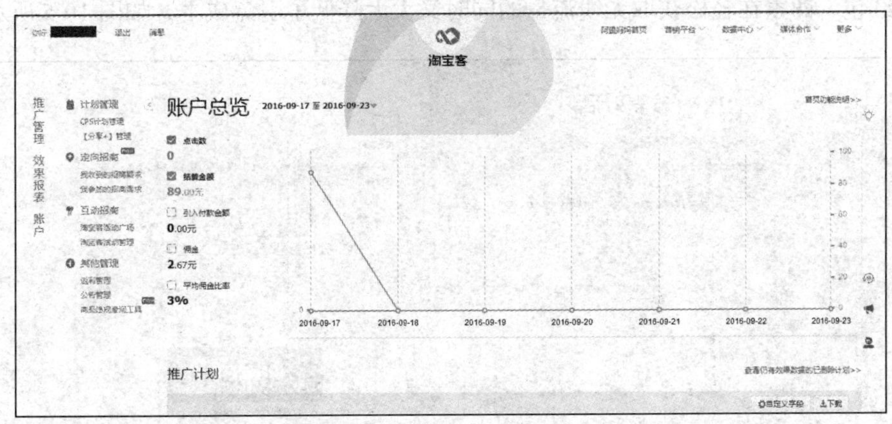

图 10-2　淘宝客后台管理页面

图 10-3　分享产品页面

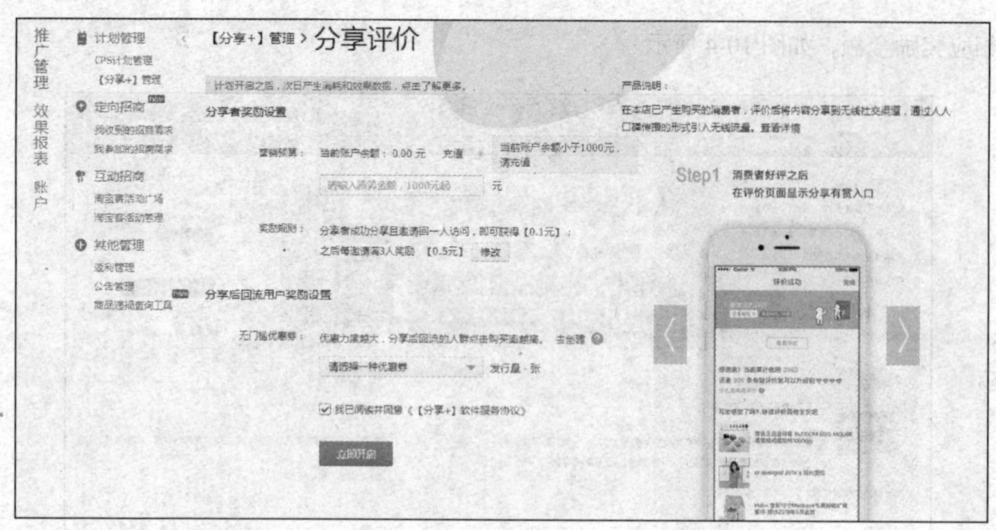

图 10-4 “分享评价”设置页面

（5）单击“分享好店”产品，打开“分享好店”设置页面，以手淘用户和店铺消费者作为分享人群，然后通过分享店铺引流，采用新的 CPA 计费模式，以利益刺激消费者进行分享。分享带来回流用户后奖励红包，商家在轻松获取无线流量的同时又大大降低了引流成本，如图 10-5 所示。

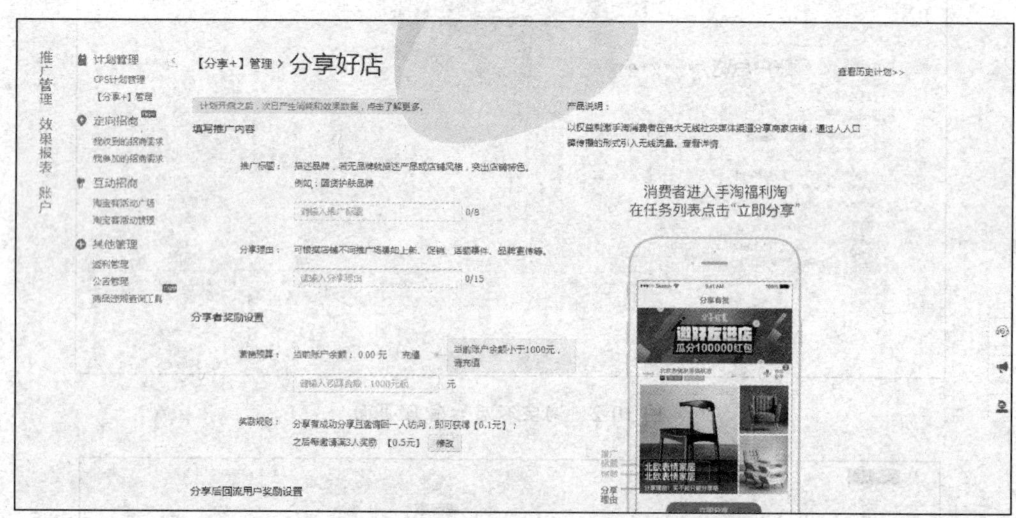

图 10-5 “分享好店”设置页面

10.1.3 淘宝客活动推广

淘宝客活动推广就是淘宝客帮助推广你的产品，成交后付给淘宝客佣金，佣金设置随意，是一种低成本促销宝贝的方法。具体操作流程如下。

（1）登录淘宝客管理页面，单击左侧互动招商下面的“淘宝客活动广场”，这里汇聚了众多优质淘宝客发起的活动，如图 10-6 所示。

（2）了解活动要求，单击后面的“立即报名”超链接，打开选择主推宝贝页面，单击选择宝贝即可添加到右侧的选中宝贝框中，如图 10-7 所示。

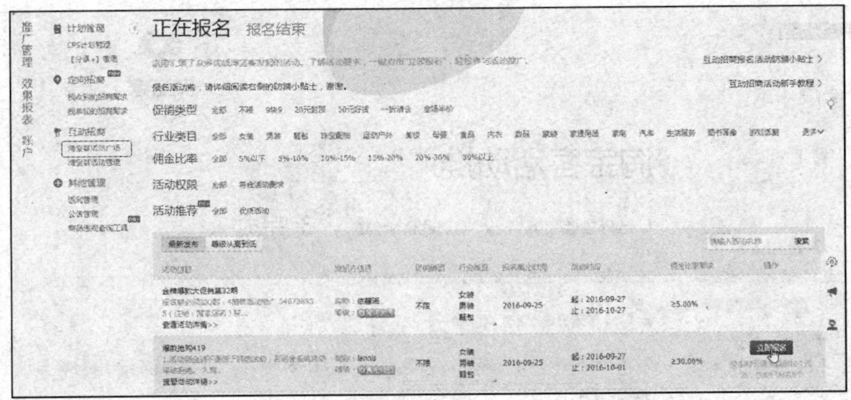

图 10-6 淘宝客活动广场

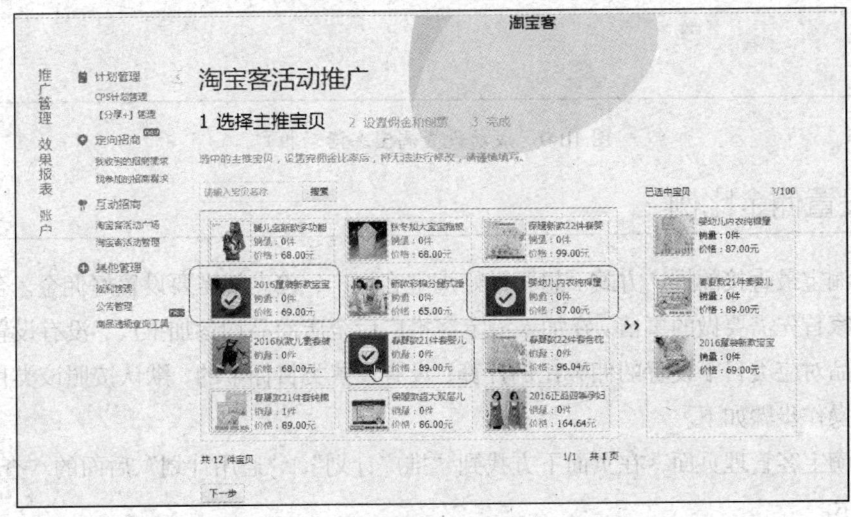

图 10-7 选中宝贝

图 10-8 “设置佣金和创意”页面

（3）单击“下一步”按钮，打开“设置佣金和创意”页面，可以设置自己的佣金或者创意，如图 10-8 所示。

（4）设置完毕，单击底部的“完成”按钮，即可成功设置淘宝客活动推广，如图 10-9 所示。

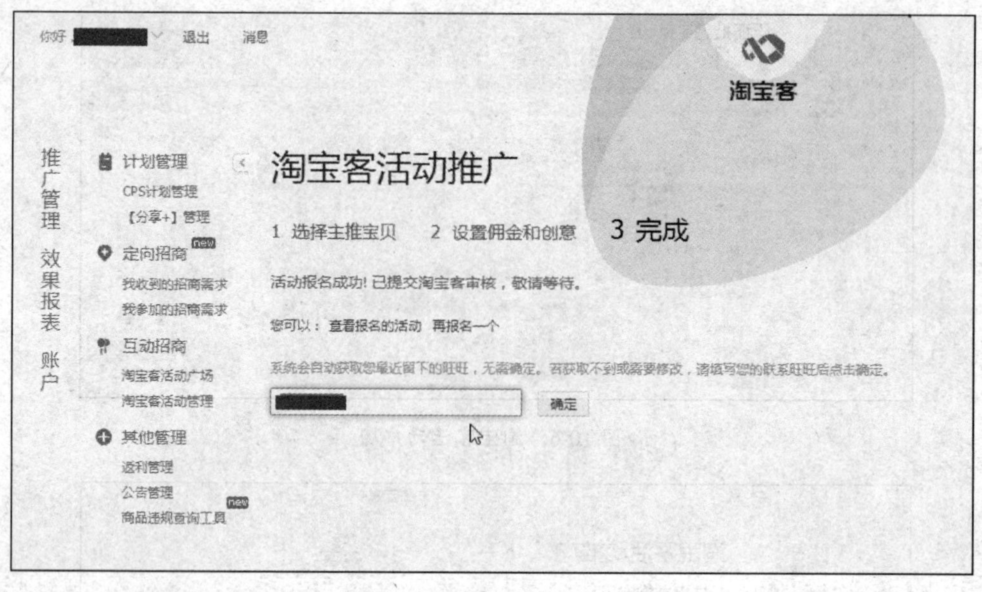

图 10-9 成功设置淘宝客活动推广

10.1.4 设置佣金比例

淘宝客是淘宝最直接的推广方式。想要做好淘宝客推广，首先就需要设置好佣金。合理地设置淘宝客佣金是店家首先需要做的事情。在加入淘宝客推广后全店商品均参加推广，没有设置佣金比例的商品按照该商品对应类目下设置的佣金比例计算；没有设置类目佣金的，默认按照该类目最低佣金比例计算。具体操作步骤如下。

（1）登录淘宝客管理页面，在页面下方找到“推广计划”|“通用计划”后面的“查看”超链接，如图 10-10 所示。

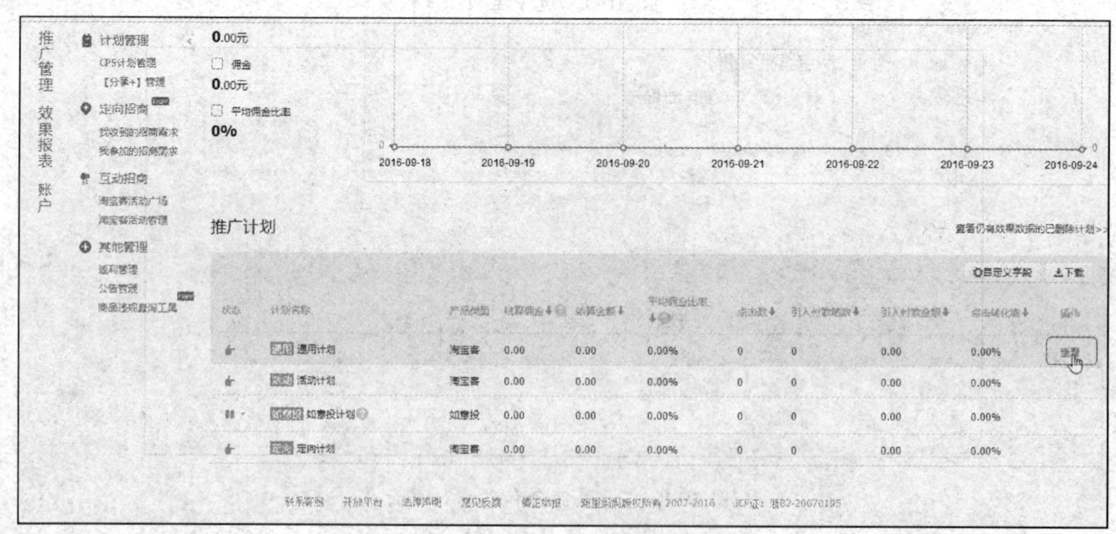

图 10-10 单击“查看”超链接

（2）打开“类目佣金设置”对话框，在这里设置佣金比例，如图 10-11 所示。

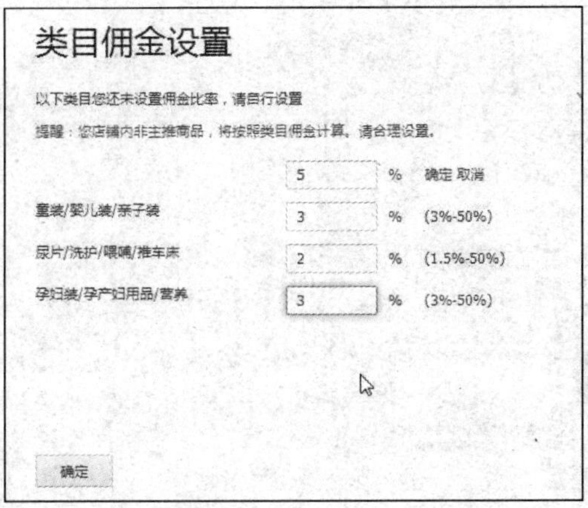

类目佣金设置

以下类目您还未设置佣金比率，请自行设置

提醒：您店铺内非主推商品，将按照类目佣金计算，请合理设置。

	5	%	确定 取消
童装/婴儿装/亲子装	3	%	(3%-50%)
尿片/洗护/喂哺/推车床	2	%	(1.5%-50%)
孕妇装/孕产妇用品/营养	3	%	(3%-50%)

确定

图 10-11 设置佣金比例

（3）单击“确定”按钮，打开并设置佣金，单击“新增主推商品”按钮，如图 10-12 所示。

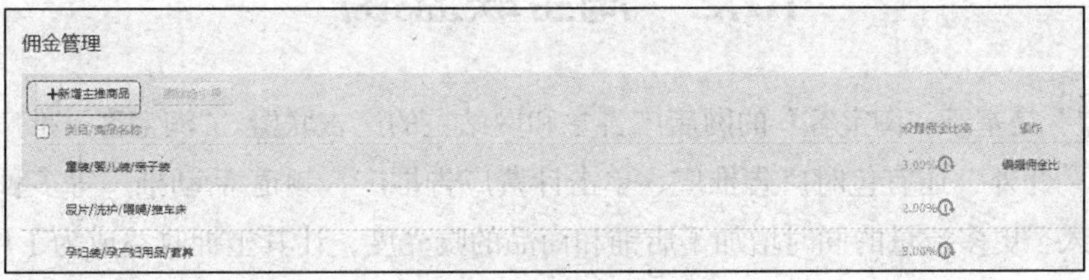

佣金管理

+新增主推商品

类目/商品名称		操作
童装/婴儿装/亲子装	3.00%	编辑佣金比
尿片/洗护/喂哺/推车床	2.00%	
孕妇装/孕产妇用品/营养	3.00%	

图 10-12 设置佣金

（4）进入后选择要重点推广的商品，通用计划最多可设置 30 个主推商品，如图 10-13 所示。

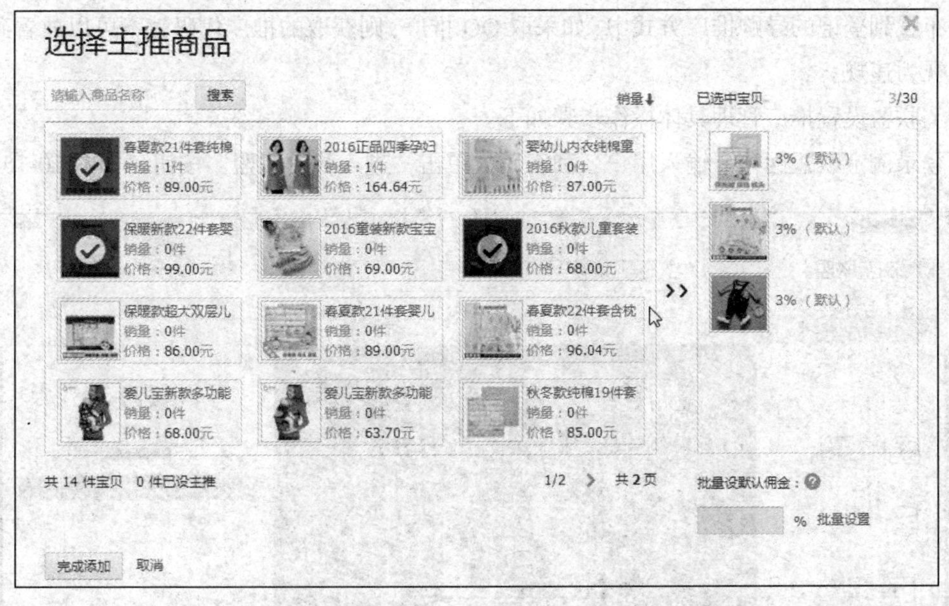

图 10-13 选择主推商品

（5）单击“完成添加”按钮，推广成功后佣金将按照对该商品设置的佣金比例计算，如图 10-14 所示。

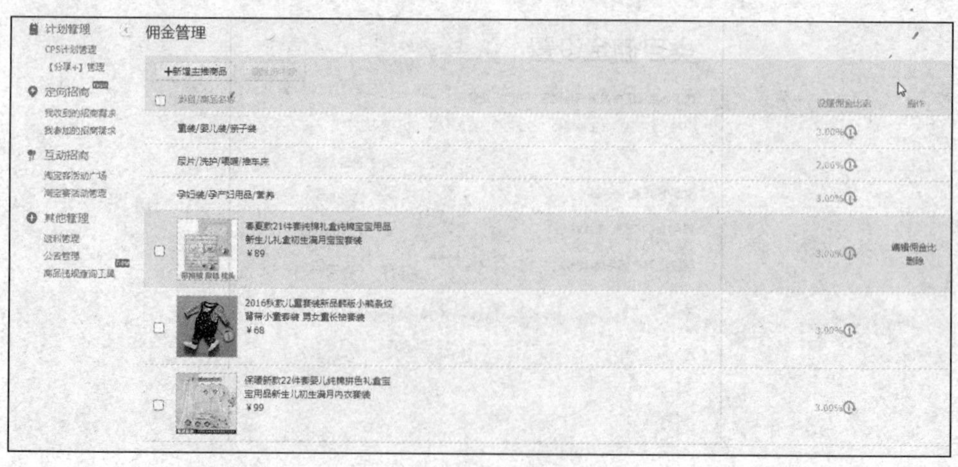

图 10-14 佣金管理

10.2 淘宝联盟推广

“淘宝联盟”是基于“淘宝客”的网店广告主和网站主的广告联盟。“淘宝客”推广是淘宝联盟广告推广的核心，此外，还有包时广告推广、单击计费广告推广、频道/活动推广等多种形式。淘宝联盟让广告主引入了更多流量的同时增加了店铺和商品的曝光度，让其坐拥收益成为了可能。

10.2.1 在淘宝联盟设置推广管理

不同的推广方式都需要在推广管理中进行登记。如是采取导购管理的，则获取的导购管理的推广代码就要布置到登记的导购推广方式中；如采取 QQ 推广，则获取的推广代码就不可以放置到微博中，否则就被视为违规。

在淘宝联盟设置推广管理具体操作步骤如下。

（1）登录淘宝联盟网站，输入用户名和密码，单击“进入我的联盟”按钮，如图 10-15 所示。

图 10-15 单击“进入我的联盟”按钮

（2）进入淘宝联盟后台页面，单击左侧的导航“推广管理”超链接，打开并选择要推广的媒体，单击“新建导购推广”按钮，如图 10-16 所示。

图 10-16 单击“新建导购推广”按钮

（3）单击以后打开“新增导购推广”设置页面，设置导购名称、导购类型和媒体类型，如图 10-17 所示。单击“确定”按钮，导购推广即可设置成功。

新增导购推广

导购名称：精品童装

导购类型：聊天工具

媒体类型：QQ

账号： 删除

新增QQ账号

群号： 删除

新增QQ群号

确定 取消

图 10-17 设置导购推广

10.2.2 在淘宝联盟设置单品推广

淘宝联盟是一个推广类网站，可以在淘宝联盟领取一些特定的代码，通过推广这些代码，可以赚取相应的佣金。首先，要设置推广单品。本节就来讲述淘宝联盟怎样设置推广单品。具体操作步骤如下。

（1）登录淘宝联盟网站，单击左侧导航中的“联盟产品”按钮，在导航中单击“自助推广”|“单

品店铺推广”超链接，在单品推广文本框中输入要推广的商品，如图 10-18 所示。

图 10-18　输入商品

（2）单击后面的“搜索”按钮，搜索到要推广的商品，单击底部的“立即推广”按钮，如图 10-19 所示。

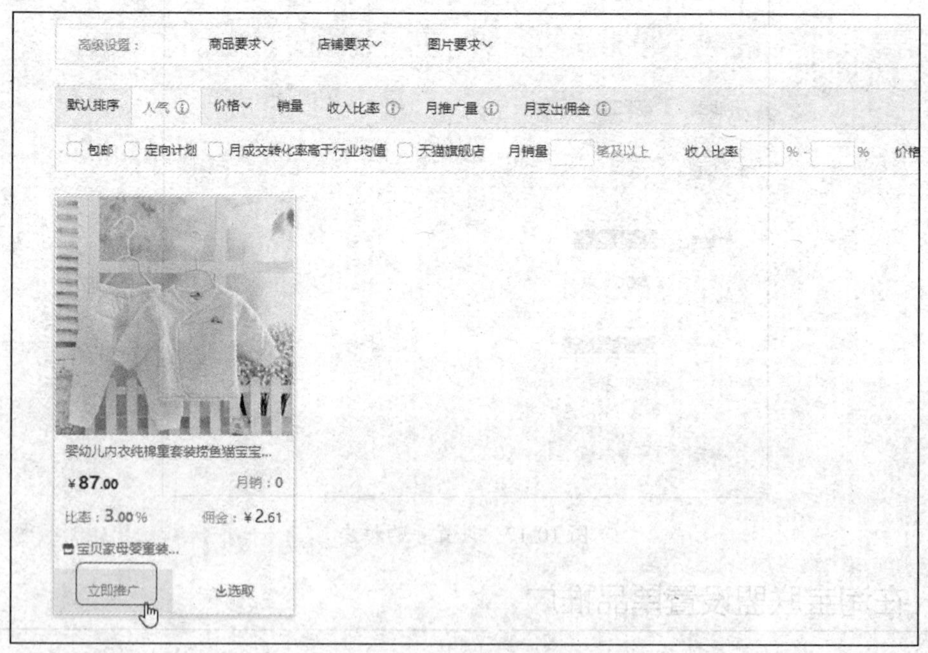

图 10-19　单击“立即推广”按钮

（3）打开“设置推广位”页面，选择设置“推广类型”“导购名称”“投放推广位”和“推广位名称”，如图 10-20 所示。

（4）单击“确定”按钮，即可获取推广链接，可以是短链接、长链接、二维码和淘口令，如图10-21所示。

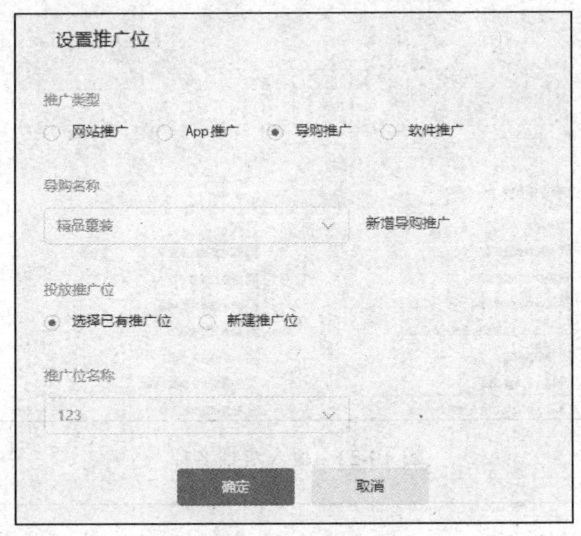

图 10-20 “设置推广位”页面

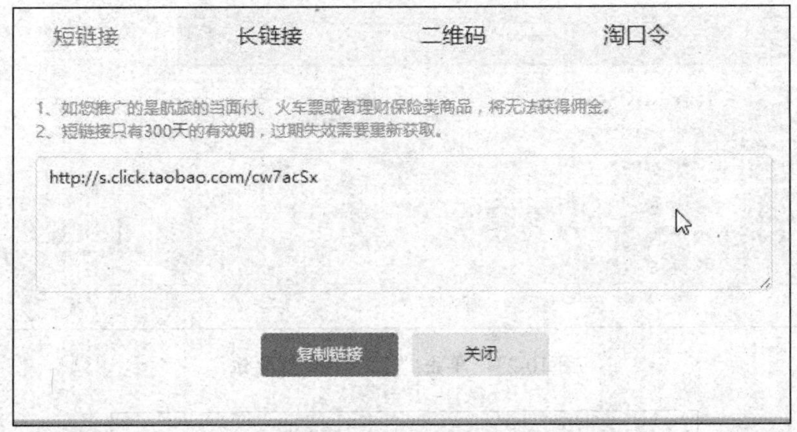

图 10-21 获取链接

10.2.3 利用淘宝联盟推广店铺

淘宝客还可选择推广某个卖家的整个店铺，推广后，买家将从淘宝客的推广链接直接进入淘宝卖家的店铺。具体操作步骤如下。

（1）登录我的淘宝联盟，单击左侧导航中的“联盟产品”按钮，在导航中单击“自助推广”|“单品店铺推广”超链接，在店铺推广文本框中输入要推广店铺的名称，如图10-22所示。

（2）单击“搜索”按钮，即可搜索到店铺名称，在店铺右边单击“立即推广”按钮，如图10-23所示。

（3）打开“设置推广单元”对话框，设置“推广类型”“投放推广位”“推广位名称”和“推广渠道”，如图10-24所示。

图 10-22　输入店铺名称

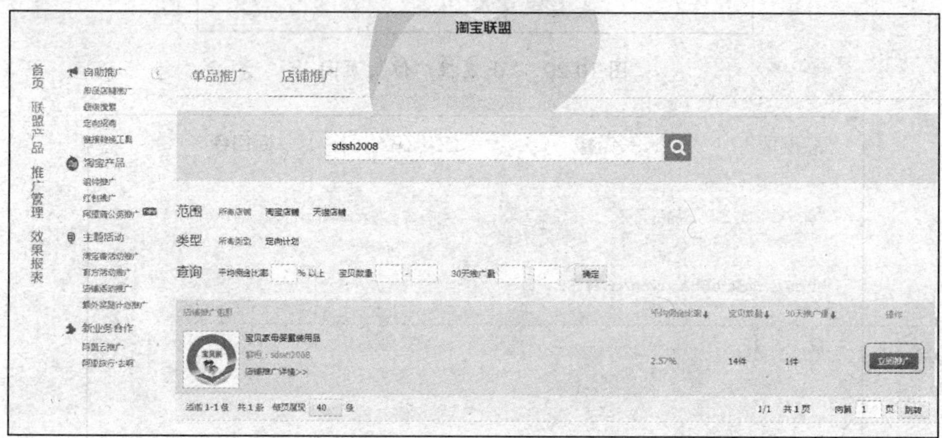

图 10-23　单击“立即推广”按钮

设置推广单元

推广类型：○网站推广　○App推广　◉导购推广　○软件推广

导购名称：精品童装　新增导购推广

投放推广位：◉选择已有推广位　○新建推广位

推广位名称：123

推广渠道：123　添加>
（选填）

新建渠道

确定　取消

图 10-24　设置推广单元

（4）单击“确定”按钮，在店铺获取代码页面获取该店铺推广代码，如图 10-25 所示。

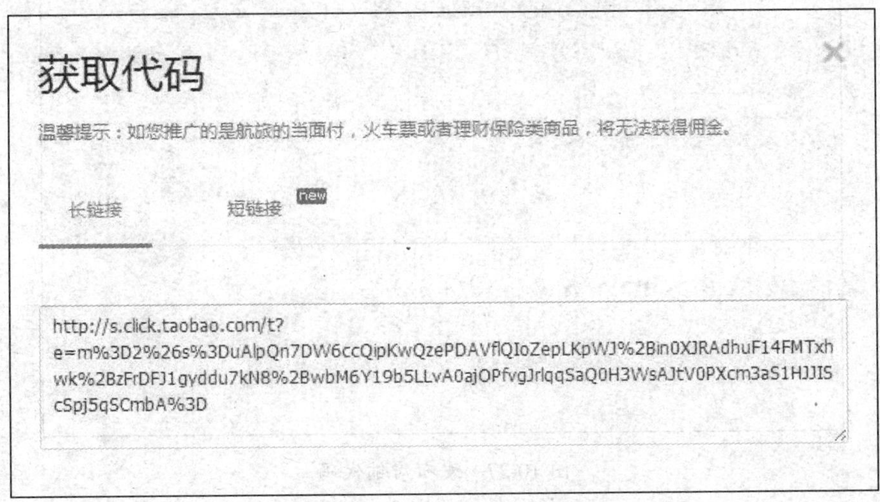

图 10-25　获取该店铺推广代码

10.3　在 QQ 空间里推广商品

QQ 空间是目前国内领先的个人空间和社区，而借助腾讯和 QQ 之力，QQ 空间的黏合力不容小视。QQ 空间具有博客的功能，在 QQ 空间上可以书写日记、上传自己喜欢的图片、链接动听的音乐、写心情等通过 QQ 空间，你可以选择多种方式展现自己。

大多数人都有 QQ，而且也会有很多好友。用 QQ 空间推广商品是简单易行的，具体操作步骤如下。

（1）首先进入淘宝客联盟，复制要推广店铺的代码，来到 QQ 空间把代码粘贴到描述里，如图 10-26 所示。

图 10-26　复制代码

（2）单击“发布”按钮，即可发布自己的商铺代码，如图 10-27 所示。

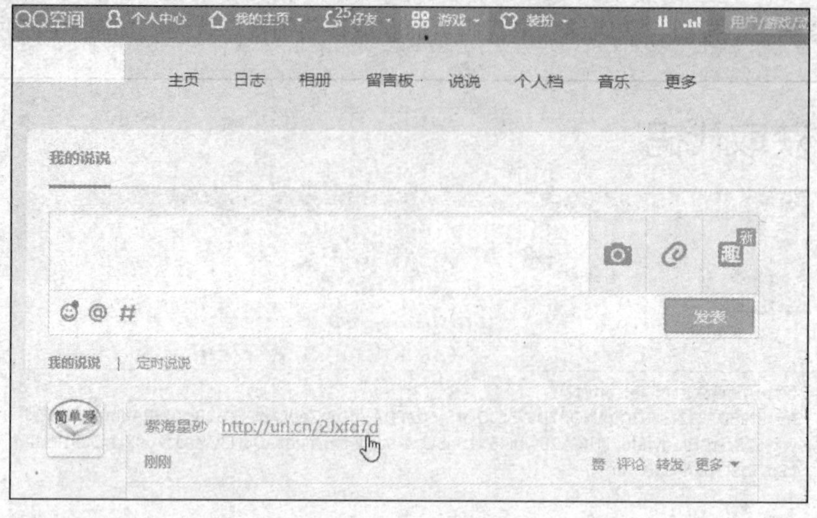

图 10-27　发布店铺代码

10.4　淘宝客联盟社区

淘宝联盟社区是淘宝联盟旗下的网站，在这里你可以找淘宝客、进行掌柜分享和如意投。下面讲述发布淘宝客信息的具体操作步骤。

（1）登录进入淘宝客，单击右上角的“联盟社区”超链接，如图 10-28 所示。

图 10-28　单击“联盟社区”超链接

（2）进入阿里妈妈淘宝会员社区，单击“找淘宝客”超链接，如图 10-29 所示。

（3）打开找淘宝客页面，单击右下角的“发帖”按钮，掌柜发布找淘宝客信息，如图 10-30 所示。

图 10-29 单击“找淘宝客”超链接

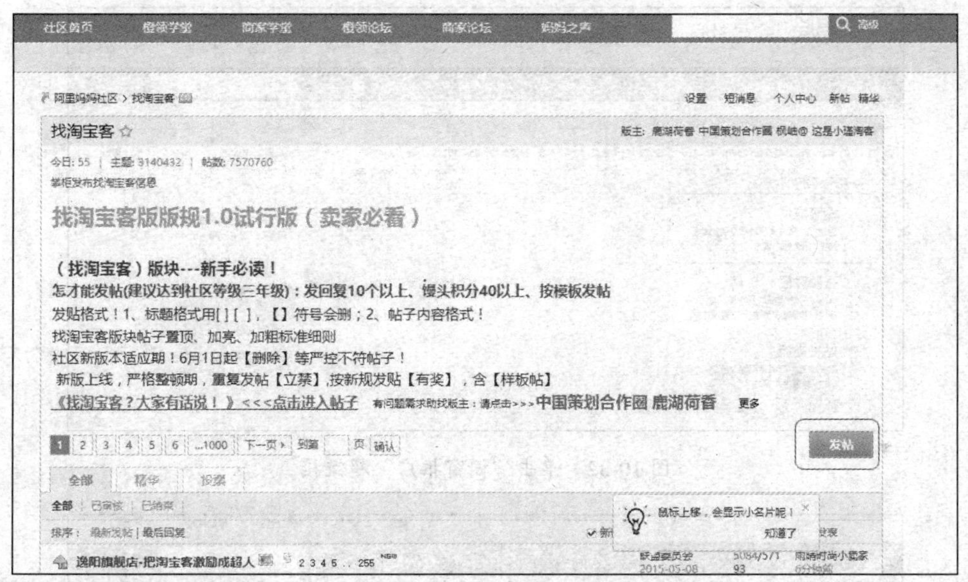

图 10-30 发布淘宝客信息

10.5 Tanx ssp 橱窗推广

Tanx ssp 为媒体提供全方位的展示推广服务。橱窗推广是阿里妈妈旗下 Tanx ssp 推出的基于实时竞价交易市场的高收益产品。我们只需要在网站上添加橱窗推广代码，系统便会动态地将推广位的每次展现分配给出价最高的买方，按 CPM 计费，最大限度地提升卖家收益。下面讲述 Tanx ssp 橱窗推广的具体操作步骤。

（1）登录进入淘宝客，单击导航“橙领论坛”|“Tanx ssp 橱窗推广”超链接，如图 10-31 所示。

（2）打开橙领论坛中的 Tanx ssp 橱窗推广页面，单击“橱窗推广”超链接，如图 10-32 所示。

（3）打开橱窗推广页面，选择橱窗推广合作方案，如图 10-33 所示。

图 10-31　单击“Tanx ssp 橱窗推广”超链接

图 10-32　单击“橱窗推广”超链接

图 10-33　选择橱窗推广合作方案

（4）打开“橱窗推广规划”页面，单击“立即加入”超链接，如图 10-34 所示。

图 10-34 “橱窗推广规划”页面

（5）进入 Tanx ssp 橱窗推广编辑管理页面，如图 10-35 所示。

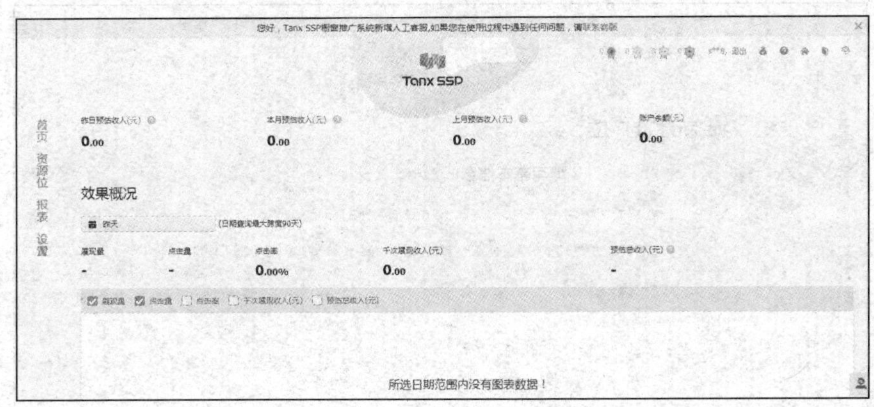

图 10-35 Tanx ssp 橱窗推广编辑管理页面

（6）单击左侧的“资源位”按钮，打开推广位设置页面，单击“新建推广位”按钮，如图 10-36 所示。

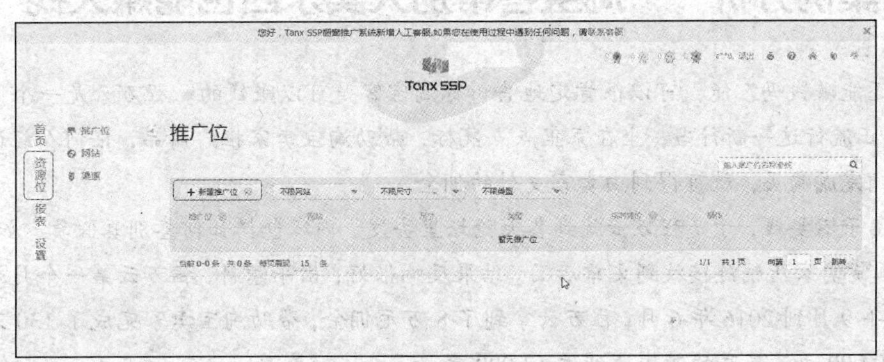

图 10-36 推广位设置页面

（7）打开“新建推广位”页面，选择平台和类型，如图 10-37 所示。

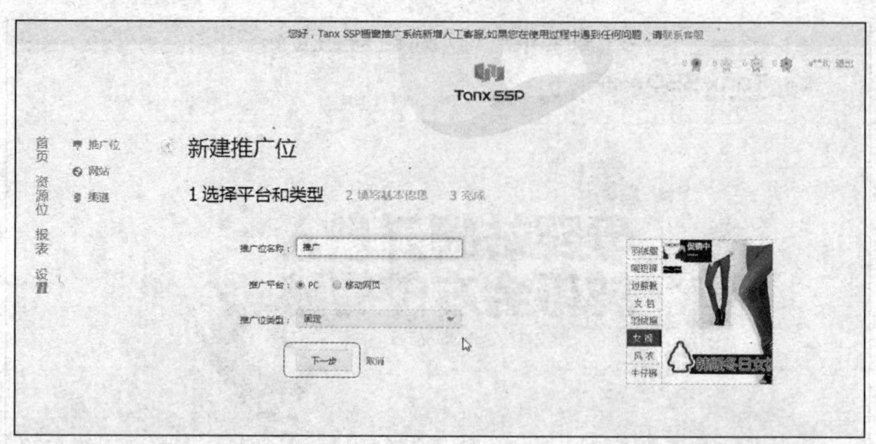

图 10-37　选择平台和类型

（8）单击“下一步”按钮，填写基本信息页面，选择推广尺寸、所属网站、所属渠道和备注，如图 10-38 所示。单击底部的“完成”按钮，即可成功新建推广位。

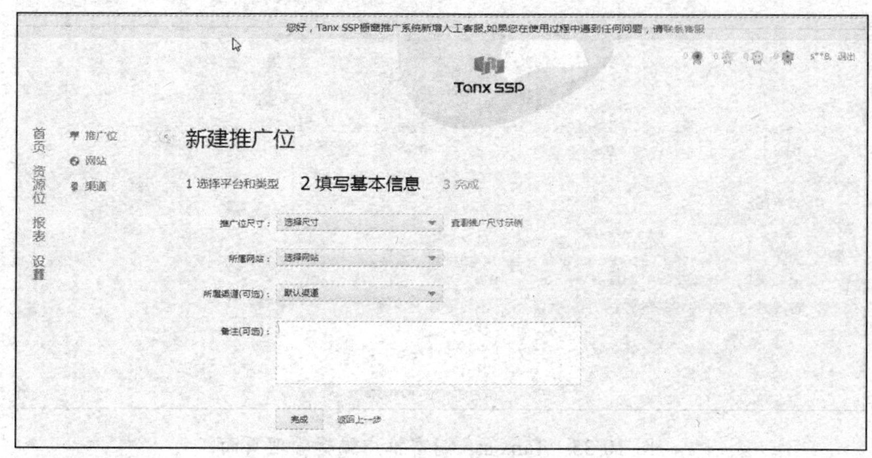

图 10-38　填写基本信息页面

案例分析——淘宝客帮别人卖东西也能赚大钱

淘宝客还能赚钱吗？能，可以很肯定地告诉你淘宝客是可以赚钱的。程万云是一个“淘宝客”。“网赚族”里正流行这一新行当，坐在家里点点鼠标，帮助淘宝卖家推广商品，任何人经过你的链接，进入卖家店铺完成购买，就可得到由卖家支付的佣金。

网上发帖子不要钱，于是程万云就到各大论坛里去发，内容包括如何鉴别真假货、如何选择卖家等，最后把真货卖家店铺链接放到文章后面。结果反响很好，出乎意料，程万云第一个月就赚了 4 500 元。从 2015 年 9 月到 2016 年 6 月，程万云拿到了 8 万元佣金，帮助淘宝卖家完成了 130 万元销售额，平均月收入 9 000 元，最高的时候达到过 13 000 元。

坚持，每个人都懂，但未必每个人都能坚持到底，而成功的人一定是那批在最艰难的时候坚持下来的人。

【分析】

怎样设置淘宝客佣金？

佣金作为吸引淘宝客的重要因素，不同的产品、店铺，用户比例的设置是不一样的。

（1）新店：新店要想吸引淘宝客就要最大程度地给他们让利。要给淘宝客传输一种思想：我的店铺是一只潜力股，并且店家是非常支持淘宝客推广的。

（2）稳定期店铺：这种店铺会不时有淘宝客找上门。这个时候淘宝客佣金不需要做太大的调整，可以根据店铺利润以及行业、竞争对手的情况进行设置，佣金比例设置在行业中等以上即可。

（3）爆款产品：爆款的佣金比例要在利润承受范围内，最好设置在中等偏上。另外，爆款佣金要一直保持稳定的比例。一旦爆款成形，佣金比例切记不要进行很大幅度的变动。如果店铺随意下调佣金，淘宝客忠诚度就会不断下降，转而投向其他店铺的怀抱。

课后习题

1. 淘宝客佣金如何结算？
2. 如何进行淘宝客“【分享+】”管理？
3. 怎样进行淘宝客活动推广？
4. 怎样设置佣金比例？
5. 怎样在淘宝联盟设置推广管理？
6. 怎样在淘宝联盟设置单品推广？
7. 怎样利用淘宝联盟推广店铺？
8. 怎样在QQ空间里推广商品？

CHAPTER 11

第 11 章 拓宽你的资金来源——融资

学习目标

- （1）掌握常见的融资方式
- （2）掌握银行贷款的方法
- （3）掌握 P2P 网络贷款模式
- （4）掌握阿里巴巴网商银行贷款模式
- （5）掌握淘宝贷款的方法
- （6）掌握利用众筹融资的方法

从创业者的角度来讲，融资途径多种多样，可以用私人储蓄、向亲戚朋友求助、同业拆借；可以利用融资机构筹资、向银行贷款、发行企业债券。为给有融资需要的读者提供一些切实有益的参考，我们总结了一些融资途径，相信聪明的读者不难从中发现融资的一些办法，并据以破解自己的资金困局。

11.1 融资方式

融资是件非常重要的事情。目前，国内创业者的融资渠道较为单一，主要依靠银行等金融机构来实现。其实，创业融资有多种渠道来选择。

11.1.1 亲朋融资

对于新创企业来说，除了创业者本人自有资金外，创业启动资金最常见、最简单而且最有效的获得途径就是向亲友借钱。基于他们与创业者之间的亲友关系，也由于他们易于接触，他们是最可能进行投资的人。家庭和朋友能为新创业提供少量的权益资金，可部分满足大多数新创业所需要的少量资本需求。有时候家庭或朋友的帮助并不是直接提供资金，而是通过提供担保等方式帮助创业者获得所需要的资金。这属于负债筹资的一种方式，其优势在于一般不需要承担利息，没有财务成本，只在借钱和还钱时增加现金的流入和流出。

因此，这种方式筹措资金速度快、风险小、成本低。缺陷是会给亲友带来资金风险，甚至是资金损失，如果创业失败就会影响双方的感情。

为了避免一些潜在的问题出现，创业者应当全面考虑投资的正面和负面的影响及其风险性，使得问题出现时，能够尽可能地减少对家人或朋友关系的负面影响。对企业进行严格管理就能帮助减少将来可能出现的问题。任何贷款都要明确规定利率以及本金和利息偿还计划。

11.1.2 银行贷款

银行贷款被誉为创业融资的“蓄水池”，由于银行财力雄厚，而且大多具有政府背景，因此在创业者中很有“群众基础”。目前，银行贷款常见的方式有抵押贷款、信用贷款、担保贷款、贴现贷款。

1. 银行贷款的优点

（1）资金来源稳定。由于银行实力雄厚、资金充足，资金来源也比较稳定。中小企业的借款申请，只要通过了银行的审查，与银行签订了贷款合同，并且满足了贷款的发放条件，银行一般能及时向企业提供资金，满足企业的融资需求。

（2）筹资成本低。相对于其他的融资工具，银行贷款是成本最低的一种。银行贷款的利率要根据具体的情况而定，一般来说，大企业贷款利率高于小企业贷款优惠利率；信用等级低的企业贷款利率可能高于信用等级高的企业贷款利率；中长期贷款利率高于短期贷款利率等。综合来说，银行贷款利率仍是具有比较优势的。

2. 银行贷款的缺点

银行贷款跟其他融资方式相比，主要不足如下。

（1）银行贷款的门槛高。银行为了控制贷款的风险，往往对企业的资质、信誉、成长性等方面要求很高。

（2）银行往往需要抵押物，但是中小企业大多数都没有足够的抵押物来做抵押，从而就导致中小企业很难从银行获得贷款。

11.1.3 政策创业基金

政府提供的创业基金通常被称为创业者的“免费皇粮”。作为调节产业导向的有效手段，各地政府部门每年都会拿出一些扶持资金。例如，近年来武汉市将设立总规模达 1 亿元的青桐创业基金，专门投资大学生创办的企业。按照青桐计划政策规定，受扶持的大学生创业者条件放宽至在校或毕业 5 年内，在创业场地、税收优惠等方面给予大学生创业企业扶持。

1. 政策创业基金的优势

利用政府资金，不用担心投资方的信用问题；政府的投资一般都是免费的，降低或者免除了融资成本。

2. 政策创业基金的劣势

申请创业基金有严格的程序要求；政府每年的投入有限，融资者需面对其他融资者的竞争。

不妨争取这样的政策性扶持，一旦成功，资金问题就会迎刃而解。一些政府创办的高科技企业孵化基地，对通过资格审查的企业将提供免 3 年租金的办公场所，并给予一定的创业扶持资金。

11.1.4 风险投资

风险投资是一种融资和投资相结合的全新的投资方式，是指创业者通过出售自己的一部分股权给风险投资者从而获得一笔资金，用于发展企业、开拓市场，当企业发展到一定规模时，风险投资者出卖自己拥有的企业股权获取收益，再进行下一轮投资。许多创业者就是利用风险投资使企业渡过幼小阶段的。

应当提醒创业者的是，风险投资者虽然关心创业者手中的技术，但他们更关注创业企业的盈利模式和创业者团队，因此，“等闲之辈”很难获得风险投资者的青睐。

1. 风险投资的优势

风险投资有利于有科技含量、创新商业模式运营、有豪华团队背景和现金流良好、发展迅猛的有关项目融资。

2. 风险投资的劣势

风险投资受融资项目局限。

11.1.5 合伙融资

合伙入股不仅可以有效筹集到资金，还可以充分发挥人才的作用，并且有利于对各种资源的利用与整合。

可是，合伙投资要特别注意以下的问题：一是要明晰投资份额；二是要加强信息沟通；三是要事先确立章程。

但俗话说，“生意好做，伙计难做”，合伙投资人都是老板，容易产生意见分歧，降低办事效率，也有可能因为权利与义务的不对等而合伙人之间产生矛盾，不利于合伙基础的稳定。

11.2 银行贷款

银行贷款是指银行根据国家政策以一定的利率将资金贷放给资金需要者，并约定期限归还的一种经济行为。

11.2.1 如何成功获得贷款

究竟需要满足哪些申请条件，才能成功获得银行贷款呢？

要想获得银行贷款需要满足以下条件。

1. 个人信用记录良好

在审核贷款时，银行首先会查看借款人的个人信用，据此决定是否进行进一步的贷前审查。银行评价一个人的信用状况时，通常依据这个人过去的信用行为记录，主要包括个人过去偿还贷款、使用信用卡等信贷交易记录。好的信用记录越多，个人信用记录评分就越高，个人的信用度也就越高，贷款也就越容易；而不良的信用记录则会直接导致无法从银行获得贷款。

2. 工作稳定，收入高

申请无抵押贷款时，收入是银行判定一个人还款能力的标准。如果你有稳定的职业和收入，有偿还贷款本息的能力，那么获取贷款的概率就大。低收入者没有足够的还款能力，银行给予贷款，就相当于要承受更大的风险，即便其收入稳定，但是还款能力低，这也是银行不愿意接受的。而收入情况则需从银行流水账务中体现。

3. 有房有车做抵押

受传统观念的影响，银行“嫌贫爱富”的现象仍然存在。如果借贷人名下有车有房的话，能向贷款机构提供较强的资产证明，那么获得贷款就更会轻而易举了。

4. 明确告知借款用途

与银行接触时，为使其有安全感，借款人必须明确告知借款用途，并确保资金使用在合理范围内。很多银行规定，无抵押贷款和房屋抵押贷款可允许借款人将款项用于购车、装修、旅游、医疗与购买耐用品等消费领域，但不得将其进行购房、炒股、赌博等风险性投资。

11.2.2 利用信用卡获得免息资金

随着商业银行业务的创新，信用卡结算方式日趋电子化。这种电子货币不但时尚，而且对于从事经营的人来讲，急用之时从银行取得一些免息资金也不是没有可能。目前市场上，各大银行都发行信用卡，它们所发行的信用卡或贷记卡就具备透支功能，透支额度根据银行的授信而定，从 2 000 元到几十万元不等。

操作建议："多透支，多使用"是银行授予您更多信用额度的前提条件，同时，争取在不同的银行多办几张卡，则可供使用的资金就会更宽裕了。当然，如果你持的是信用卡，透支后应立即还上透支额，而对于拥有免息期的贷记卡用户来讲，用足免息期不失为明智之举。

11.2.3 个人从工商银行贷款实战

很多人想通过银行贷款但又不知道银行贷款流程。究竟银行贷款流程是怎样的呢？怎样从工商银行贷款呢？具体操作步骤如下。

（1）首先进入中国工商银行网站，通过输入"卡（账）号/手机号/用户名"和"登录密码"进入银行管理页面，如图 11-1 所示。

（2）在银行的后台管理页面，单击"贷款"按钮，如图 11-2 所示。

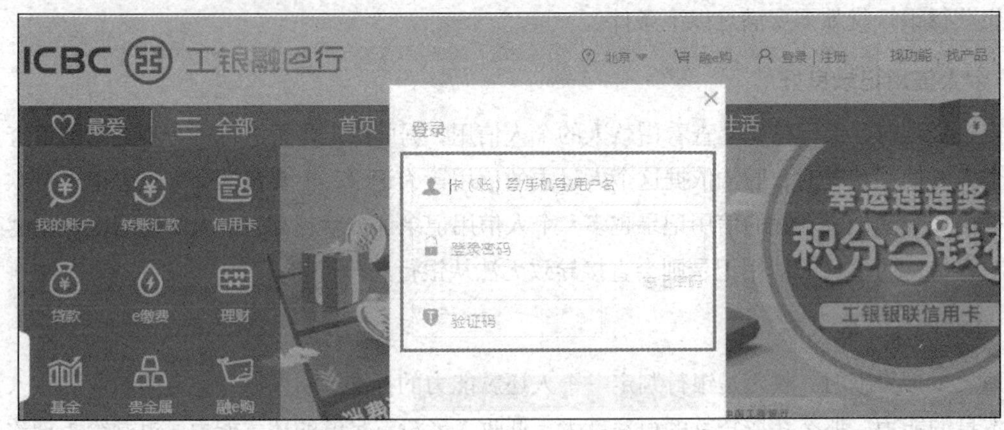

图 11-1　进入中国工商银行网站

图 11-2　单击"贷款"按钮

（3）进入申请贷款页面，如图 11-3 所示，有信用卡和信用消费贷、逸贷、质押贷款、网络抵押贷款等贷款类型。

图 11-3　申请贷款页面

（4）这里以信用消费贷方式为例进行讲解。单击“立即申请”进入贷款申请页面，如图 11-4 所示。

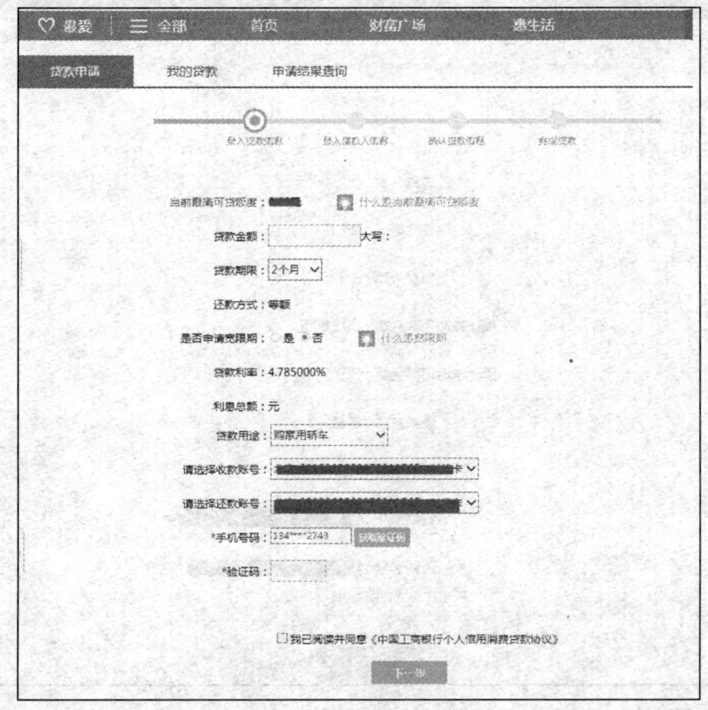

图 11-4　进入贷款申请页面

（5）进入借款人信息页面，填写详细信息，如图 11-5 所示。

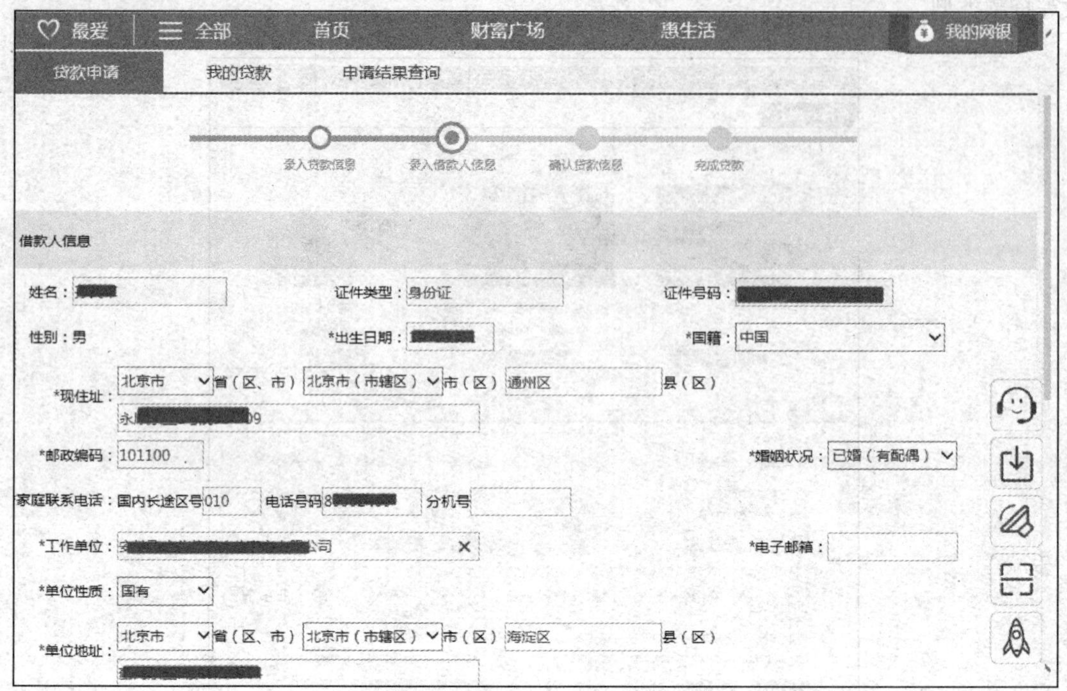

图 11-5　填写详细信息

（6）进入确认贷款信息页面，如图 11-6 所示。

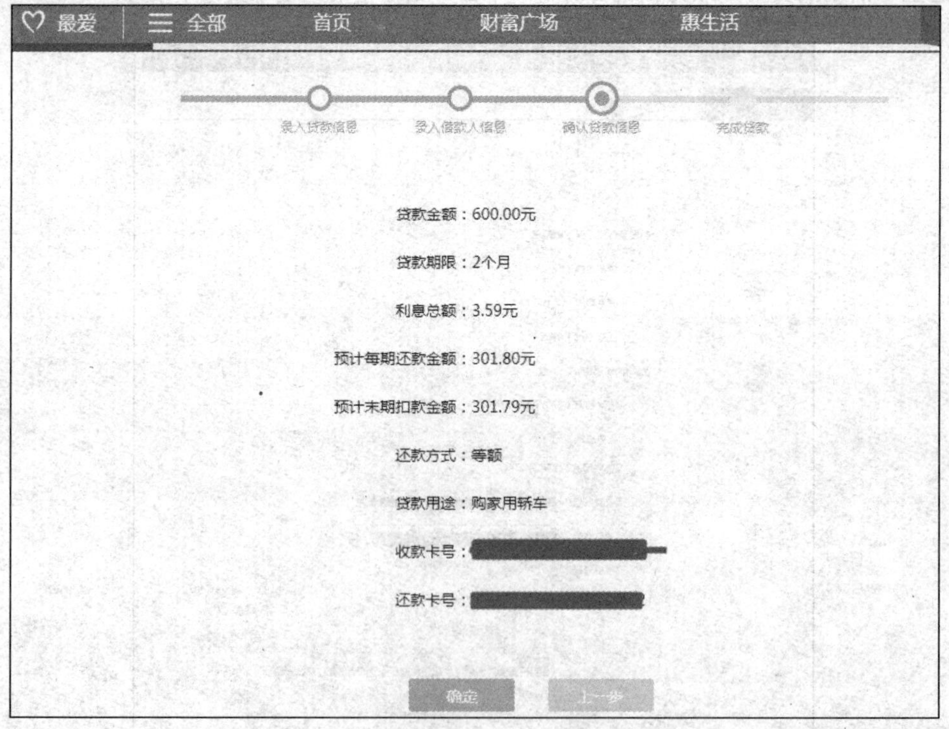

图 11-6　确认贷款信息页面

11.3 P2P 网络贷款

P2P 网络贷款是指个人或法人通过独立的第三方网络平台相互借贷。即由 P2P 网贷平台作为中介平台，借款人在平台发放借款标，投资者进行竞标向借款人放款的行为。

11.3.1 P2P 网贷的概念

P2P 网贷从一个陌生的词发展至今，已被大多数投资者接受。所谓 P2P 网贷，是指个人通过网络平台相互借贷，贷款方在 P2P 网站上发布贷款需求，投资人则通过网站将资金借给贷款方。图 11-7 所示为 P2P 网贷流程。

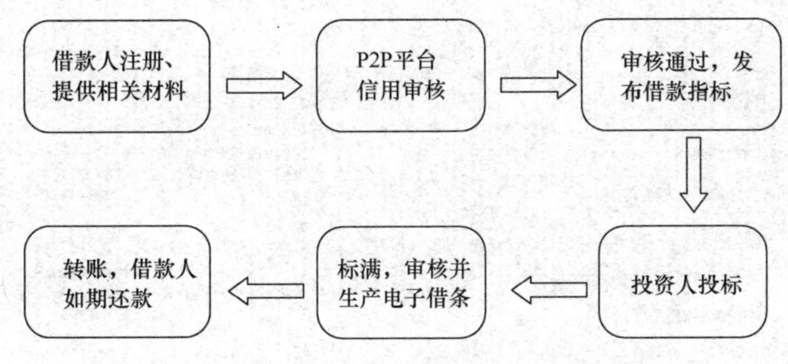

图 11-7　P2P 网贷流程

P2P 网络借贷平台作为中介平台，借款人在平台发放借款列表，理财投资人寻找贷款列表向借款人放贷。这种债务债权的形成脱离了银行等传统的融资媒介，理财投资人可以明确地获知借款人的信息和资金的流向。在 P2P 网贷模式中，P2P 网贷平台在借贷双方中充当服务中介的角色，通过安排多位出借人共同分担一笔借款额度来分散风险，同时也可以帮助借款人方便、快捷地获得融资。

11.3.2 网贷模式

P2P 借贷作为一种基于网络平台的点对点借贷模式，它至少包含了 3 个参与方：借款人、网贷平台和投资人。P2P 借贷模式有以下常见的几种。

1. 纯线上模式

这类模式的最大特点是借款人和投资人均从网络渠道获取信息，多为信用借款，对借款人的信用评估、审核也多通过网络进行。这种模式注重数据审贷技术，注重用户市场的细分，侧重小额、密集的借贷需求。

典型的此类模式平台有拍拍贷等，其特点是资金借贷活动都通过线上进行，不结合线下审核。通常这些企业采取的审核借款人资质的措施有通过视频认证、查看银行流水账单、身份认证等。图 11-8 所示为线上模式的拍拍贷，一般是金额比较小的个人借贷。

2. O2O 线上线下结合的模式

O2O 线上线下结合模式的特点是，P2P 借贷平台主要负责借贷网站的维护和投资人的开发，小贷公司或担保公司寻找借款人，采取线下的方式审核借款人的资信、还款能力等情况。进行审核后推荐给 P2P 借贷平台，平台再次审核后把借款信息发布到网站上，接受线上投资人的投标。典型的 O2O 模式平台如互利网等。

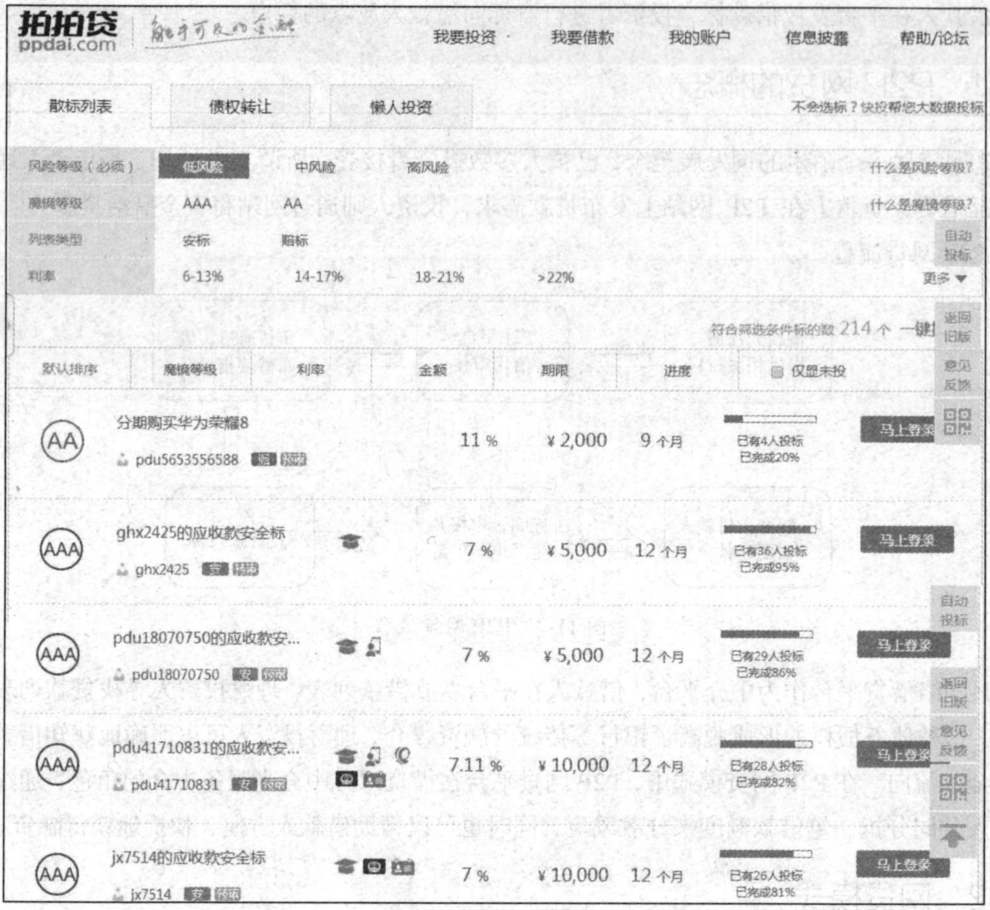

图 11-8　线上模式

3. 担保/抵押模式

担保/抵押模式引进第三方担保公司对每笔借款进行担保，或者要求借款人提供一定的资产进行抵押。该模式下投资者的风险较低。尤其是抵押模式，因有较强的风险保障能力，综合贷款费率有下降空间。

由于引入担保和抵押环节，借贷业务办理的时间会比较长，速度可能会受到影响。在担保模式中，担保公司承担了全部违约风险，对于担保公司的监督显得极为重要，而优质担保公司可能会凭借自身的强势地位挤压 P2P 借贷平台的定价权。典型的担保/抵押模式平台如陆金所。图 11-9 所示为采用担保模式的陆金所。

4. 债权转让模式

债权转让模式是公司作为中间人对借款人进行筛选，以个人名义进行借贷之后再将债权转让给理财投资者。债权转让模式多见于线下 P2P 借贷平台，其经常因体量大、信息不够透明而招致非议。典型的债权转让模式以付融宝为代表，如图 11-10 所示。

图 11-9　担保/抵押模式

图 11-10　债权转让模式

5. P2B 模式

P2B 是指 person-to-business，是个人对（非金融机构）企业的一种贷款模式。P2B 模式的特点是单笔借贷金额高，从几百万元至数千万元乃至上亿元，一般都会有担保公司提供担保。该模式需要 P2P 借贷平台具备强大的调查、信用评估和风险控制能力，对平台的风险承受能力提出了更高的要求。典型的 P2B 模式平台有爱投资、积木盒子等。图 11-11 所示 P2B 模式为积木盒子平台，其中有很多几百万元以上的企业借贷项目。

图 11-11　P2B 模式积木盒子

许多 P2P 借贷平台模式的划分并非总是泾渭分明，上述模式之间也经常存在交叉。例如，P2B 模式平台和 O2O 模式平台大都会引入担保/抵押机制。

11.3.3　P2P 借款流程

对于想要借款又无法在银行获得贷款的借款人，P2P 平台也是一个很好的贷款渠道。通过 P2P 平台，借款人可以很方便地找到自己需要的资金。借款人除支付一定的利息外，还需要向 P2P 平台支付一定的中介费。借款的流程如下。

（1）选择平台。对于借款人来说，选择平台也是很重要的，优质平台可以帮助借款人更快、以更低的利率获得贷款。

（2）借款审核。借款人发标前，需要经过平台严格地审核和调查，一般包括借款人身份证明、收入证明、企业营业执照、住房证明等基本信息，有的还会对借款人进行实地考察。根据 P2P 网络借贷平台的不同，具体细节会有所差异。借款审核是P2P网络借贷平台风控的第一步，也是至关重要的一步，从中过滤掉风险过高的客户，减小逾期风险，降低以后催收的工作难度。

（3）发布借款信息。借款人在网站上发布个人的借贷金额、借款用途、利率、期限等信息，同时还要公布资金的用途和还款来源。

（4）接受贷款。出借人了解借款人的各项信息后根据个人风险承受能力决定是否借贷及借贷的额度。借贷双方达成交易后，电子借贷合同成立，借款人可以得到资金。

11.3.4 陆金所借款流程

陆金所本身设立了两大平台：一个是网络投融资平台（Lufax），另一个是非标金融资产交易服务平台（Lfex）。网络投资平台就是P2P网贷平台，而另一个则是为金融机构服务的平台。本节所说的陆金所自然是指P2P网络投融资平台。与许多互联网金融平台一样，陆金所注册时也需要绑定银行卡。

那么，怎样通过陆金所借款呢？本节就来讲述陆金所借款流程。

（1）登录陆金所网站主页 https://www.lu.com/，单击右上角的“借款”超链接，如图11-12所示。

图11-12 陆金所网站主页

（2）单击左上角的“进入”按钮，如图11-13所示。

图11-13 单击“进入”按钮

（3）进入贷款申请第二步，完善贷款人资产信息，可帮助贷款人更快地获得贷款，如图 11-14 所示。

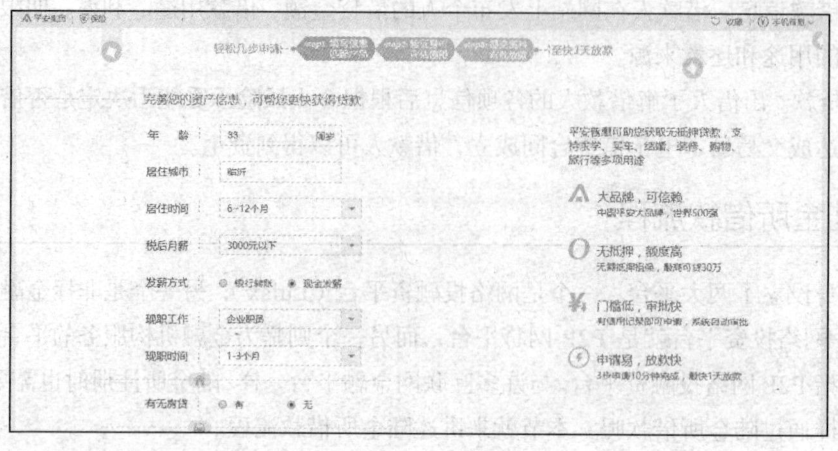

图 11-14　贷款申请第二步

（4）单击“下一步” 按钮，进入提交成功页面，单击“好的，尝试网上申请”按钮，如图 11-15 所示。

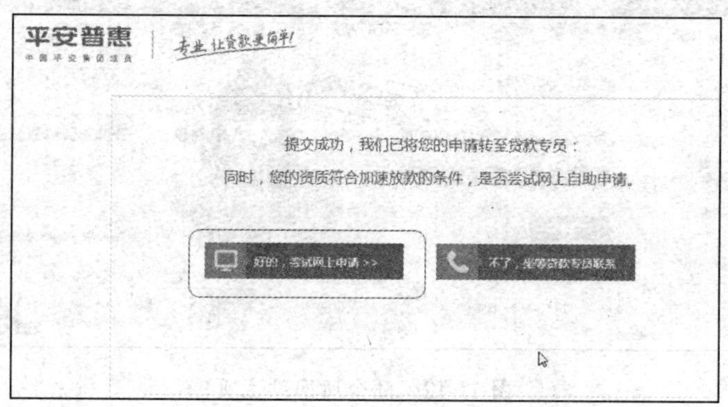

图 11-15　单击“好的，尝试网上申请”按钮

（5）进入贷款申请步骤，填写手机号和验证码信息，如图 11-16 所示。单击底部的“提交”按钮，输入身份证信息进行验证并下载 App 即可。这样，你就可以在手机 App 中根据提示申请贷款了。

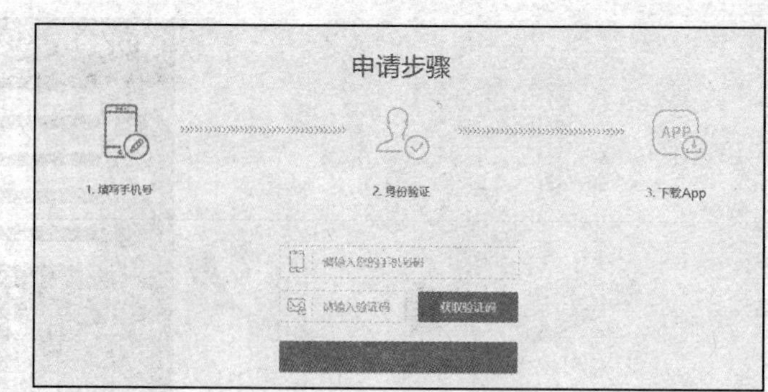

图 11-16　贷款申请步骤

11.4 阿里巴巴网商银行贷款

网商银行，对于关注互联网者来说，应该并不陌生。它是国家银监会第一批试点批准的民营银行，其大股东是马云旗下的蚂蚁金服。网商银行以互联网为平台，面向小微企业、个人消费者和农村用户开展贷款类金融服务。阿里巴巴网商银行贷款具体操作步骤如下。

（1）进入网商银行贷款页面，单击“申请贷款”超链接，如图 11-17 所示。

图 11-17 单击“申请贷款”超链接

（2）进入网商银行贷款申请页面，输入贷款申请的额度、法人代表、身份证和手机号码等信息，单击底部的“立即申请”按钮即可，如图 11-18 所示。

图 11-18 网商银行贷款申请页面

与其他银行相比，网商银行富有人情味，其贷款条件较为宽松，申请成功率也比银行高很多。据悉，网商银行的目标客户通常是在电子商务平台的小微企业和个人消费者，只要你信用良好，就有机会获得网商银行为你提供的小额贷款。

而这个信用良好，指的就是芝麻分、蚂蚁小贷（阿里针对有交易流水的卖家所推出的无担保、无抵押的小额贷款项目）的信用分，网商银行的贷款业务通常是芝麻分 600 分以上的用户才有机会申请。

你可通过以下几个方法来提升自己的支付宝信用。

（1）多在阿里系电商平台天猫、淘宝、聚划算等购物消费。当然，网购也是有讲究的，不要老淘一些便宜货，也要多买一些家电、健身器材、工艺品等大件的商品。

（2）多使用支付宝信用卡还款功能，并及时还款。还信用卡的时候请用淘宝还，并且一定不要逾期还款，每次还款都要比最低还款额多一点。

（3）多用支付宝转账。支付宝用户之间的人脉关系是建立在转账、代付等金钱基础上的。如果你与朋友间经常保持着大金额的往来关系，那么信用分也会高出不少。

11.5 淘宝贷款

淘宝贷款是由蚂蚁微贷运营的面向淘宝卖家的融资产品，旨在通过互联网及数据运营模式帮助众多小企业和创业者解决融资难问题，促进其自主创业，推动企业发展，创造更多就业机会。在淘宝贷款具体操作步骤如下。

（1）打开淘宝贷款页面，单击右侧的“订单贷款”超链接，如图 11-19 所示。

图 11-19 单击“订单贷款”超链接

（2）进入淘宝贷款页面，单击右侧的“等额本金（12 个月）”超链接，你可以看到阿里贷款额度，单击底部的“填写贷款申请”按钮，如图 11-20 所示。

图 11-20 单击“填写贷款申请”按钮

（3）进入“等额本金（12 个月）”填写信息申请表，根据要求一步一步填写信息即可，如图 11-21 所示。

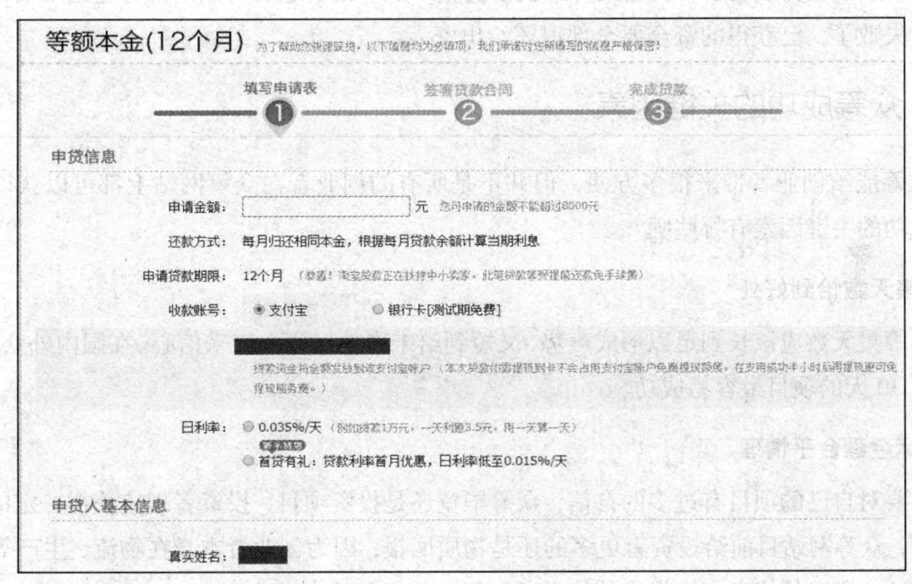

图 11-21 填写信息申请表

11.6 利用众筹融资

通俗地说，众筹就是一群人“凑份子”去投资一个项目，如果项目成功，发起者到期会给出资人一定的回报。如果项目失败，会返还全部金额给出资人。

11.6.1 什么是众筹模式

众筹即大众筹资，它利用互联网和 SNS 传播的特性，让小企业家、艺术家等发起人对公众展示他们的项目，以感谢、实物、作品、股权等作为回报形式，争取出资人的关注和支持，进而获得所需要的资金援助。图 11-22 为众筹模式流程图。

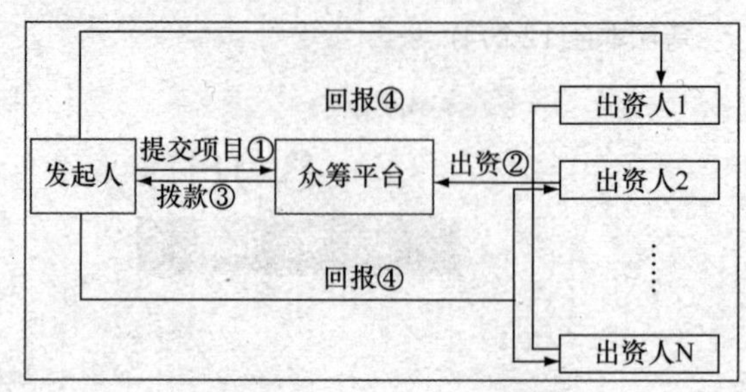

图 11-22 众筹模式流程图

众筹作为一种商业模式最早起源于美国，距今已有 10 余年历史。近几年，该模式迎发展速度不断加快，在欧美以外的国家和地区也迅速传播开来。

目前，无论是国外还是国内，文化创意产业融资都是众筹网站平台起步的主要内容。众筹是有规则的，它要求每个众筹项目必须设定筹资目标和筹资天数，在设定的天数内如果达到或超过了筹资目标，那么这个项目就算成功了，发起人可以获得资金。如果在设定的天数内没有达到筹资目标，那这个项目就算失败了，已获得的资金要全部退还给出资人。

11.6.2 众筹成功的关键因素

尽管众筹能给创业者带来很多方便，但并不是所有的创业者在众筹网站上都可以获得最后的成功。众筹成功的关键因素有哪些呢？

1. 筹集天数恰到好处

众筹的筹集天数应该长到足以形成声势，又短到给未来的出资人带来信心。在国内外众筹网站上，筹资天数为 30 天的项目最容易成功。

2. 目标金额合乎情理

千万不要对自己的项目有过多的自信，众筹毕竟还是投资项目，投资者理应获得一定的回报。尤其是在中国，众筹网站目前给投资者更多的还是物质回报，因为创业者本身在物流、生产等方面没有特别好的保证，所以价格理应订得比其他渠道更低。

目标金额的设置需要将生产 、制造、劳务、包装和物流运输成本考虑在内，然后结合本身的项目设置一个合乎情理的目标。

3. 支持者回报设置合理

对支持者的回报要尽可能地价值最大化，并与项目成品或者衍生品相配，而且应该有 3～5 项不同的回报形式供支持者选择。

4. 定期更新信息

定期进行信息更新，以让支持者进一步参与项目，并鼓励他们向其他潜在支持提及你的项目。

5. 向支持者鸣谢

给支持者发送电子邮件表示感谢或在个人页面中公开答谢他们，会让支持者有被重视的感觉，增加参与的乐趣。这点也常常被国内发起人忽视。

6. 项目独特并且有趣

你做的任何事情都无法让所有人都满意，但是你需要知道项目的潜在投资者究竟有什么需求。项目独特，可以使你在第一时间就进入投资者的视线，有趣则可以引起项目在社交网站等地方口碑的发酵传播。

7. 制定好文案

一个好的文案更容易打动用户。所以，项目发起者需要将自己的真诚梦想来感动别人。当然，与文案一样，介绍短片可能会被分享得更多。

8. 大力推广

在将项目上线之前，应该准备好一整套营销方案，搞清楚如何进行宣传推广。你应该早就进行预售，几个月前就得投资者谈论自己将会提供的产品，向他们汇报项目的最新进展情况，让他们在项目上线之前就产生兴趣。

11.6.3 如何在众筹平台上脱颖而出

越来越多的创业者通过众筹模式开始创业，怎样才能让你的众筹项目在网站脱颖而出，迅速得到大家的支持呢?

1. 越早越好

虽然众筹发展很快，但国内的众筹发展还处在市场培育期。如果能早一些提交创业项目，成功的概率会大大增加。

时间越往后，众筹项目就会越多。另一方面是，在市场培育期，众筹平台也会大力推广，它们也需要树立几个明星项目，以此来博取用户的关注，当然你越早提交越好。

2. 项目描述要简明

现在是一个“快速阅读”的时代，很少有人有时间来阅读你长篇大论的项目描述。关于项目描述，现在通常的做法是以一个视频再加上图文的方式，视频需要抓人眼球，不要时间太长。而在描述中，要尽量用生动、形象的图片来表达。

3. 设置支持金额和回报

要给出资者以物质为主的回报，而且由于筹资者本身没有特别好的保证，因而支持金额应制定得比其他渠道更低。对于出资者的回报除了物质之外，精神上的鼓励也是必须的。

4. 与出资者沟通交流

一个新的众筹项目上线，在引发投资者围观的同时，会有不少人对项目进行评论。这时，无论评论是好是坏，筹资者都应该加强与这些用户交流。

5. 做好自传播的准备

众筹本身所蕴含的媒体和社交属性，可以为创业者带来传播。众筹的社交传播，很大程度上类似于口口相传。可将你的项目分享到你的各个社交平台，让你的朋友也帮助你进行传播。做好传播，项目可以有更多的曝光，进而也有机会获得更多的支持。

案例分析——网上众筹资金帮助农民卖核桃

永和县是国家级贫困县，盛产核桃。作为挂职扶贫干部，程万军想通过方式帮助种核桃的农民增收，也让大家吃到放心的无污染、高品质核桃，同时为幼儿园的孩子们捐建“圆梦书屋”。

在选择众筹之前，程万军还考虑过团购和开淘宝店。但是，经过一段时间对比，程万军觉得，团购的方式更侧重于拼价格，同样的东西，谁的价格更低谁的销量就大，至于产品本身的特点很难完整地呈现出来。而开淘宝店的话，不仅需要专人维护，关键在短时间内很难打响知名度。最后，程万军选择在众筹网上发起众筹，起了一个名字就叫“县长众筹——永和核桃圆孩子书屋梦”。

该项目根据出资者的投资金额划分为以下几挡对其回报。

1. 支持人民币 5 元

（1）在永和县城镇幼儿园捐建的圆梦书屋碑记中刻录捐助者名字。

（2）项目结束后，将随机抽取 5 名幸运捐助者，向每人赠送 1 箱核桃（净重 2 斤*/箱，包运费），附赠山西永和旅游指南 1 份，凭此可享受永和所有景点门票及讲解免费（限 1 人单次使用）。

（3）圆梦书屋最低预算 15 000 元，此部分爱心捐款将全部用于书屋项目，如捐款数额低于 15 000 元，则差额以核桃众筹款补足。

2. 支持人民币 150 元

（1）核桃 1 箱（净重 5 斤/箱，包运费）。

（2）赠送山西永和旅游指南 1 份，凭此可享受永和所有景点门票及讲解免费（限 1 人单次使用）。

（3）在永和县城镇幼儿园捐建的圆梦书屋碑记中刻录支持者的名字。

3. 支持人民币 750 元

（1）核桃 5 箱（净重 5 斤/箱，包运费）。

（2）永和旅游免费地接交通票 2 张（食宿自理），凭此可享受永和县景点免费接送服务。

（3）在永和县城镇幼儿园捐建的圆梦书屋碑记中刻录支持者的名字。

4. 支持人民币 1 500 元

（1）核桃 11 箱（10 箱送 1 箱，净重 5 斤/箱，包运费）。

（2）永和旅游免费地接交通票 2 张（食宿自理），凭此可享受永和县景点免费接送服务。

* 1 斤=500 克

（3）在永和县城镇幼儿园捐建的圆梦书屋碑记中刻录支持者的名字。

5. 支持人民币 15 000 元

（1）核桃 115 箱（100 箱送 15 箱，净重 5 斤/箱，包运费）。

（2）永和旅游免费地接交通票 20 张（食宿自理），凭此可享受永和县景点免费接送服务。

（3）永和旅游免费食宿票 4 张，每张票可提供一人一天免费食宿。

（4）同时在永和县城镇幼儿园捐建的圆梦书屋碑记中刻录支持者的名字。

6. 支持人民币 100 000 元

成为永和核桃地区级经销商，享受永和县政府颁发的“永和核桃荣誉经销商”称号，并享受与此身份相应的待遇。

7. 支持人民币 300 000 元

成为永和核桃省级经销商，享受永和县政府颁发的“永和核桃荣誉经销商”称号，并享受与此身份相应的待遇。

程万军的众筹介绍撰写得真挚动人，为项目成功打下了良好的基础。网页最上端，程万军就把自己在永和县政府门口拍的一张个人照片放了上去，以此增加人们的信任。之后，他图文并茂地介绍了永和的贫穷、核桃的品质，以幼儿园中孩子们渴望的眼神结尾，如图 11-23 所示。

图 11-23 众筹介绍

【分析】

与其他融资渠道相比，众筹项目门槛很低，无论身份、地位、职业、年龄、性别，只要是有想法、有创意的项目都可以通过众筹发起筹资，极大地解决了许多创业者的资金问题。

其出资者都是普通大众，而非专业的公司、企业或是风险投资人，这就决定了其拥有无限的潜力。因此，任何草根都可以成为一名支持者，也可以成为一名项目发起人。

课后习题

1. 有哪些常见的融资方式？
2. 银行贷款有哪些优缺点？
3. 满足哪些申请条件，才能成功获得银行贷款？
4. 个人怎样从工商银行贷款？
5. P2P 借贷模式有哪些？
6. 怎样从淘宝贷款？
7. 众筹成功的关键因素有哪些？